"十三五"职业教育规划教材

职业教育汽车类专业互联网＋多媒体融合创新示范教材

汽车电气设备构造与维修

QICHE DIANQI SHEBEI GOUZAO YU WEIXIU

徐 淼　姚东伟　主　编
李胜永　陶金忠　陈小虎　副主编

化学工业出版社

·北京·

内容简介

《汽车电气设备构造与维修》以专业教学标准为依据，讲解了汽车电气系统基础、汽车电源系统、汽车起动系统、汽车照明与信号系统、汽车仪表与报警系统、汽车舒适系统与安全系统、全车电气设备线路。书中内容与汽车应用紧密结合，全彩色印刷，实物图片清晰美观。

本书配套了丰富的课程资源。运用"互联网+"形式，通过二维码嵌入动画、高清微视频、微课；配套多媒体PPT课件，与纸质教材无缝对接。

本书可作为高职高专院校、中等职业学校汽车类专业的教材，也可作为汽车维修技术人员培训用书，并可供相关技术人员参考使用。

图书在版编目（CIP）数据

汽车电气设备构造与维修/徐淼，姚东伟主编. — 北京：化学工业出版社，2021.2
"十三五"职业教育规划教材　职业教育汽车类专业互联网+多媒体融合创新示范教材
ISBN 978-7-122-37914-6

Ⅰ.①汽…　Ⅱ.①徐…②姚…　Ⅲ.①汽车-电气设备-构造-职业教育-教材②汽车-电气设备-车辆修理-职业教育-教材　Ⅳ.①U472.41

中国版本图书馆CIP数据核字（2020）第198791号

责任编辑：韩庆利	文字编辑：葛瑞祎
责任校对：张雨彤	装帧设计：刘丽华

出版发行：化学工业出版社（北京市东城区青年湖南街13号　邮政编码100011）
印　　装：北京瑞禾彩色印刷有限公司
889mm×1194mm　1/16　印张16¼　字数400千字　2021年3月北京第1版第1次印刷

购书咨询：010-64518888　　　　　　　　　　　　　售后服务：010-64518899
网　　址：http://www.cip.com.cn
凡购买本书，如有缺损质量问题，本社销售中心负责调换。

定　价：59.80元　　　　　　　　　　　　　　　　　版权所有　违者必究

随着我国汽车工业的高速发展和社会汽车保有量的与日俱增，社会对汽车类人才的需求日益增长，对从业人员的要求不断提高，这就对相应的职业教育提出了更高、更新的要求。为了更好地满足社会对汽车类人才的需求，本教材在编写过程中，力求以"能力本位"观课程论为主导，坚持理实一体化的原则，以知识和能力训练两条教学主线的融合为切入点，尝试打破原来的学科知识体系，重构课程知识体系和能力训练体系；简化了烦琐的理论分析，突出结构、拆装、检测以及故障诊断分析内容的讲练结合，力求与职业资格标准相衔接，有较强的岗位针对性和实用性；建立了立体、层次性教学内容体系，以体现时代性、立体性和动态性为要求，提高自学能力，激发学习兴趣，丰富知识体系，增强实践能力。达到以学生为主体，有所创新、有所特色，适应高职汽车专业教学的开发目标。

本教材较好地吸收了当前高职教育最新理论和实践研究成果，符合高职教育人才培养目标定位要求。教材内容深入浅出，难易适中，突出专业实践技能经验积累培养，重视启发学生思维和培养学生运用知识的能力。教材条理清楚，层次分明，结构严谨，图表美观，文字规范，是一套专门针对职业教育人才培养的教材。全书分为汽车电气系统基础、电源系统、起动系统、照明与信号系统、仪表与报警系统、舒适与安全系统、全车电气设备线路7个单元。为方便教学，本教材配有配套的教学视频、教学课件和教学设计参考。本书可作为五年制高职教育和三年制高职教育汽车相关专业教材，也可作为汽车专业岗位培训教材。

与其他同类教材相比具有以下鲜明特色：

1.编写理念先进。以就业为导向，以学生为主体，注重职业核心能力的培养，注重做中学、做中教，教学做合一，理实一体。

2. 教学内容超前。按照岗位需求、课程目标选择教学内容，体现"四新"、必须和够用。将国内外新知识、新技术引入教材，以体现内容上的先进性和前瞻性。

3. 教材结构合理。按照职业领域工作过程的逻辑确定教学单元；以项目、主题、任务、活动、案例等为载体组织教学单元，体现模块化、系列化。

4. 编写队伍超强。编写人员构成合理，行业企业深度参与；编写团队汇聚江苏职教汽车专业名校名师、全国大赛金牌教练、行业知名职教专家。

5. 课程资源丰富。以课程开发为理念，运用"互联网+"形式，通过二维码嵌入高清微视频、微课；开发多媒体PPT、电子教案，与纸质教材无缝对接。

《汽车电气设备构造与维修》由北华大学土木与交通学院徐淼和南通职业大学姚东伟主编，副主编为南通航运职业技术学院李胜永、江苏航运职业技术学院陶金忠及昆山登云科技职业学院陈小虎，参加编写的有新乡职业技术学院部振海、河南工学院侯锁军、河南交通职业技术学院崔源、云南国防工业职业技术学院陈梅艳。本书在编写过程中，参考和借鉴了大量的相关资料和书籍，并得到许多汽车企业的帮助，在此一并向有关作者和工程技术人员致以诚挚的谢意！

由于编者水平和经验有限，书中难免有疏漏和不妥之处，敬请广大读者批评指正。

编　者

目录

单元一 汽车电气系统基础

项目一 汽车电气电路
任务一　汽车电气基础的认知 …………………………………… 001
任务二　汽车常用检测工具的使用 ……………………………… 008

项目二 汽车电气识图
任务　　汽车电路图识读原则和方法 …………………………… 016

单元二 汽车电源系统

项目一 电源系统
任务　　电源系统认知 …………………………………………… 026

项目二 蓄电池
任务一　蓄电池认知 ……………………………………………… 031
任务二　蓄电池正确充电 ………………………………………… 038
任务三　蓄电池使用与维护 ……………………………………… 044

项目三 交流发电机
任务一　交流发电机认知 ………………………………………… 050
任务二　发电机的检修 …………………………………………… 056

项目四 电压调节器
任务一　电压调节器认知 ………………………………………… 067
任务二　电压调节器检测 ………………………………………… 069

项目五 电源系统的故障诊断与排除
任务　　典型电源系统的故障诊断与排除 ……………………… 072

单元三 汽车起动系统

项目一 起动系统
任务　　起动系统认知 …………………………………………… 075

项目二 起动机
任务一　起动机检修 ……………………………………………… 083
任务二　起动机就车检测与更换 ………………………………… 088

项目三 起动系统的故障诊断与排除
任务　　典型起动系统电路故障的检修 ………………………… 093

单元四 汽车照明与信号系统

项目一 汽车照明系统
任务一 照明系统认知……………………………………… 100
任务二 前照灯检修……………………………………… 109

项目二 汽车信号系统
任务一 转向和制动信号系统检修……………………… 121
任务二 汽车喇叭检修…………………………………… 128

单元五 汽车仪表与报警系统

项目一 汽车仪表系统
任务一 发动机转速表检修……………………………… 136
任务二 车速里程表检修………………………………… 139
任务三 机油压力表检修………………………………… 142
任务四 冷却液温度表检修……………………………… 146
任务五 燃油表检修……………………………………… 150

项目二 汽车报警系统
任务 汽车仪表报警系统检修…………………………… 154

单元六 汽车舒适系统与安全系统

项目一 汽车舒适系统
任务一 风窗刮水、清洗和除霜装置检修……………… 160
任务二 电动车窗检修…………………………………… 171
任务三 电动座椅检修…………………………………… 178
任务四 电动后视镜检修………………………………… 186
任务五 汽车空调系统检修……………………………… 192

项目二 汽车安全系统
任务一 中央门锁检修…………………………………… 205
任务二 汽车安全带检修………………………………… 210
任务三 汽车安全气囊检修……………………………… 217
任务四 汽车巡航控制系统检修………………………… 223

单元七 全车电气设备线路

项目一 汽车电气识图实例
任务 典型汽车电路图的识图实例……………………… 231

项目二 汽车电气设备线路故障检修
任务 全车电气设备线路故障检修……………………… 249

参考文献……………………………………………………… 254

单元一　汽车电气系统基础

项目一　汽车电气电路

项目导入

让学生掌握汽车电气电路基础，了解汽车电气系统的特点，掌握电路基础元件的特征及在电路中的作用。会简单使用检测工具及仪器来检测基本元器件，会分析汽车电路，通过分析电路熟悉元器件的工作流程。能在整车上诊断汽车电路故障，并熟悉检修注意事项。

任务一　汽车电气基础的认知

知识目标：
1. 了解汽车电气系统的组成及其特点。
2. 掌握汽车电气基础元件的作用。

能力目标：
正确认识汽车上的电气设备。

对汽车电气元器件进行认知，并能识记。

一、汽车电气系统的组成与特点

汽车电气设备是汽车的重要组成部分，其工作性能的优劣直接影响汽车的动力性、经济性、安全性、可靠性、舒适性和排气净化等。

1. 汽车电气系统的组成

（1）电源系统　电源系统包括蓄电池和发电机。发电机是汽车上的主要电源，蓄电池是辅助电源。当发电机工作时，由发电机向全车用电设备供电，同时给蓄电池充电。蓄电池的作用是起动发动机时向

笔记

起动机供电，当发电机不工作时向用电设备供电。

（2）起动系统　起动系统包括起动机、起动继电器、点火开关及起动保护装置等，其作用是带动飞轮旋转，使发动机曲轴达到必要的起动转速，让发动机着车。

（3）点火系统　点火系统（汽油机）包括点火线圈、点火控制器、点火开关、火花塞等，其作用是将低压电转化为高压电，让火花塞点燃气缸内的可燃混合气。

（4）照明和信号系统　照明系统包括车内外各种照明灯，有前大灯、雾灯、示宽灯等，其作用是确保车辆内外一定范围内合适的亮度；信号系统包括电喇叭、转向灯、倒车灯、制动灯等，其作用是告示行人、车辆引起注意，提供安全行车所必需的信号。

（5）仪表和报警系统　仪表包括发动机转速表、车速里程表、燃油表、水温表、电压表、机油压力表等；报警系统包括各种报警指示灯及控制器，其作用是显示汽车运行参数及交通信息，显示报警运行性机械故障，确保行车、停车的安全和可靠。

（6）舒适安全系统　舒适安全系统包括电动刮水器、风窗洗涤器、空调、中控门锁、电动车窗和电动座椅等。其作用是提高车辆安全性、舒适性、经济性。

（7）电子控制装置　电子控制装置由电子控制燃油喷射装置、巡航控制系统、自动变速器和防抱死制动装置等组成。

2. 汽车电气系统的特点

汽车的种类很多，各种汽车电气设备的数量不等，其安装位置、接线方法等也各有差异，但无论进口汽车还是国产汽车，也无论是大车还是小车，其电气电路的设计一般都遵循一定的规律。这些特点，对了解汽车电气系统有很大的帮助。其特点如下。

（1）单线制　单线制，就是利用汽车发动机、底盘、车身等金属机件作为各种电气设备的共用连线（俗称搭铁），而用电设备到电源只需另设一根导线。任何一个电路中的电流都是从电源的正极出发，经导线流入用电设备，再由搭铁的负极通过金属车架流回电源负极而成回路。采用单线制不仅可以节省材料（铜导线）、使电路简化，而且也便于安装、检修，同时也可使故障率大大降低。

（2）电源负极搭铁　负极搭铁，就是将蓄电池的负极用搭铁线连接到发动机或底盘等金属体上。我国标准中规定发电机、蓄电池必须以负极搭铁。目前世界各国生产的汽车也大多采用负极搭铁方式。

采用负极搭铁方式的好处是，由于电化学的作用，不仅使汽车车架和车身均不易锈蚀，而且汽车电器对无线电设备（例如汽车音响、通信系统等）的干扰也比电源正极搭铁方式小。

（3）两个电源　两个电源，是指蓄电池和发电机。前者在发动机未运转时可以向有关用电设备供电，后者在发动机运转到一定转速后取代蓄电池向有关用电设备供电，同时也对蓄电池进行充电。两者互补可以有效地使用电设备在不同的情况下都能正常工作，同时也延长了蓄电池的供电时间。

（4）用电设备并联　用电设备并联，是指汽车上的各种用电设备都采用并联方式与电源连接，每个用电设备都由各自串联在其支路中的专用开关控制，互不产生干扰。

（5）低压直流供电　为了简化结构和保证安全，汽车电气设备采用低压直流（DC）供电。柴油车大多采用24V（DC）供电（有两个12V蓄电池串联供电），汽油车大都采用12V（DC）供电。汽车运行中的电压，一般12V系统的为14V，24V系统的为28V。

（6）安装有保险装置　为了防止电路和元器件因搭铁或短路而烧坏电线束和用电设备，各种类型的汽车上均安装有保险装置。这些保险装置有的串接在元器件（或零部件）回路中，也有的串接在支路中。

（7）大电流开关通常加装中间继电器　汽车中大电流的用电器如起动机、电喇叭等，工作时的电流很大（例如汽油机车起动机的电流一般约100~200A），如果直接用开关控制它们的工作状态，往往会使控制开关过早损坏。因此，控制大电流用电设备的开关常采用加装中间继电器的方法，即采用小电流控制继电器线圈，由继电器闭合后的触点为用电设备提供大电流。

（8）具有充放电指示　汽车上蓄电池的充电、放电情况一般由电压指示，也有的用指示灯指示。对于前者，当蓄电池向外供电、发电机向蓄电池充电时，都可从电压表上显示出来。对于后者，发动机未起动或低速运转时指示灯点亮，一旦发动机运转带动发电机转速超过1000r/min以上，充电指示灯熄灭，表示处于充电状态。

（9）汽车电路上有颜色和编号特征　随着汽车用电设备的增加，导线数目也在不断增多，为便于识别和检修汽车电气设备，电路中的低压线通常由不同的颜色组成，并在汽车电气线路图上有不同颜色的字母代号标注出。

二、汽车电路图中常见符号的认知

1. 保险装置

当电路中流过超过规定的过大电流时，汽车电路保险装置能够切断电路，从而防止烧坏电路连接导线和用电设备，并把故障限制在最小范围内。汽车上的保险装置主要有熔断器、易熔线和断路器。

（1）熔断器和易熔线　熔断器和易熔线符号如图1-1-1所示。

(a) 熔断器符号　　　　(b) 易熔线符号

图1-1-1　熔断器和易熔线

（2）熔断器（保险丝）　熔断器在电路中起保护作用。当电路中流过超过规定的电流时，熔丝会自身发热而熔断，进而切断电路，防止烧坏电路连接导线和用电设备，并把故障限制在最小范围内。熔断器一般安装在仪表盘附近或发动机罩下面的熔断器盒内，常与继电器组装在一起，构成全车电路的中央接线盒。熔断器外观与熔值标注如图1-1-2所示。

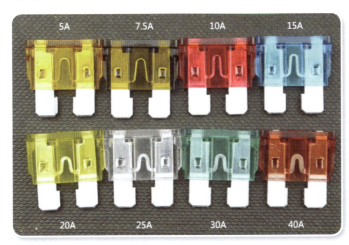

图1-1-2　熔断器

一般情况下，环境温度在18～32℃时，若流过熔断器的电流为额定电流的1.1倍，熔丝不熔断；达到1.35倍时，熔丝会在60s内熔断；达到1.5倍时，20A以内的熔丝会在15s以内熔断，30A的熔丝会在30s以内熔断。

熔断器在使用中应注意以下几点。

① 熔断器熔断后，必须真正找到故障原因，彻底排除故障。

② 更换熔断器时，一定要与原规格相同。

③ 熔断器支架与熔断器接触不良会产生电压降和发热现象，安装时要保证接触良好。

（3）易熔线　易熔线是一种大容量的熔断器，用于保护电源电路和大电流电路，如图1-1-3所示。

图1-1-3　易熔线示意图

易熔线在使用中应注意以下几点。

① 绝对不允许换用比规定容量大的易熔线。

② 易熔线熔断，可能是主电路发生短路，因此需要仔细检查，彻底排除隐患。

③ 不能和其他导线绞合在一起。

（4）断路器　断路器在电路中用于防止有害的过载（额外的电流）。断路器是机械装置，它利用两种不同金属（双金属）的热效应断开电路，如图1-1-4所示。如果额外的电流经过双金属带，双金属带弯曲，触点开路，阻止电流通过。当电路断路器冷却，触点再次闭合，电路导通。当无电流时，双金属带冷却会使电路重新闭合，电路断路器复位。

2. 继电器

一般情况下，汽车上使用的操纵开关触点容量较小，不能直接控制工作电

图1-1-4　断路器

流较大的用电设备，故常采用继电器来控制它的接通与断开，如图1-1-5所示。继电器可以实现自动接通或切断一对或多对触点，完成用小电流控制大电流，可以减小控制开关的电流负荷，保护电路中的控制开关。常用继电器有进气预热继电器、空调继电器、喇叭继电器、雾灯继电器、中间继电器等。

图1-1-5 继电器

汽车上的继电器有很多，常见的有三类：常开继电器、常闭继电器和混合型继电器。继电器的每个插脚都有标号，与中央接线盒正面板的继电器插座的插孔标号相对应，如图1-1-6所示。

型号	外型	电路	引线标号	颜色
IT				黑色
1M				蓝色
2M				棕色
1M.1B				灰色

图1-1-6 继电器常见类型

注：要想在原车上安装额外的电子附件，在已有的电路中简单地接入可能会使保险装置或配线过载。采用继电器扩展可有效解决这一问题，如图1-1-7所示。

3. 开关

汽车上各种电气控制系统的工作均受控于开关，汽车电气开关有组合开关和单体开关形式。现代小汽车多采用组合开关，用于提高汽车的性能和乘坐舒适性，若采用较多的单体开关，汽车内部布置会很乱。因此，现代汽车将很多功能相近的控制系统的开关组合在一起，

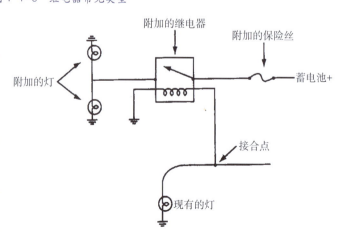

图1-1-7 继电器的使用

如灯光系统组合开关、音响组合开关、空调组合开关、司机位门组合开关等,部分组合开关如图1-1-8所示。

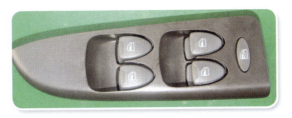

（a）灯光系统组合开关　　　　　　　（b）司机位门组合开关

图 1-1-8　组合开关

开关在电路图中的表示方法有结构图表示法、表格表示法和图形符号表示法等。以点火开关为例介绍电路中开关的表示方法,如图1-1-9所示。点火开关的功能主要有锁住转向盘转轴（LOCK挡）、接通仪表指示灯（ON或IG挡）、起动发动机（ST或START挡）、给附件供电（ACC挡,主要是收放机、点烟器）及发动机预热（HEAT挡）。其中,在起动挡、预热挡工作时电流消耗很大,开关不宜接通过久,所以这两个挡位在操作时必须用手克服弹簧力,扳住钥匙,一松手就弹回点火挡,不能自行定位。其他各挡位均可自行定位。

图 1-1-9　开关的表示方法

4. 插接器

插接器就是通常所说的插头与插座,用于线束与线束或导线与导线间的相互连接。为了防止插接器在汽车行驶中脱开,所有的插接器均采用了闭锁装置。图1-1-10所示为几种常见的插接器。

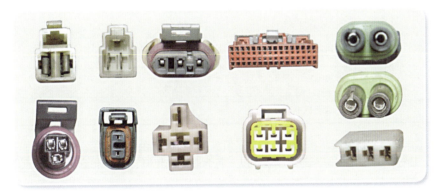

图 1-1-10　插接器

要拆开插接器时,首先要解除闭锁装置（图1-1-11）,然后把插接器拉开,不允许在未解除闭锁装置的情况下用力拉导线,这样会损坏闭锁装置或导线。有些插接器用钢丝扣锁止,取下钢丝扣后才能将插接器拔开。在插接器端子有接触不良或断线故障时,可将插接器分解,用小一字型螺丝刀或专用工具从壳体中取出导线及端子进行修理或更换。

（a）　　　　　　　　　　　　　　　（b）

图 1-1-11　插接器的拆卸

汽车导线、线束与插接器的检查方法

5. 导线

汽车电气系统的导线有低压线和高压线两种。低压线又有普通线缆、起动电缆和控制电缆之分，高压线又有铜芯线和阻尼线之分。

（1）低压导线

① 导线的截面积。普通低压导线为铜质多丝导线，导线的截面积主要根据用电设备的电流进行选择。若截面太小，则机械强度差，易折断。一般汽车电气导线截面积不小于 0.5 mm²。各种低压导线标称截面积允许的负载电流如表1-1-1所示。

表1-1-1 低压导线标称截面积允许的负载电流值

导线标称截面积 /mm²	1.0	1.5	2.5	3.0	4.0	6.0	10	13
允许电流值 /A	11	14	20	22	25	35	50	60

汽车12V电器主要线路导线标称截面积选择的推荐值如表1-1-2所示。

表1-1-2 12V电器主要线路导线标称截面积选择的推荐值

汽车类型	截面积 /mm²	用途
轿车、货车、挂车	0.5	后灯、顶灯、指示灯、仪表灯、牌照灯、燃油表、雨刮器电机
	0.8	转向灯、制动灯、停车灯、分电器
	1.0	前照灯的单线（不接保险器）、电喇叭（3A以下）
	1.5	前照灯的电线束（接保险器）、电喇叭（3A以上）
	1.5～4	其他连接导线
	4～6	电热塞
	4～25	电源线
	16～95	起动机电缆

② 导线的颜色。为便于安装和检修，汽车采用双色导线，主色为基础色，辅色为环布导线的条色带或螺旋色带，且标注时主色在前，辅色在后。以双色为基础选用时，各用电系统的电源线为单色，其余为双色，双色线的主色如表1-1-3所示。

表1-1-3 汽车电气系统中导线颜色代号

系统名称	电线主色	代号	系统名称	电线主色	代号
电气装置接地线	黑	B	仪表、报警指示和喇叭系统	棕	Br
点火起动系统	白	W	前照灯、雾灯等外部照明系统	蓝	Bl
电源系统	红	R	各种辅助电器及操纵系统	灰	Gr
灯光信号系统	绿	G	收放音机、点烟器等系统	紫	V
车身内部照明系统	黄	Y			

③ 线束。为使全车线路规整，安装方便及保护导线的绝缘，汽车上的全车线路除高压线、蓄电池电缆和起动机电缆外，一般将同区域的不同规格的导线用棉纱或薄聚氯乙烯带缠绕包扎成束，称为线束，如图1-1-12所示。

线束安装与检修的注意事项。

a. 线束应用卡簧或绊钉固定，以免松动磨坏。

b. 线束不可拉得过紧，尤其在拐弯处，在绕过锐角或穿过金属孔时，应用橡皮或套管保护，否则容易磨坏线束而发生短路、搭铁，以致烧毁全车线束。

c.连接电器时，应根据插接器的规格及导线或插接头的颜色，分别接于电器上并插接到位。难以辨别时，一般可用试灯区分，但不要用刮火法。

（2）高压导线　高压导线用于汽车点火线圈至火花塞之间的电路，高压导线分为普通铜芯高压导线和高压阻尼点火导线，带阻尼的高压导线可抑制或衰减点火系统产生的高频电磁波，从而降低对电控装置和无线设备的干扰。高压导线如图1-1-13所示。

图1-1-12　汽车线束

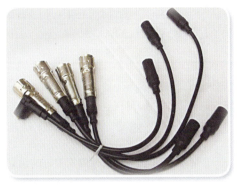

图1-1-13　高压导线

一、任务准备

（1）工作场景：实训工厂、丰田COROLLA1.6。

（2）主要设备：抹布、手电筒、白板笔、卡片纸。

二、实施操作

（1）老师带领学生认识汽车基础元件。

（2）学生在车上查找元件位置并了解其作用。

任务评价表

评价内容	赋分	序号	具体指标	分值	得分		
					自评	组评	师评
仪容仪表	15	1	工作服、鞋、胸卡穿戴整洁	5			
		2	发型、指甲等符合工作要求	5			
		3	不佩戴首饰、钥匙、手表等	5			
教学过程	60	4	无人员受伤及设备损伤事故	5			
		5	工具和设备的准备工作	5			
		6	汽车电气系统的组成	10			
		7	保险丝的认识	5			
		8	开关的认识	5			
		9	继电器的认识	5			
		10	插接器的认识	5			
		11	保险丝的作用	5			
		12	开关的作用	5			
		13	继电器的作用	5			
		14	插接器的作用	5			

续表

评价内容	赋分	序号	具体指标	分值	得分 自评	组评	师评
职业素养	25	15	坚持出勤，遵守规章制度	5			
		16	服从安排，积极参加组内活动	5			
		17	在规定时间完成，认真填写工单	5			
		18	节约用水用电用气，注意环保	5			
		19	认真执行 7S 工作	5			
			综合得分	100			

一、在整车上找出汽车电气系统的组成部分（每项只写一个）并记录

1. _____ 2. _____ 3. _____

4. _____ 5. _____ 6. _____

7. _____

二、电路的制作

用灯泡、导线、保险丝、继电器、小开关、点火开关、蓄电池制作一个简易的灯泡控制电路并画出电路简图。

任务二　汽车常用检测工具的使用

知识目标：

1. 了解汽车常用检测工具类型。
2. 掌握汽车常用检测工具的特点和使用方法。

能力目标：

1. 正确使用检测工具及仪器。
2. 检修汽车电气系统的基础元件。

认知汽车常用检测工具，并能使用工具检测车辆元件。

知识链接

1. 试灯

汽车电路的检测试灯分无源试灯和有源试灯两种。

（1）无源试灯　无源试灯就是在一段导线中连接一个12V灯泡，如图1-1-14所示。当试灯一端搭铁另一端接触到带电的导体时，灯泡就会点亮，如图1-1-15所示，它不能像电压表显示出被检电路点的电压，只能显示是否有电压。

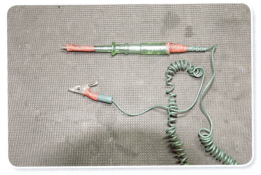

图1-1-14　无源试灯

图1-1-15　无源试灯的使用

警告：不提倡用试灯检测计算机控制的电路，容易烧坏电脑的内部控制电路。

（2）有源试灯　有源试灯同无源示灯类似，只是自带一个电池电源，连接到一条导线的两端上时，试灯内灯泡点亮，可用于测试线路的通断，如图1-1-16所示。不能用有源试灯测试带电电路，否则会损坏试灯。

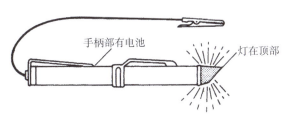

图1-1-16　有源试灯

2. 跨接线

跨接导线有时可作为故障诊断的辅助工具，如图1-1-17所示，可用于跨过某段被怀疑已断开的导线，而直接向某一部件提供电的通路，也可用于不依赖于电路中的开关或导线而向电路中加上电池电压。图1-1-18所示为汽车蓄电池跨接示意图，它可配上与通导性测试笔相同的探针和夹子，也可设计为各种特殊形式。但切勿将跨接线直接跨接在蓄电池的两端或蓄电池正极和搭铁之间。

图1-1-17　跨接线

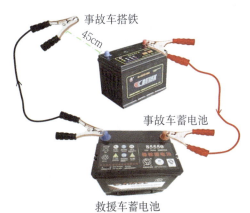

图1-1-18　跨接线的使用

3. 数字式万用表

不同的汽车万用表功能及结构不尽相同，但基本都是由数字及模拟量显示屏、功能按钮、测试项目选择开关、温度测量插孔、公用插孔（用于测量电压、电阻、频率、闭合角、频宽比和转速等）、搭铁插孔、电流测量插孔、测试探针（或大电流钳）等全部或部分构成。普通汽车数字式万用表如图1-1-19所示。

4. 汽车故障诊断仪

故障诊断仪通过数据通信线以串行的方式获得控制电脑的实时数据参数，包括故障信息、实时运行参数、控制电脑与诊断仪之间的相互控制指令。故障诊断仪有两种：通用诊断仪和专用诊断仪。

图1-1-19　数字式万用表

（1）通用诊断仪　通用诊断仪的主要功能：控制电脑版本的识别、故障码的读取和清除、动态数据参数显示、传感器和部分执行器的功能测试与调整、某些特殊参数的设定、维修资料及故障诊断提示、路试记录等。通用诊断仪可测试的车型较多，使用范围较宽，但它与专用诊断仪相比，无法完成某些特殊功能。常用通用诊断仪如图1-1-20、图1-1-21所示。

图1-1-20　车博仕V-30　　　　　　　　图1-1-21　金德KT600

（2）专用诊断仪　专用诊断仪除具有通用诊断仪的功能之外，还能完成某些特殊功能，诊断的内容更多、更完善，常用专用诊断仪如图1-1-22、图1-1-23所示。

图1-1-22　大众VAG1552诊断仪　　　　图1-1-23　大众VAG5051诊断仪

5.汽车专用示波器

常见的汽车专用示波器按功能一般可分为专用型示波器和综合型示波器两种。

（1）专用型示波器　这类示波器专用性比较强，可以精确地显示各种波形的变化，如点火初级/次级波形、各种传感器的输入/输出电压波形、各种执行器的电流或电压波形、脉冲宽度和占空比等，缺点是功能比较单一，如图1-1-24所示。

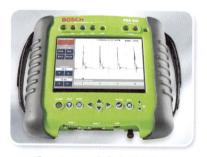

图1-1-24　汽车专用示波器　　　　　　图1-1-25　综合型示波器

（2）综合型示波器　除了具有专用型示波器的一般功能外，通常还具有读取与消除故障码功能和动态数据分析功能等，部分诊断仪还具有发动机动力性能测试功能等，缺点是系统稳定性差及精度略低，如图1-1-25所示。

警告：

①测试点火高压线时，必须使用专用探头，不能将示波器探头直接接入点火次级电路。

② 使用汽车专用示波器时，注意远离热源，如排气管、催化器等，温度过高会损坏仪器。
③ 汽车示波器在测试时，要注意尽量离开风扇叶片、皮带等转动部件。
④ 测试时确认发动机机盖支撑良好，防止发动机机盖自动下降时伤及头部或示波器。
⑤ 路试时，不要将汽车专用示波器放在仪表台上方，最好是拿在手中测试。

一、任务准备

（1）工作场景：实训工厂、丰田COROLLA1.6。
（2）主要设备：试灯、车用万用表、汽车故障诊断仪、示波器。

二、实施步骤

1. 试灯的使用

作业内容	图解	具体操作方法及要求	完成确认
（1）试灯的认知		**认知要求：** 试灯由探针、绝缘透明外壳、12V小灯泡、导线、鳄鱼夹组成	
（2）试灯的组装		**组装要求：** 将导线一端与鳄鱼夹相连，另外一端连接绝缘透明外壳内 **注意事项：** 在组装过程中导线不要用力拉扯，防止导线损坏	
（3）试灯的搭铁		**操作要求：** 将试灯的鳄鱼夹端，夹在车身或发动机机体等搭铁部位	
（4）试灯的检测		**操作要求：** 用一只手拿起胶皮电线，用中指抵住被测的线，另一只手握住试电笔将探针插入胶皮线中，如果被测线中有电流通过，则灯泡亮起 **注意事项：** 在检测过程中，注意不要用力过度，应保护用电设备	

2. 万用表的使用

作业内容	图解	具体操作方法及要求	完成确认
（1）万用表的认知		**认知要求：** 汽车万用表主要由数字及模拟量显示屏、功能按钮、测试项目选择开关、温度测量座孔、公用座孔（用于测量电压、电阻、频率、闭合角、频宽比和转速等）、搭铁座孔、电流测量座孔等构成	
（2）万用表的组装		**组装要求：** 将红色试验导线插头连接正输入（+）插孔，将黑色导线连接负输入（-）插孔 **注意事项：** 在组装过程中导线不要用力拉扯，防止导线损坏	
（3）万用表通电		**操作要求：** 按下功能按钮"POWER"按钮，万用表通电	
（4）万用表的校零		**操作要求：** 将万用表开关转到电阻挡的适当位置，把两根试验导线对接，屏幕显示为"1"，表明万用表正常，校零完毕 **注意事项：** 确认万用表的好坏，禁止使用蜂鸣挡	
（5）万用表的使用		**操作要求：** 万用表校零后，可以选择不同挡位进行直流、交流电压测量，直流、交流电流测量，二极管、三极管测试，电阻测量，转速测量，温度测量，频率测量等	

3. 诊断仪的使用

作业内容	图解	具体操作方法及要求	完成确认
（1）诊断仪的认知	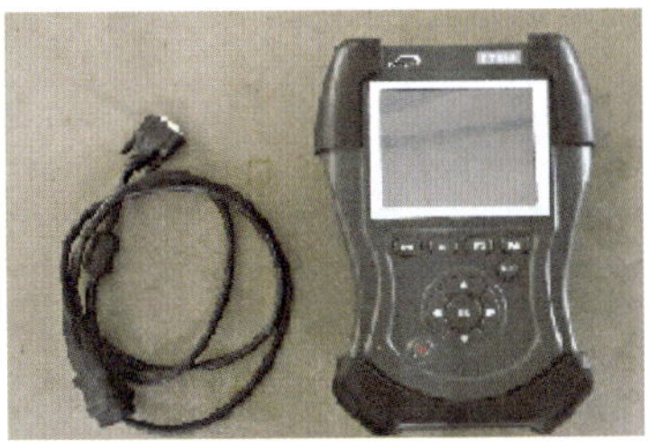	**认知要求：** BOSCH博世金德KT600具有读取故障码、清除故障码、读取通道数据、读取动态数据流、元件测试及基本设定、ECU编程及匹配等功能	
（2）诊断仪的使用	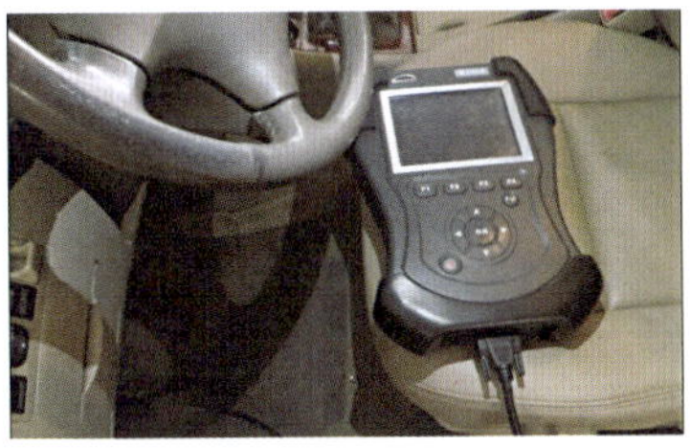	**操作要求：** 将数据线一端接入诊断仪诊断座，另外一端接入车辆诊断插座 **注意事项：** 连接过程中，点火开关应保持关闭状态	
（3）读取故障码		**操作要求：** 打开点火开关。接通电源，起动KT600进入主菜单，选择汽车诊断模块→选择车系→选择16PIN诊断座→选择汽车总成系统（诊断仪连接汽车电控单元）→功能选择界面，选择读取故障码	
（4）确定故障码	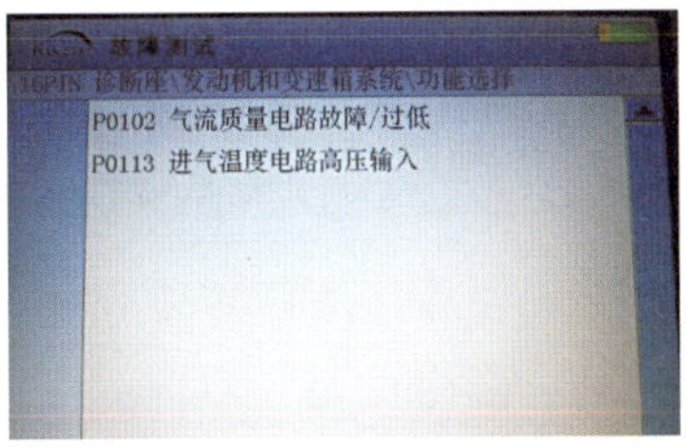	**操作要求：** 记录屏幕显示的电控单元存储的故障码并退回功能选择界面，选择清除故障码，再次退回功能选择界面，二次读取故障码，记录屏幕显示数据 **注意事项：** 清除故障码后，如果故障码被清除，说明是偶发故障，无须处理；如果故障码依然存在，则确定为实际存在故障	
（5）读取数据流	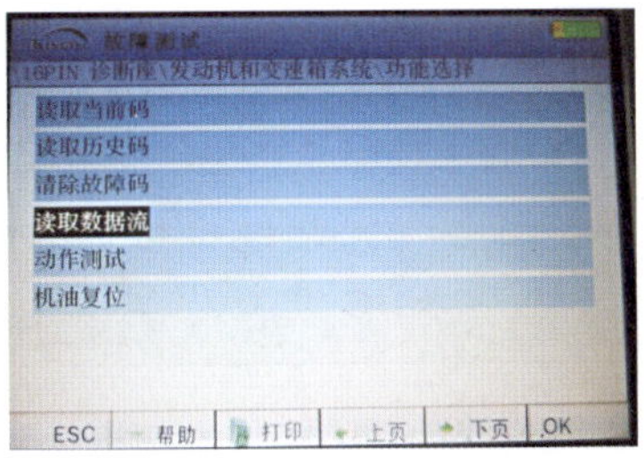	**操作要求：** 如果故障码不能被清除，要进一步分析，进入功能选择界面，读取静态数据流，并记录结果 **注意事项：** 读取静态数据流时，发动机不起动	
（6）分析数据流	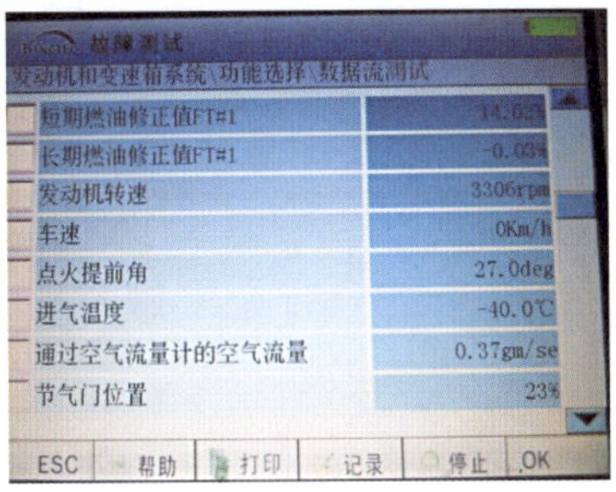	**操作要求：** 起动发动机，进入功能选择界面，读取动态数据流，并记录结果，对比静态数据，分析原因 **注意事项：** 读取动态数据流时，发动机起动	

4. 汽车示波器的使用

作业内容	图解	具体操作方法及要求	完成确认
（1）汽车示波器的认知		认知要求： 型号 UTD2025CL，由显示屏、选项按钮、USB 接口、模拟信号输入通道、外触发输入通道、屏幕拷贝按钮等组成	
（2）汽车示波器的特性		通道数 2 带宽：25MHz 最大采样率：250Ms/s 上升时间：≤ 14ns 存储深度：25kpts 波形捕获率：≥ 2000wfms/s 垂直灵敏度：1mV/div ～ 20V/div 时基范围：10ns/div ～ 50s/div	
（3）汽车示波器通电		操作要求： 按下功能按钮"POWER"，汽车示波器通电	
（4）汽车示波器校零		操作要求： 测试时确认发动机盖支撑良好，防止发动机盖自动下降时伤及头部或示波器	

任务评价表

评价内容	赋分	序号	具体指标	分值	得分		
					自评	组评	师评
仪容仪表	15	1	工作服、鞋、胸卡穿戴整洁	5			
		2	发型、指甲等符合工作要求	5			
		3	不佩戴首饰、钥匙、手表等	5			
教学过程	60	4	无人员受伤及设备损伤事故	5			
		5	工具和设备的准备工作	5			
		6	试灯的使用	10			
		7	跨接线的使用	10			
		8	万用表的使用	10			
		9	汽车故障诊断仪的使用	10			
		10	示波器的使用	10			

续表

评价内容	赋分	序号	具体指标	分值	得分 自评	得分 组评	得分 师评
职业素养	25	11	坚持出勤，遵守规章制度	5			
		12	服从安排，积极参加组内活动	5			
		13	在规定时间完成，认真填写工单	5			
		14	节约用水用电用气，注意环保	5			
		15	认真执行 7S 工作	5			
综合得分				100			

任务测评

一、判断题

1. 用普通灯泡的试灯可以检测计算机控制的电路。（　　）

2. 利用试灯对线路故障进行诊断可迅速地判断出电路中的短路、断路故障。（　　）

3. 数字式万用表具有测试精确的电子电路，准确度远远超过指针式万用表，普遍用于汽车电器的诊断与检测。（　　）

二、实操题

用万用表进行电路检测并记录。

项目二　汽车电气识图

项目导入

随着现代汽车工业的发展，车辆电子设备越来越多，计算机控制系统得到广泛应用，汽车电路越来越复杂。要读懂汽车电路图，不仅需要掌握汽车电路元器件、汽车传感器、汽车基本电路知识，还要根据不同车型了解其电路特点、线束分布、元器件位置、开关功能等，因此学好电气识图更为重要。

任务　汽车电路图识读原则和方法

学习目标

知识目标：
1. 了解汽车电路的种类及其特点。
2. 掌握电路原理图的识图方法。

能力目标：
1. 了解汽车电路识图原则。
2. 熟悉汽车电路识图方法。

任务描述

目前各大汽车公司的汽车电路图都有各自成熟的表达方式。了解其电路图形符号的含义，对阅读和理解电路图十分重要。

知识链接

一、汽车电路的组成

汽车电气设备总线路是将蓄电池、发电机及调节器、起动系、点火系、照明和信号系统、仪表、电子控制装置以及辅助电器等，按照它们各自的工作特性和相互的内在联系，通过开关、导线、保险装置等连接起来构成的整体。

汽车电气设备总线路和一般电路一样，也是由电源、负载（用电设备）、导线、开关、保险装置等组成。

任何电气设备和电控装置要想获得电源供应，中间装置的连接必不可少。常见的连接装置有汽车线束、开关装置、保险装置、继电器、连接端子和连接器等，这些中间装置的选用和装配直接影响到用电设备的运行状况。

汽车电路图组成

二、汽车电路图的种类与特点

1. 汽车电路图的种类

汽车电路图是将汽车各电气部件的图形符号通过导线连接在一起的关系图，可分为电路原理图和线路布置图。

（1）电路原理图　汽车电路原理图（简称汽车电路图）是用图形符号按工作顺序或功能布局绘制的，

可详细表示汽车电路的全部组成和连接关系，且不考虑实际元器件的位置，具有电路清晰、简单明了、便于理解电路原理的特点。

（2）线路布置图　通过汽车电路原理图可以比较详细地了解电气元件间的相互控制关系和工作原理，但它们都不能表达汽车电气设备和控制线路在车上的实际分布情况，为了便于汽车电器的安装和线路的布置，经常需要绘制线路布置图。线路布置图是根据电气设备在汽车上的实际安装部位绘制的全车电路图或局部电路图，在图上电气元件与元件间的导线以线束的形式出现，图面简单明了，接近实际，对使用维修人员有较强的实用性。

2. 电路原理图的特点

（1）对全车电路有完整的概念　电路原理图既是一幅完整的全车电路图，又是一幅互相联系的局部电路图，重点、难点突出，繁简适当。

（2）在图上建立电位高低的概念　电路原理图中负极搭铁，电位低，用图中最下面一条导线表示；正极火线，电位最高，用最上面的一条导线表示。电流方向基本上是从上到下，电流流向为电源正极→开关→用电器→搭铁→电源负极，节省了时间。

（3）尽可能减少导线的曲折与交叉　通过调整位置，使得布局合理、图面简洁清晰，图形符号兼顾元件外形和内部结构，便于联想分析，易读、易画。

（4）电路系统的关系清楚　发电机与蓄电池之间、各电路系统之间连接点尽量保持原位，熔断器、开关、仪表的接法与原图吻合。其缺点是图形符号不规范，易各行其道，不利于交流。由于电路原理图描述的连接关系仅仅是功能关系，而不是实际的连接导线，因此电路原理图不能取代线路布置图。

3. 线束图的特点

对露在线束外面的线头与插接器详细编号，并用字母标定，配线记号的表示方法突出，便于配线，各接线端都用序号和颜色准确无误地标注出来，但线路布置图不能详细描述线束内部的导线走向。

三、电路原理图的识读方法

由于各国汽车电路图的绘制方法、符号标识、文字标识、技术标准不同，各汽车生产厂家的汽车电路图画法有很大差异，甚至同一国家不同公司汽车电路图的表示方法也存在较大的差异，这就给读图者带来许多麻烦。因此，掌握汽车电路图识读的基本方法显得十分重要。

1. 汽车电路图形符号

图形符号是用于电气图或其他文件中表示项目或概念的一种图形、标记或字符，是电气技术领域中最基本的工程语言。汽车电路图中常用的图形符号，可分为限定符号及导线连接符号（表1-2-1）、触点与开关符号（表1-2-2）、电气元件符号（表1-2-3）、仪表与传感器符号（表1-2-4）、电气设备符号（表1-2-5）。

汽车电路图的识别

表1-2-1　限定符号及导线连接符号

序号	名称	图形符号	序号	名称	图形符号
1	直流	-	12	导线的跨越	
2	交流	~	13	插座的一极	
3	正极	+	14	插头的一极	
4	负极	-	15	插头与插座	
5	中性点	N	16	多极插头与插座（图为三极）	
6	磁场	F			
7	搭铁	⊥			
8	发流发电机输出端子	B	17	接点	●
9	磁场二极管输出端子	D+	18	端子	○
10	边界线	----	19	屏蔽（护罩）	
11	导线的交叉连接		20	屏蔽线	

表 1-2-2 触点与开关符号

序号	名称	图形符号	序号	名称	图形符号
1	动合（常开）触点		18	拉拔操作	
2	动断（常闭）触点		19	旋转操作	
3	先断后合的触点		20	按动操作	
4	中间断开的触点		21	一般机械操作	
5	双动合触点		22	钥匙操作	
6	双动断触点		23	热执行操作	
7	手动控制的一般符号		24	温度控制	
8	压力控制		25	旋转、旋钮开关	
9	制动压力控制		26	液位控制开关	
10	液位控制		27	油压开关	
11	凸轮控制		28	热敏开关动合触点	
12	联动开关		29	热敏开关动断触点	
13	手动开关一般符号		30	热敏自动开关动断触点	
14	定位（非自动复位）开关		31	热继电器触点	
15	按钮开关		32	旋转多挡开关位置	
16	能定位的按钮开关		33	钥匙开关（全部定位）	
17	拉拔开关		34	多挡开关（点火、起动开关、瞬时位置，由2挡能自动返回到1挡，即2挡不能定位）	

表 1-2-3　电气元件符号

序号	名称	图形符号	序号	名称	图形符号
1	电阻器		16	可变电容器	
2	可变电阻	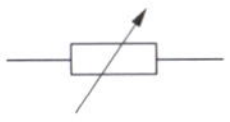	17	极性电容器	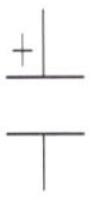
3	压敏电阻	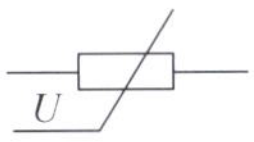	18	穿心电容器	
4	热敏电阻器	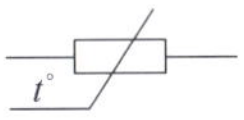	19	半导体二极管一般符号	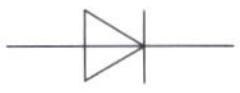
5	滑动触点电阻器	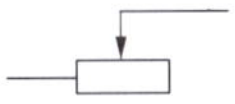	20	稳压二极管	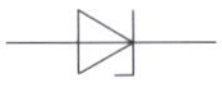
6	仪表照明调光电阻器	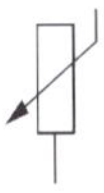	21	发光二极管	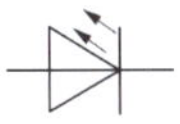
7	光敏电阻	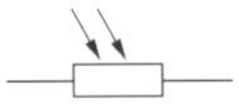	22	双向二极管（变阻二极管）	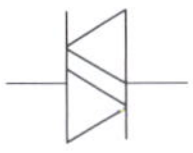
8	加热元件、电热塞	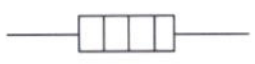	23	三极晶体闸流管	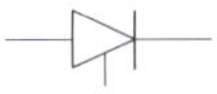
9	电容器	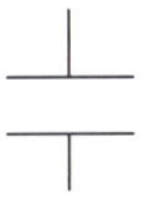	24	光电二极管	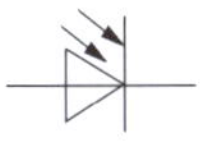
10	PNP 型三极管		25	电路断电器	
11	具有两个电极的压电晶体	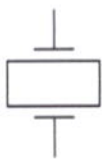	26	永久磁铁	
12	电感器、线圈、绕组、扼流圈		27	操作器件的一般符号	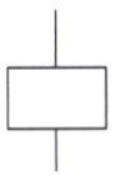
13	带磁芯的电感器	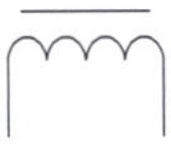	28	一个绕组的电磁铁	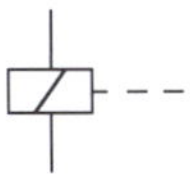
14	熔断器	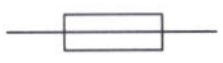	29	触点常开的继电器	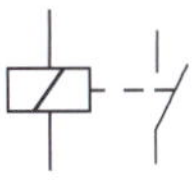
15	易熔线		30	触点常闭的继电器	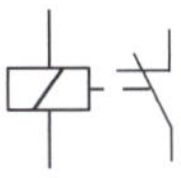

表 1-2-4　仪表与传感器符号

序号	名称	图形符号	序号	名称	图形符号
1	指示仪表	✦	13	数字式电钟	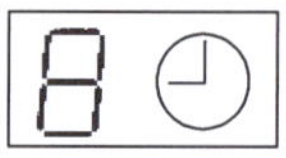 8 🕐
2	电压表	Ⓥ	14	传感器一般符号	*
3	电流表	Ⓐ	15	温度表传感器	t°
4	欧姆表	Ⓞ	16	空气温度传感器	t°ₙ
5	油压表	OP	17	水温传感器	t°w
6	转速表	n	18	燃油表传感器	Q
7	温度表	t°	19	油压表传感器	OP
8	燃油表	Q	20	空气质量传感器	m
9	车速表	⊙	21	空气流量传感器	AF
10	电钟	 🕐	22	氧传感器	λ
11	爆震传感器	k	23	转速传感器	n
12	空气压力传感器	AP	24	制动压力传感器	BP

表 1-2-5 电气设备符号

序号	名称	图形符号	序号	名称	图形符号
1	蓄电池		17	火花塞	
2	交流发电机（定子绕组为星型连接）		18	点火电子组件	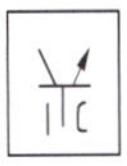
3	整体式交流发电机		19	信号发生器	
4	外接电压调节器的交流发电机	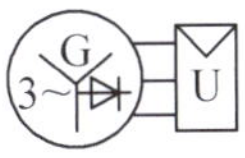	20	磁感应信号发生器	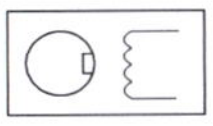
5	直流电动机		21	霍尔信号发生器	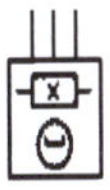
6	直流串励式电动机	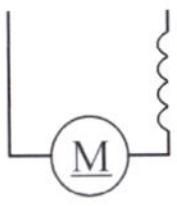	22	脉冲发生器	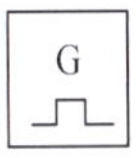
7	直流并励式电动机		23	闪光器	
8	起动机（带电磁开关）		24	间歇雨刮器继电器	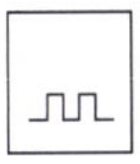
9	燃油泵电动机、洗涤电动机		25	照明灯、信号灯、仪表灯、报警灯	
10	刮水器电动机		26	双丝灯	
11	风扇电动机		27	电喇叭	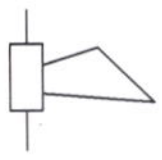
12	电动天线		28	蜂鸣器	
13	永磁直流电动机		29	报警器、电警笛	
14	电动汽油泵	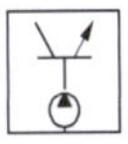	30	防盗报警器	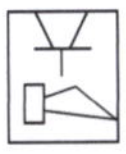
15	加热定时器		31	天线一般符号	
16	点火线圈	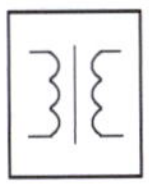	32	发射机	

续表

序号	名称	图形符号	序号	名称	图形符号
33	分电器	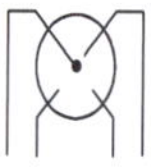	39	收放机	
34	稳压器	 u const	40	电磁阀一般符号	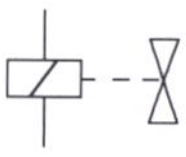
35	点烟器		41	常开电磁阀	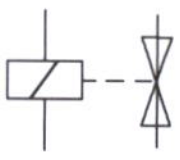
36	加热器（除霜器）	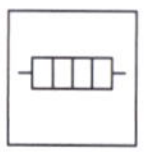	42	常闭电磁阀	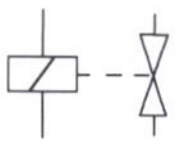
37	电压调节器	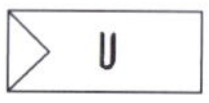 U	43	电磁离合器	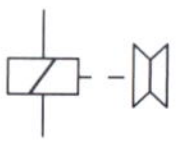
38	转速调节器	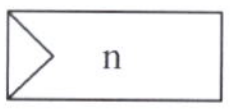 n	44	用电动机操纵的怠速装置	

2. 整车电路的识图要点

（1）阅读图注　认真阅读图注，了解电路图的名称、技术规范，明确图形符号的含义，建立元器件和图形符号间一一对应的关系，这样能快速准确地识图。

（2）掌握回路　在电学中，回路是一个最基本、最重要，同时也是最简单的概念，任何一个完整的电路都由电源、用电设备、开关、导线等组成。一个用电设备要想正常工作，必须要得到电能。对于直流电路而言，电流总是要从电源的正极出发，通过导线、熔断器、开关到达用电设备，再经过导线（或搭铁）回到同一个电源的负极，在这一过程中，只要有一个环节出现错误，此电路就无法正常工作。

（3）熟悉开关　开关是控制电路通断的关键，电路中主要的开关往往汇集许多导线，如点火开关、车灯总开关等，读图时应注意与开关有关的5个问题。

① 在开关的许多接线柱中，应注意哪些是直通电源的，哪些是接用电器的，接线柱旁是否有接线符号，这些符号是否常见。

② 开关共有几个挡位，在每个挡位中，哪些接线柱用于通电，哪些用于断电。

③ 蓄电池或发电机的电流是通过什么路径到达这个开关的，中间是否经过别的开关和继电器，这个开关是手动的还是电控的。

④ 各个开关分别控制哪个用电器，被控用电器的作用和功能是什么。

⑤ 在被控的用电器中，哪些电路处于常通，哪些电路处于短暂接通；哪些应先接通，哪些应后接通；哪些用电器应单独工作，哪些用电器应同时工作等。

（4）了解继电器　现代汽车电路中经常采用各种继电器对一些复杂电路进行控制。可以把含有线圈和触点的继电器，看成是由线圈控制电路和触点主电路两部分组成。主电路中的触点只有在线圈电路中有工作电流流过后才能动作，否则电路图中的继电器线圈处于失电状态。了解继电器的工作状态，特别是一些电子继电器的工作状态，对分析电路会大有帮助。

（5）解剖典型电路　通过解剖典型电路达到触类旁通，许多车型的局部电路都是相同或相近的，因此，剖析典型电路、掌握其特点和原则，就能了解许多其他车型的电路。

（6）识图的注意事项

① 识读电源系统电路。识读此电路应从电源开始，先找到蓄电池、发电机及电压调节器。发电机励磁电路是受点火开关控制的。

② 识读起动电路。识读此电路必须要找到点火开关、起动继电器及电源开关的控制电路。

③ 识读点火电路。识读此电路先找点火控制器（或分电器）、点火线圈、火花塞及点火开关。

④ 识读照明电路。识读此电路先找车灯控制开关、变光器、前照灯、示廓灯及各种照明灯。照明电路的一般接线规律：示廓灯与前照灯在开关工作时点亮；前照灯的远光与近光能否同时点亮要看具体车型；照明灯、尾灯、牌照灯等只有在开关工作时才亮。

⑤ 识读仪表电路。识读此电路先找组合仪表、点火开关、仪表传感器与仪表电源稳压器。仪表电路都受点火开关控制，电热式或电磁式仪表表头与传感器并联。有些汽车仪表和指示灯能同时显示一种参数，如充电、油压、油量与冷却液温度等，它们的指示灯是闪烁的，由一个多谐振荡器控制，同时还有蜂鸣器报警。

⑥ 识读信号控制电路。由于信号装置属于随时使用的短暂工作设备，识读此电路时应注意它应接在经常有电的导线上，且仅受一个开关控制，从而避免影响信号的发出。

⑦ 识读辅助装置控制电路。识读此电路应首先熟悉辅助装置的图形符号、有关控制开关及其功能，而后按照从电源熔断器控制开关到用电设备的顺序进行。

四、识读汽车电路图的原则

1. 认真读图注

图注说明了该汽车所有电气设备的名称及其数码代号，通过读图注可以初步了解该汽车所装配的电气设备。然后通过电气设备的数码代号在电路图中找出该电气设备，再进一步找出其连线、控制关系。

2. 牢记电气图形符号

汽车电路图是利用电气图形符号来表示其构成和工作原理的。因此，必须牢记电路图形符号的含义，才能看懂电路原理图。

3. 熟记电路标记符号

为了便于绘制和识读汽车电气电路图，有些电气装置或其接线柱上面都赋予了不同的标志代号。

4. 牢记汽车电路特点

一是单线制；二是负极搭铁；三是用电设备并联。

5. 牢记回路原则

进行电路读图时，有以下三种思路。

思路一：沿着电路电流的流向，由电源正极出发，经过用电设备、开关、控制装置等，最后回到电源负极。

思路二：逆着电路电流的方向，由电源负极（搭铁）开始，经过用电设备、开关、控制装置等，最后回到电源正极。

思路三：从用电设备开始，依次查找其控制开关、连线、控制单元，最后到达电源正极和搭铁（或电源负极）。

实际应用时，可视具体电路选择不同思路，但有一点值得注意：随着电子控制技术在汽车上的广泛应用，大多数电气设备电路同时具有主回路和控制回路，读图时要兼顾这两种回路。

6. 浏览全图，分割各个单元系统

要读懂汽车电路图，首先必须掌握组成电路的各个电气元件的基本功能和电气特性。在大概掌握全图基本原理的基础上，再把一个个单元系统电路分割开来，这样就容易抓住每一部分的主要功能及特性。

在框划各个系统时，一定要遵守回路原则，注意既不能漏掉各个系统中的组件，也不能多框划其他系统的组件，一般规律如下：各电气系统只有电源和总开关是公共的，其他任何一个系统都应是一个完整的独立的电气回路，即包括电源、开关（保险）、电器（或电子线路）、导线等。从电源的正极经导线、开关、保险丝至电器后搭铁，最后回到电源负极。

7. 熟记各局部电路之间的内在联系和相互关系

从整车电路来讲，各局部电路除电源电路公用外，其他单元电路都是相对独立的，但它们之间存在着内在联系（如信号共享）。因此，识图时，不但要熟悉各局部电路的组成、特点、工作过程和电流流经的路径，还要了解各局部电路之间的联系和相互影响，这是迅速找出故障部位、排除故障的必要条件。

8. 掌握各种开关在电路中的作用

对多层多挡接线柱的开关，要按层、按挡位、按接线柱逐级分析各层各挡的功能。有的用电设备受两个以上单挡开关（或继电器）的控制，有的受两个以上多挡开关的控制，其工作状态比较复杂。当开关接线柱较多时，首先应抓住从电源来的一两个接线柱，再逐个分析与其他各接线柱相连的用电设备处于何种挡位，从而找出控制关系。

对于组合开关来说，实际线路是在一起的，而在电路图中又按其功能画在各自的局部电路中，遇到这种情况必须仔细研究识读。

9. 全面分析开关、继电器的初始状态和工作状态

在电路图中，各种开关、继电器都是按初始状态画出的。即按钮未按下、开关未接通、继电器线圈未通电，其触点未闭合（指常开触点），这种状态称为原始状态。在识图时，不能完全按原始状态分析，否则很难理解电路的工作原理，因为大多数用电设备都是通过开关、按钮、继电器触点的变化而改变回路的，从而实现不同的电路功能。所以，必须进行工作状态的分析。

10. 掌握电气装置在电路图中的位置

大量电气装置是机电合一的，在电路图上表示时，厂家为了使画法既简单（便于画图）又便于识图，多根据实际情况采用集中或分开表示法。

集中表示法是把一个电气装置的各组成部分，在图上集中绘制的一种表示方法。此法仅适用于较简单的电路。

分开表示法是把如继电器的线圈、触点分别画在不同的电路中，用同一文字符号或数字符号将分开部分联系起来的表示方法。

11. 先易后难

有些汽车电路图的某些局部电路可能比较复杂，一时难以看懂，可以暂时将其放一放，待其他局部电路都看懂后，结合图中与该电路有联系的相关信息，再来进一步识读这部分电路。

12. 注意搜集资料和积累经验

对于看不懂的电路要善于请教有关人员，同时还要善于查找、收集相关资料；注意深入研究典型汽车电路，做到触类旁通；特别注意实际工作经验的积累，新技术、新工艺的应用和创新。

此外，汽车电子控制系统越来越多，其读图方法除以上所述要领外，以下方法与步骤对汽车电子控制系统的读图也很有帮助。

① 要以电控系统的 ECU 为中心，因为这是整个系统的控制中心，所有电气部件都必然与这里发生关系。

② 对 ECU 的各个接脚有大致印象，弄清楚分为几个区域及各区接脚排列的规律。

③ 找出该系统给 ECU 供电的电源线有哪些，注意一般 ECU 都不止一根电源线，弄清楚各电源线的供电状态（如常火线或开关控制）。

④ 找出该系统的搭铁线有哪些，注意分清哪些是在 ECU 内部搭铁，哪些是在车架上搭铁，哪些是在各总成机体上搭铁。

⑤ 找出哪些是系统的信号输入传感器，各传感器是否需要电源，并找出相应的电源线及该传感器的搭铁部位。

⑥ 找出系统的执行器有哪些，弄清电源供给和搭铁情况及电脑控制执行器的方式（控制搭铁端或电源端）。

一、任务准备

（1）汽车（或发动机台架）。
（2）常用拆装工具。
（3）万用表。

二、实施步骤

作业内容	图解	具体操作方法及要求	完成确认
（1）认识电气台架基本元件		能熟知车身电路的组成及元器件的作用	

续表

作业内容	图解	具体操作方法及要求	完成确认
（2）电路图识读		能正确结合电路图，根据任务实施步骤进一步掌握车身的电路组成	

任务评价

任务评价表

评价内容	赋分	序号	具体指标	分值	得分 自评	得分 组评	得分 师评
仪容仪表	15	1	工作服、鞋、胸卡穿戴整洁	5			
		2	发型、指甲等符合工作要求	5			
		3	不佩戴首饰、钥匙、手表等	5			
教学过程	60	4	熟知电路的组成	15			
		5	掌握识图方法	15			
		6	了解识图原则	15			
		7	根据整车电路图，画出主要控制系统电路图	15			
职业素养	25	6	出勤情况	10			
		7	服从安排，积极参加组内活动	5			
		8	认真执行7S工作	10			
			综合得分	100			

任务测评

一、填空题

1.汽车电气设备总线路是将_____、_____、_____、_____和_____、仪表、电子控制装置以及辅助电器等，按照其工作特性和内在联系，通过开关、导线、保险装置等连接起来构成的整体。

2.汽车电路图是将汽车各电气部件的图形符号通过导线连接在一起的关系图，可分为_____和_____。

3.整车电路识图要点：_____、_____、_____、_____、_____、_____。

二、问答题

1.识读汽车电路图的一般要领有哪些？

2.汽车电路原理图的特点有哪些？

单元二 汽车电源系统

项目一 电源系统

项目导入

蓄电池与发电机并联向用电设备供电，保证车辆的正常运行。目前那些刚从事汽车修理的人员对于汽车电源系统的组成、工作原理认识不清，对蓄电池的类型及选用不知如何判断，对汽车电源系统的使用维护存在一定的困惑，所以我们必须对汽车电源系统有个正确的认知。

任务 电源系统认知

学习目标

知识目标：
1. 熟悉电源系统的组成、分类与功用。
2. 掌握汽车充电系统电路。
3. 掌握充电系统电路原理、走向。

能力目标：
1. 能够识别汽车电源系统的主要元器件。
2. 能够正确测量发电机输出端的电压。

任务描述

对电源系统进行认知，能说出电源系统各部分的结构名称，会正确连接电源系统各部件。能理解电源系统的作用、分类及工作原理。

知识链接

汽车电源系统主要由蓄电池、交流发电机、电压调节器等组成，如图2-1-1所示。蓄电池与发电机并联向用电设备供电。交流发电机与发电机调节器互相配合工作，其主要任务是对除起动机以外的所有用电设备供电，并向蓄电池充电。

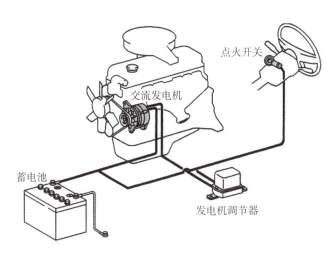

图 2-1-1　汽车电源系统

一、汽车电源系统的分类

汽车电源系统的分类如图 2-1-2 所示。

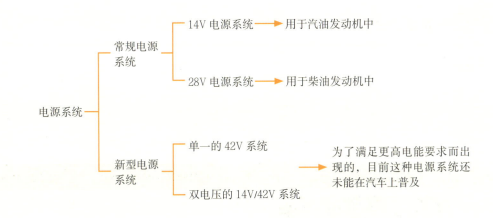

图 2-1-2　汽车电源系统的分类

二、汽车电源系统组成及工作原理

1. 系统组成

汽车电源系统的组成如图 2-1-3 所示。

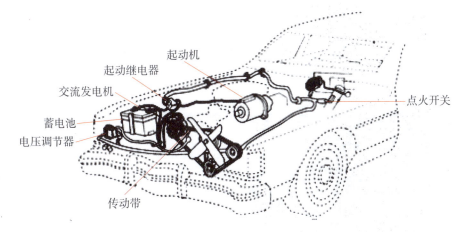

图 2-1-3　汽车电源系统的组成

2. 工作原理

在汽车上，蓄电池、发电机并联连接，并向所有用电设备供电。发电机是主电源，蓄电池是辅助电源。调节器是一种电压调节装置，其功用是在发电机转速变化时自动调节发电机的输出电压，并使输出电压保持稳定，如图2-1-4所示。

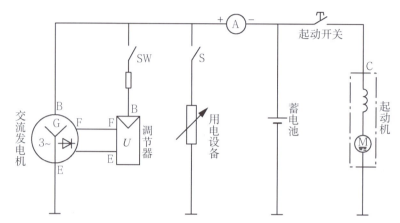

图2-1-4 汽车电源系统工作原理

一、任务准备

（1）工作场景：汽修实训室。
（2）主要设备：科鲁兹教学用车、翼子板布和前格栅布、三件套、工具车、手电筒、抹布、手套等。

二、实施步骤

作业内容	图解	具体操作方法及要求	完成确认
（1）准备车辆		将车辆停放于水平地面上，安装好车轮挡块，变速手柄置于空挡，拉起手制动	
（2）安装翼子板布、前格栅布及三件套		翼子板布和前格栅布应居中放置，与车身接触的一侧必须清洁无油污；放置时避免敲击车身或在车身上滑拖而损坏漆面；安装车内三件套：方向盘套、座椅套和脚垫	
（3）找到蓄电池		能够找到蓄电池；能够区分是14V电源系统还是28V电源系统	

续表

作业内容	图解	具体操作方法及要求	完成确认
（4）找到发电机		能够找到交流发电机； 能够找到发电机调节器的位置	
（5）找到点火开关		能够找到点火开关； 了解点火开关各挡位功能	
（6）7S工作		对工具和设备清洁，并放回原位； 整理场地； 不要用潮湿的抹布清洁电气开关、按钮等	

任务评价表

评价内容	赋分	序号	具体指标	分值	得分 自评	得分 组评	得分 师评
仪容仪表	15	1	工作服、鞋、胸卡穿戴整洁	5			
		2	发型、指甲等符合工作要求	5			
		3	不佩戴首饰、钥匙、手表等	5			
教学过程	60	4	无人员受伤及设备损伤事故	10			
		5	车辆的前期准备工作	10			
		6	找到蓄电池	10			
		7	找到发电机	10			
		8	找到点火开关	10			
		9	找到发电机调节器	10			
职业素养	25	10	出勤情况	10			
		11	服从安排，积极参加组内活动	5			
		12	认真执行7S工作	10			
			综合得分	100			

一、填空题

1. 汽车电源系统由_____、_____、_____等组成。
2. 蓄电池与发电机_____连接,向_____供电。
3. 发电机是_____电源,蓄电池是_____电源。

二、问答题

1. 简述电源系统的组成。
2. 论述电源系统的工作原理。

项目二　蓄电池

项目导入

蓄电池负责起动汽车发动机和为车内电控系统供电，保证车辆的正常运行。目前那些刚从事汽车修理的人员对于蓄电池的组成、工作原理认识不清，对蓄电池的类型及选用不知如何判断，对蓄电池的使用维护存在一定的困惑，所以我们必须对蓄电池有个正确的认知。

任务一　蓄电池认知

知识目标：
1. 了解蓄电池的作用、分类。
2. 了解蓄电池的工作原理。
3. 掌握蓄电池的结构。

能力目标：
1. 会正确选用蓄电池。
2. 会正确判断蓄电池的正负极性。

对蓄电池进行认知，能说出蓄电池各部分的结构名称，会正确判断蓄电池正负极性。能理解蓄电池的作用、分类及工作原理，了解蓄电池的容量及其影响因素。

一、蓄电池的作用

汽车上的电源有两个：蓄电池和发电机，其中蓄电池为辅助电源，发电机为主电源，这两个电源并联连接，全车的用电设备也均为并联连接，如图2-2-1所示。

蓄电池是一种可逆直流电源，其作用如下。

① 起动发动机时，蓄电池向起动机和用电设备供电。
② 当发电机发出电压低于蓄电池的电压时，由蓄电池向用电设备供电。
③ 当发电机发出电压高于蓄电池的电压时，蓄电池将发电机的剩余电能储存起来。
④ 当发电机过载时，蓄电池协助发电机向用电设备供电。
⑤ 蓄电池还相当于一个较大的电容器，能吸收电路中随时出现的瞬时过电压，以保护晶体管元件不被击穿损坏。

作为汽车的起动电源，蓄电池必须能满足起动发动机的需要，即在短时间内（5～10s）可供给起动机强大的电流，所以汽车用蓄电池又叫作起动型蓄电池。汽油发动机汽车电流一般为200～600A，柴油发动机汽车电流一般为800～1000A。

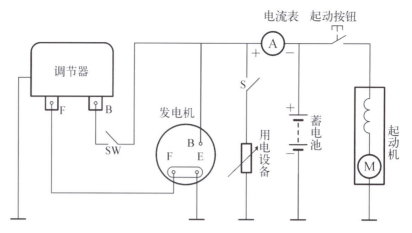

图 2-2-1　汽车并联电路

二、蓄电池的分类

蓄电池的种类很多，按使用的电解液的成分，可分为酸性蓄电池和碱性蓄电池；按电极材料可分为铅蓄电池和铁镍、铬镍蓄电池；按用途不同可分为汽车用蓄电池、电瓶车用蓄电池、电讯用蓄电池、航标用蓄电池等。目前，汽车上广泛采用的是铅酸蓄电池，这种蓄电池通常称为起动型蓄电池。后面如无特别说明，所指蓄电池都为铅酸蓄电池。表 2-2-1 常用列出了几种汽车常用蓄电池的特点。

表 2-2-1　几种汽车常用蓄电池的特点

类　　型	特　　点
普通铅蓄电池	新蓄电池的极板不带电，使用前需按规定加注电解液并进行初充电，初充电的时间较长，使用中需要定期维护
干荷电铅蓄电池	新蓄电池的极板处于干燥的已充电状态，电池内部无电解液。在规定的保存期内，如需使用，只需按规定加入电解液，静置 20～30min 即可使用，使用中需要定期维护
湿荷电铅蓄电池	新蓄电池的极板处于已充电状态，蓄电池内部带有少量电解液。在规定的保存期内，如需使用，只需按规定加入电解液，静置 20～30min 即可使用，使用中需要定期维护
免维护蓄电池	使用中不需维护，可用 3～4 年不需补加蒸馏水，极桩腐蚀极少，自放电少

三、蓄电池的型号

按机械工业部 JB/T 2599—2012《铅酸蓄电池名称型号编制与命名方法》标准规定，铅蓄电池的型号分为三部分（表 2-2-2）。如型号 6-QA-60 代表 6 节额定电压 12V、额定容量 60A·h 的起动型干荷电铅蓄电池。

表 2-2-2　蓄电池的型号说明

第一部分	第二部分		第三部分	
串联的单格电池数	蓄电池的类型	蓄电池的特征	蓄电池的额定容量	蓄电池的特殊性能
用阿拉伯数字表示	用大写的汉语拼音字母表示。如： Q——起动用铅蓄电池 N——内燃机车用蓄电池 M——摩托车用蓄电池	用大写的汉语拼音字母表示。如： A——干荷电铅蓄电池 H——湿荷电铅蓄电池 W——免维护铅蓄电池 B——薄型极板 无字母——普通铅蓄电池	20h 率放电率的额定容量，单位为 A·h，单位略去不写	用大写的汉语拼音字母表示。如： G——高起动率 D——低温性能好 S——塑料槽蓄电池

四、免维护蓄电池结构

一般的铅酸蓄电池是由正负极板、隔板、壳体、电解液和接线桩头等组成，其放电的化学反应是依靠正极板活性物质（二氧化铅）和负极板活性物质（海绵状纯铅）在电解液（稀硫酸溶液）的作用下进行的，其中传统蓄电池极板的栅架用铅锑合金制造，免维护蓄电池极板的栅架用铅钙合金制造（图 2-2-2），前者用锑，后者用钙，这是两者的根本区别点，其外形和结构如图 2-2-3 所示。不同的材料会产生不同

图 2-2-2　铅钙合金栅架

的现象：传统蓄电池在使用过程中会发生减液现象，这是因为栅架上的锑会污染负极板上的海绵状纯铅，减弱了完全充电后蓄电池内的反电动势，造成水的过度分解，大量氧气和氢气分别从正负极板上逸出，使电解液减少；用钙代替锑，就可以改变完全充电后的蓄电池的反电动势，减少过充电流，降低液体气化速度，从而降低了电解液的损失。

由于免维护蓄电池采用铅钙合金栅架，充电时产生的水分解量少，水分蒸发量低，加上外壳采用密封结构，释放出来的硫酸气体也很少，所以它与传统蓄电池相比，具有不需添加任何液体，对接线桩头、电线腐蚀少，抗过充电能力强，起动电流大，电量储存时间长等优点。

蓄电池的组成

　　免维护蓄电池因其在正常充电电压下，电解液仅产生少量的气体，极板有很强的抗过充电能力，而且具有内阻小、低温起动性能好、比常规蓄电池使用寿命长等特点，因而在整个使用期间不需添加蒸馏水，在充电系正常情况下，不需要拆下进行补充充电。但在保养时应对其电解液的密度进行检查。

（a）

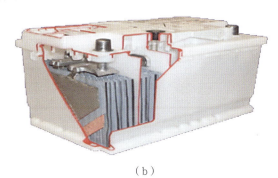
（b）

图 2-2-3　免维护蓄电池外形和结构

　　大多数免维护蓄电池在盖上设有一个孔形液体（温度补偿型）比重计，即状态指示器（俗称电眼），如图 2-2-4 所示，它会根据电解液比重的变化而改变颜色，可以指示蓄电池的存放电状态和电解液液位的高度。当比重计的指示眼呈绿色时，表明充电已足，蓄电池正常；当指示眼绿点很少或为黑色时，表明蓄电池需要充电；当指示眼呈白色时，表明蓄电池内部有故障，需要修理或进行更换。

（a）

（b）

（c）

图 2-2-4　状态指示器

　　免维护蓄电池也可以进行补充充电，充电方式与普通蓄电池的充电方法基本一样。充电时每单格电压应限制在 2.3～2.4V。注意：使用常规充电方法充电会消耗较多的水，充电时充电电流应稍小些（5A 以下）；不能进行快速充电，否则，蓄电池可能会发生爆炸，导致伤人。当免维护蓄电池的比重计显示为白时，说明该蓄电池已接近报废，即使再充电，使用寿命也不长。此时的充电只能作为救急的权宜之计。

　　有条件时，对免维护蓄电池可用具有电流-电压特性的充电设备进行充电。该设备既可保证充足电，又可避免过充电而消耗较多的水。

　　现阶段免维护蓄电池大多采用迷宫式上盖结构，如图 2-2-5 所示，可对充放电过程中产生的液气混合物进行有效地分离，液体通过迷宫结构进行回流，补充电解液，气体则沿着排气孔排出，杜绝危害的发生。

　　一般免维护电池从出厂到使用可以存放 10 个月，其电压与电容保持不变，质量差的在出厂后的 3 个月左右电压和电容就会下降。在购买时选择离生产日期有3个月的，当场就可以检查电池的电压和电容是否达到说明书上的要求，若电压和电容都有下降的情况则说明它里面的材质不好，那么电池的质量肯定也不行，有可能是加水电池经过经销商充电后伪装而成的。

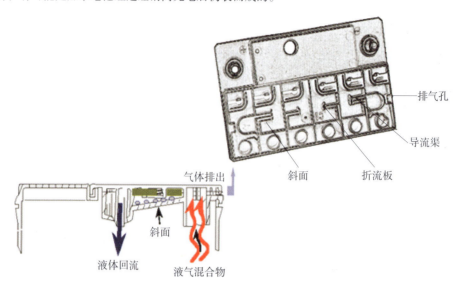

图 2-2-5 迷宫式上盖结构

五、蓄电池的基本工作原理

免维护蓄电池的工作原理与普通铅酸蓄电池相同。放电时，负极板上的海绵状铅与电解液内的硫酸反应生成硫酸铅和水，硫酸铅则沉淀在正负极板上，而水则留在电解液内；充电时，正负极板上的硫酸铅又分别还原成二氧化铅和海绵状铅。

由于免维护蓄电池负极板上的硫酸铅含量比正极板上多，因此，充足电时正极板的硫酸全部转变成了二氧化铅，而负极板用来产生氧气，被用于使多余的硫酸铅转变成海绵状铅。同时，在正极板上所产生的氧气也不会外逸，而是迅速与负极板上的活性物质（海绵状铅）发生反应生成二氧化铅，在与电解液中的硫酸反应变成硫酸铅和水。反应过程如图 2-2-6 所示。因此从理论上讲，免维护蓄电池即使被过充电，其电解液中的水也不会散失。

（a）电动势的建立

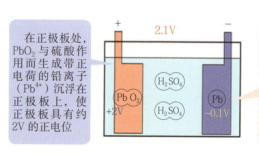

$PbO_2+Pb+2H_2SO_4 \rightarrow 2PbSO_4+2H_2O$

（b）放电过程

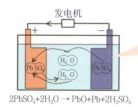 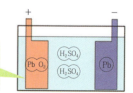

$2PbSO_4+2H_2O \rightarrow PbO_2+Pb+2H_2SO_4$

（c）充电过程

图 2-2-6 免维护蓄电池工作原理

六、免维护蓄电池性能特点

1. 自行放电量小

普通铅酸蓄电池的栅架上多采用铅锑合金,且锑的含量较高(一般为 4% ~ 7%),在充电时,正极栅架的锑逐渐溶解到电解液中,并在负极板表面上沉积,与负极板上的活性物质形成微电池,从而导致自行放电量增大。而免维护蓄电池正极栅架多为铅钙合金,其晶粒较细,耐腐蚀,所以自行放电量较小。

2. 失水量小

免维护蓄电池的失水量一般为普通蓄电池的十分之一,其原因是铅锑合金的析氢过电位较低,所以充电末期在负极板处有大量的氢气析出,造成失水较多,而铅钙合金氢的析出过电位与纯铅相似,比铅锑合金高出许多。因此充电时使得氢析出量大大减小,从而使失水量减少。

3. 起动性能好

普通蓄电池的起动电流一般为该电池的 20h 放电率额定容量的 3 ~ 4 倍,而免维护蓄电池的起动电流可达普通电池的 20h 放电率额定容量的 5 ~ 9 倍。其原因是铅钙合金的电导比铅锑合金高(含钙量为 0.1% 的铅钙合金比含锑 7% 的铅锑合金的电导高 20%)。另外,免维护蓄电池各单个电池间的连接采用内连式,缩短了电路的连接长度,使连接条上的功率损失减少 80%,放电电压提高 0.15 ~ 0.4V。因此,比普通蓄电池有较好的起动性能。

4. 使用寿命和存储寿命长

由于栅架采用了耐腐蚀的铅钙合金,提高了蓄电池的耐充性,再加上采用袋式隔板,可有效地防治活性物质的脱落,因此,可有效地提高蓄电池的使用寿命。一般蓄电池使用寿命仅为 1 ~ 2 年。同时,由于自行放电量小,存储寿命显著增长,其存储寿命为普通蓄电池的 3 倍,并且经存储后再启用时,仍有较好的性能。

5. 使用方便

免维护蓄电池在出厂时已装好电解液,使用时减少了配制和添加电解液的麻烦,再加上使用中不需要加蒸馏水,通过电解液密度计指示器即可判断电池的情况,减少了检查与维护作业,因而使用起来很方便。

6. 影响免维护蓄电池一致性的因素

现阶段各厂对蓄电池的重要考核指标是容量的一致性。影响免维护蓄电池容量一致性的因素很多,大电流放电和小电流放电的容量一致性对免维护蓄电池结构设计和工艺要求有很大的不同,前者的主要影响因素是极板的表面、极板、隔板的内阻和焊接,连接处的截面积;后者的主要因素是活性物质的多少、利用率和电液量。

一、任务准备

(1)工作场景:汽修实训室。
(2)主要设备:教学用车、翼子板布、前格栅布、三件套、工具车、手电筒、抹布、手套等。

二、实施步骤

作业内容	图解	具体操作方法及要求	完成确认
(1)准备车辆		将车辆停放于水平地面上,安装好车轮挡块,变速手柄置于空挡,拉起手制动	

蓄电池的更换

续表

笔 记

作业内容	图解	具体操作方法及要求	完成确认
（2）安装翼子板布、前格栅布及三件套		翼子板布和前格栅布应居中放置，与车身接触的一侧必须清洁无油污； 放置时避免敲击车身或在车身上滑拖而损坏漆面； 安装车内三件套：方向盘套、座椅套和脚垫	
（3）找到观察孔	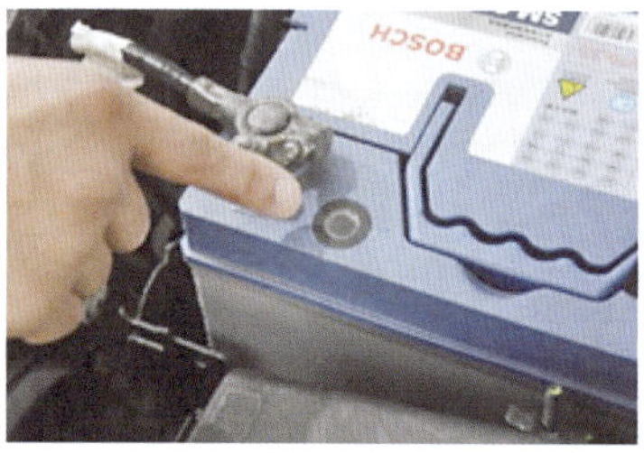	清洁蓄电池表面，找到蓄电池状态观察孔，观察颜色（绿色为良好；黑色为需充电；无色为液不足，需更换）	
（4）找到蓄电池型号位置	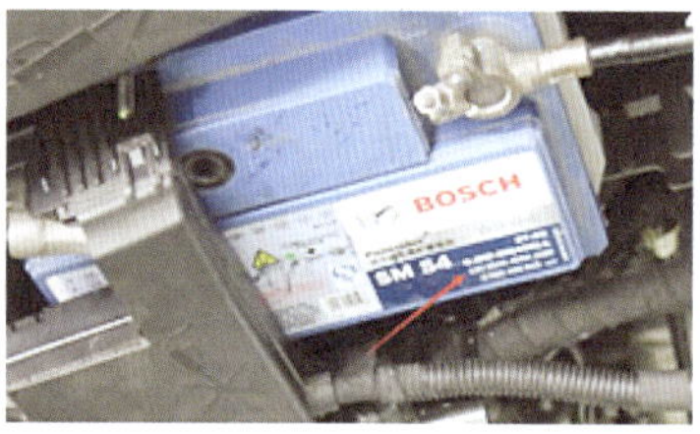	在蓄电池壳体上找到蓄电池型号	
（5）找到蓄电池正负接线柱	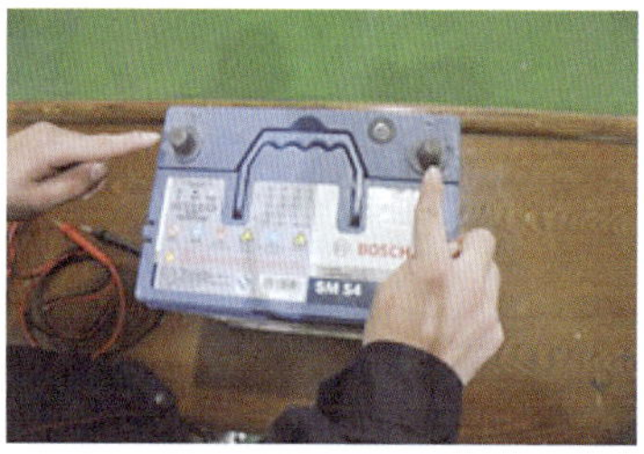	在蓄电池上找到蓄电池正负极接线柱，查看正负极桩及标记、导线颜色和安装方法	
（6）打开电源开关（不起动发动机）观察仪表盘指示灯		在仪表盘上能找到蓄电池指示灯（亮），蓄电池向用电设备供电	
（7）打开电源开关（起动发动机）观察仪表盘指示灯		在仪表盘上找不到蓄电池指示灯（指示灯熄灭），发电机向用电设备供电，蓄电池充电	

续表

作业内容	图解	具体操作方法及要求	完成确认
（8）关闭电源开关，使发动机熄火		使汽车恢复原状，切记拉起手制动	
（9）7S工作		对工具和设备清洁，并放回原位； 整理场地； 不要用潮湿的抹布清洁电气开关、按钮等	

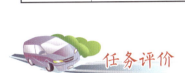

任务评价

任务评价表

评价内容	赋分	序号	具体指标	分值	得分 自评	得分 组评	得分 师评
仪容仪表	15	1	工作服、鞋、胸卡穿戴整洁	5			
		2	发型、指甲等符合工作要求	5			
		3	不佩戴首饰、钥匙、手表等	5			
教学过程	60	4	无人员受伤及设备损伤事故	5			
		5	车辆的前期准备工作	5			
		6	蓄电池的位置	5			
		7	蓄电池正负接线柱	10			
		8	蓄电池接线	10			
		9	仪表盘指示状态（不起动发动机）	5			
		10	仪表盘指示状态（起动发动机）	5			
		11	蓄电池型号	10			
		12	蓄电池观察窗口状态	5			
职业素养	25	13	出勤情况	10			
		14	服从安排，积极参加组内活动	5			
		15	认真执行7S工作	10			
			综合得分	100			

一、填空题

1. 汽车上的电源有两个：_____和_____。
2. 铅蓄电池主要由_____、_____、_____、_____、_____、_____等组成。
3. 蓄电池正极板上的活性物质是_____、蓄电池负极板上的活性物质是_____。

二、名词解释

1. 6-QA-100（电池型号）
2. 额定容量

三、问答题

1. 蓄电池的作用是什么？
2. 蓄电池如何分类？

任务二　蓄电池正确充电

知识目标：
1. 了解蓄电池充电的方法、种类。
2. 掌握蓄电池充电的操作规程。

能力目标：
1. 会判断蓄电池是否需要充电。
2. 会正确使用充电设备、按操作规程给蓄电池充电。

对蓄电池充电的常用方法、种类进行认知，掌握蓄电池在无故障的情况下补充充电的方法，会正确选用、使用充电设备给蓄电池充电。

车辆实际使用过程中，由于长时间搁置、停车熄火后用电器未关闭、频繁起动或连续用电、发电机工作不正常、电路短路等原因会造成蓄电池亏电，使车辆不能正常起动。亏电状态的蓄电池应及时进行补充充电，使蓄电池达到完全充电，恢复正常使用性能。长时间处于亏电状态得不到恢复将造成蓄电池容量大幅度下降或提前损坏报废。

一、充电设备

蓄电池是直流电源，必须用直流电源对其进行充电。充电时，充电电源的正极接蓄电池的正极，充电电源的负极接蓄电池的负极。

汽车上的充电设备是由发动机驱动的交流发电机。充电间多采用硅整流充电机、晶闸管整流充电机和智能充电机等。

二、充电方法

1. 定电压充电

恒压充电是指充电过程中，充电电源电压保持恒定的充电方法。

恒压充电的接线方法如图 2-2-7 所示。若充电电压过高，将导致过充电；充电电压过低，将导致充电不足。一般单格电池充电电压选为 2.5V。在恒压充电初期，充电电流较大，4～5h 内即可达到额定容量的 90%～95%，因而充电时间较短，而且不需要照管和调整充电电流，适用于补充充电。由于充电电流不可调节，所以不适用于初充电和去硫化充电。

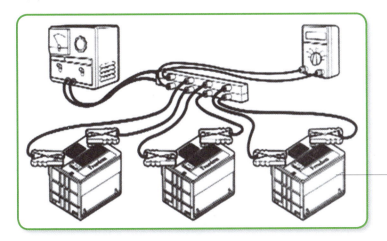

定压充电时，可以将相同电压值的蓄电池并联起来一起充电

图 2-2-7　恒压充电接线图

2. 定电流充电

恒流充电指充电电流保持恒定的充电方法，广泛用于初充电、补充充电和去硫化充电等。恒流充电的接线方法如图 2-2-8 所示。

为缩短充电时间，充电过程通常分为两个阶段。第一阶段采用较大的充电电流，使蓄电池的容量得到迅速恢复，当蓄电池电量基本充足，单格电池电压达到 2.4V，开始电解水产生气泡时，转入第二阶段，将充电电流减小一半，直到电解液密度和蓄电池端电压达到最大值且在 2～3h 内不再上升，蓄电池内部剧烈冒出气泡时为止。

恒流充电的适应性强，可任意选择和调整充电电流的大小，有利于保持蓄电池的技术性能和延长其使用寿命，其缺点是充电时间长，要经常调节充电电流。

可以将不同电压值、容量相近的蓄电池串联起来充电。如果容量不同，应按容量小的蓄电池来决定充电电流

图 2-2-8　恒流充电接线图

3. 脉冲快速充电

脉冲快速充电必须用脉冲快速充电机进行，其充电电流波形如图2-2-9所示。

脉冲快速充电的过程：先用0.8～1倍额定容量的大电流进行恒流充电，使蓄电池在短时间内充至额定容量的50%～60%，当单格电池电压升至2.4V，开始冒气泡时，由充电机的控制电路自动控制，开始脉冲快速充电，然后再放电或反向充电，使蓄电池反向通过一个较大的脉冲电流（脉冲深度一般为充电电流的1.5～3倍，脉冲宽度为150～1000μs），然后再停止充电40ms（称为后停充）。后续过程：正脉冲充电→前停充→负脉冲瞬间放电→后停充→正脉冲充电……循环进行，直至充满电。脉冲快速充电的优点是可大大缩短充电时间（新蓄电池充电仅需5h，补充充电需1h）。缺点是对蓄电池的寿命有一定的影响，并且脉冲快速充电机结构复杂，价格昂贵，适用于电池集中、充电频繁、要求应急的场合。

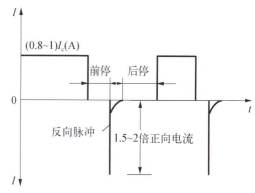

图2-2-9 脉冲充电波形图

三、充电种类及操作规程

1. 初充电

初充电指对新的或更换极板后的蓄电池进行的第一次充电。其操作步骤如下。

① 按蓄电池制造厂的规定和本地区的气温条件，加注一定密度的电解液（加注前，电解液温度不得超过30℃），放置4～6h，使极板浸透，并调整液面高度至规定值。

② 将蓄电池的正、负极分别与充电机的正、负极相连。

③ 采用两阶段恒流充电法充电时，第一阶段充电电流为额定容量的1/15，待电解液中有气泡冒出、单格电池电压达2.4V时，转入第二阶段，将电流减小一半，直至蓄电池充满电为止。充电过程中应注意测量电解液的温度，当温度超过40℃时，应将电流减半，如温度继续上升达45℃时，应停止充电，待冷却至35℃以下时再充电。

④ 充好电的蓄电池应检查电解液的密度，如不符合规定，应用蒸馏水或1.4 g/cm³的稀硫酸进行调整，并调整液面高度至规定值。调整后，再充电2h，直到电解液密度符合规定为止。

2. 补充充电

补充充电是指对使用中的蓄电池在无故障的前提下，为保持或恢复其额定容量而进行的正常的保养性充电。

一般汽车用蓄电池应每隔1～2个月从车上拆下来进行一次补充充电，使用中，如发现下列现象之一时，必须及时进行补充充电。

① 电解液相对密度降至1.15g/cm³以下时。

② 冬季放电量超过25%，夏季超过50%时。

③ 前照灯灯光比平时暗淡，起动无力（无线路故障）。

④ 单格电池电压降到1.70V以下时。

补充充电可采用恒压充电或两阶段恒流充电。

汽车上蓄电池的充电一般采用恒压充电法充电，充电间多采用两阶段恒流充电法充电。采用两阶段恒流充电法进行补充充电时，应先用10C的电流进行充电，当单格电池电压达到2.4V以上时，改用20C的电流充电至充满为止。

3. 间歇过充电

间歇过充电是为了避免使用中的铅蓄电池极板硫化的一种预防性充电，汽车用铅蓄电池应每隔三个月进行一次。

充电方法：先按补充充电的方法将蓄电池充满电，停歇1h后，再以减半的充电电流进行过充电至沸腾，再停歇1h后，重新接入充电，如此反复，直到蓄电池刚接入充电时立即沸腾为止。

4. 循环锻炼充电

循环锻炼充电是铅蓄电池为防止极板钝化而进行的保养性充电。铅蓄电池使用中常处于部分放电的状况，参加化学反应的活性物质有限，为避免活性物质长期不工作而收缩，每隔三个月应进行一次循环锻炼充电。

充电方法：先按照补充充电或间歇过充电方法将铅蓄电池充满电，再用 20 h 率的电流连续放电至单格电池电压降为 1.75V 为止，其容量降低不得大于额定容量的 10%，否则，应进行充、放电循环，直至容量达到额定容量的 90% 为止，方可使用。

5. 去硫化充电

去硫化充电是消除铅蓄电池极板轻度硫化的一种排故性充电。充电方法和步骤如下。

① 将铅蓄电池按 20h 放电率，放电至单格电池电压降至 1.75V 为止。

② 倒出电解液，用蒸馏水反复冲洗几次，然后加入蒸馏水至规定的液面高度，用初充电第二阶段充电电流进行充电，当电解液密度增大到 $1.15g/cm^3$ 时，再将电解液倒出，加入蒸馏水，继续充电，反复多次，直至电解液密度不再上升为止。

③ 换用正常密度的电解液，按初充电方法将蓄电池充足电。

④ 用 20h 放电率放电，检查容量，若其输出容量可达额定容量的 80% 以上，则可装车使用，若达不到，应更换蓄电池或修理。

四、充电过程中的注意事项

充电过程中电池温度应小于 50℃，当电池温度达到 45℃时，应将充电电流减半并相应延长充电时间或停机，待电池温度下降后再恢复充电。

五、充电结束的判断

① 电池电压大于 16V 且稳定 3h 不变化。

② 电池容量显示器（电眼）呈现绿色不变化。

③ 必要时，旋开电眼，用密度计测量电解液密度，达到 $1.28g/cm^3$ 以上且稳定不变化。

如上述三点同时达到即表明蓄电池已完成充电，可停机停止充电，蓄电池恢复正常使用。

一、任务准备

（1）工作场景：汽修实训室。

（2）主要设备：蓄电池、充电设备、工具车等。

二、实施步骤

作业内容	图解	具体操作方法及要求	完成确认
（1）准备工作		准备好充电机、待充电蓄电池	
（2）检查蓄电池电压		检测蓄电池电压，如果电压低于 12V，则需要充电；注意防止正负极短路	

蓄电池技术
状态检查

续表

作业内容	图解	具体操作方法及要求	完成确认
（3）检查蓄电池电解液液面高度	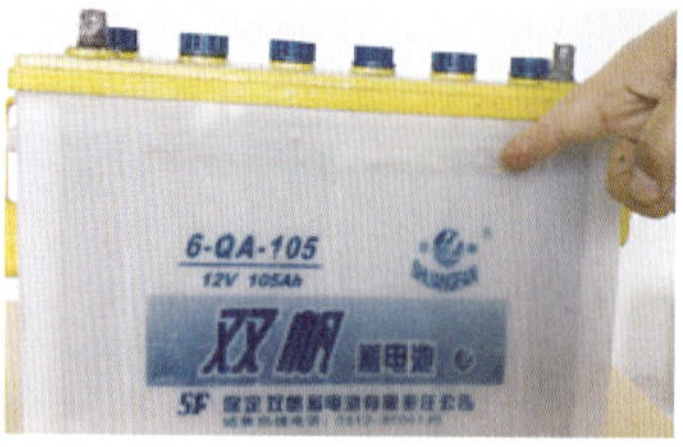	检查蓄电池电解液液面高度，如果低于规定值，则应添加蒸馏水（免维护蓄电池不需要）； 防止液体溅到皮肤上	
（4）熟悉充电机开关设置	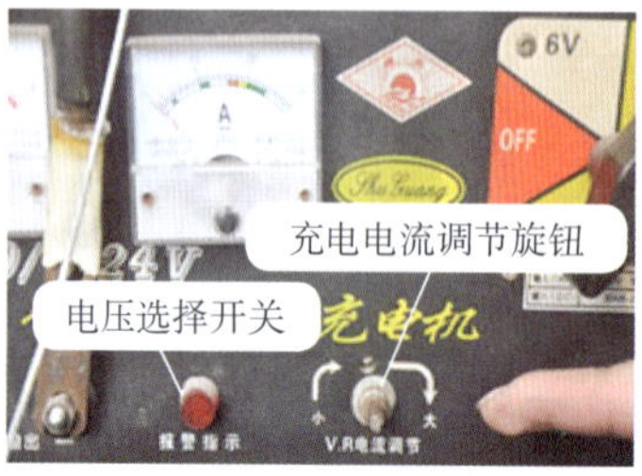	正确使用蓄电池电压选择开关； 汽油车选择12V，柴油车选择24V； 正确使用充电电流调节旋钮	
（5）连接蓄电池和充电机	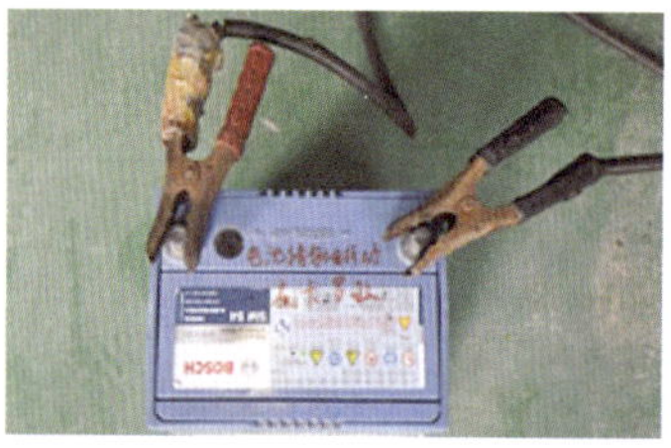	先把电缆的正极（+）红色夹子与蓄电池接线柱的正极（+）相连，后把电缆的负极（-）黑色夹子与蓄电池接线柱的负极（-）相连； 防止蓄电池正负接线柱与充电设备正负极接反	
（6）给充电机通电	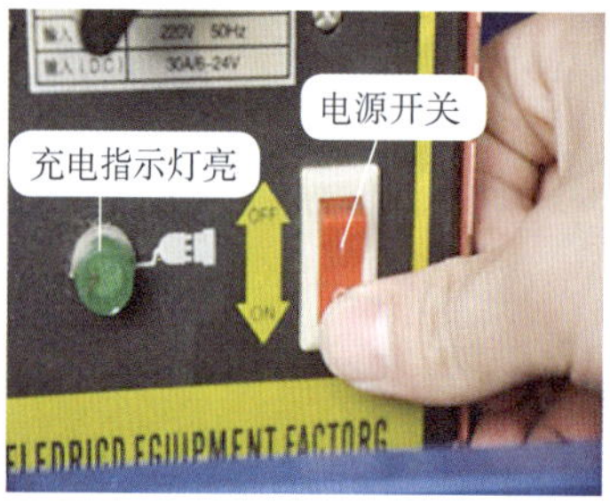	先给充电机接上电源，然后再打开充电机电源开关，这时可观察到充电机上充电指示灯亮； 防止先打开充电机电源	
（7）调节充电电流，给蓄电池充电	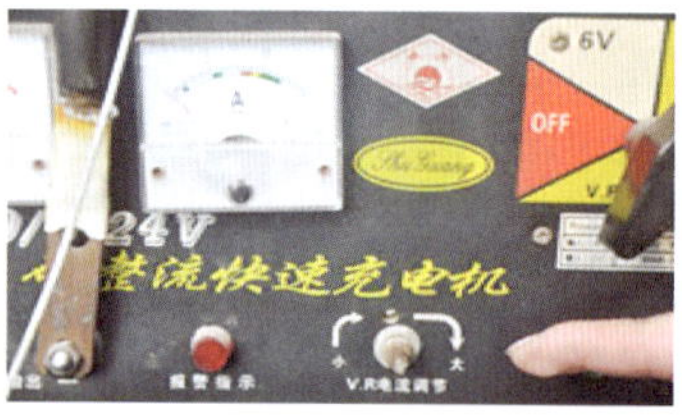	转动充电电流调节旋钮，设置充电电流，可通过电流表查看充电电流	
（8）充电结束	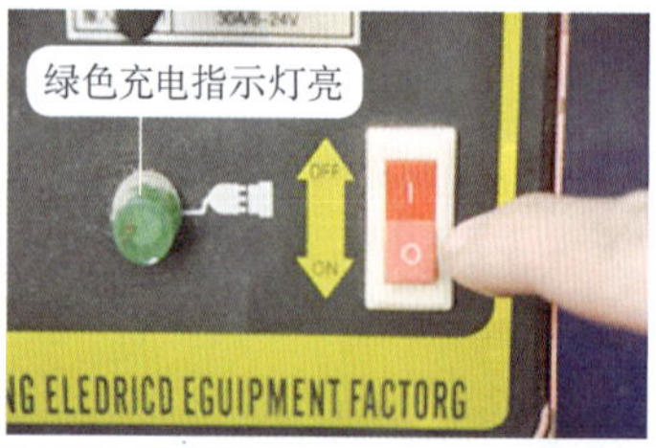	把电流调节于"OFF"处，关闭电源	
（9）拆卸蓄电池和充电机的连接导线	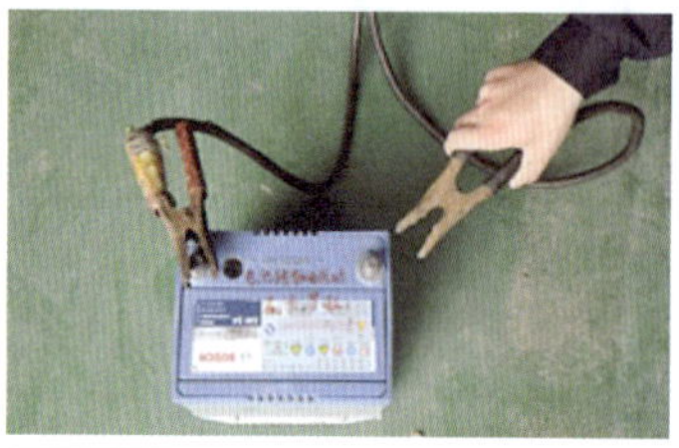	先拆下负极接线，再拆下正极接线	

续表

作业内容	图解	具体操作方法及要求	完成确认
（10）7S 工作		对工具和设备清洁，并放回原位； 整理场地； 清扫场地	

任务评价

任务评价表

评价内容	赋分	序号	具体指标	分值	得分 自评	得分 组评	得分 师评
仪容仪表	15	1	工作服、鞋、胸卡穿戴整洁	5			
		2	发型、指甲等符合工作要求	5			
		3	不佩戴首饰、钥匙、手表等	5			
教学过程	60	4	无人员受伤及设备损伤事故	5			
		5	车辆的前期准备工作	5			
		6	蓄电池电压的检查	10			
		7	蓄电池电解液液面高度的检查	5			
		8	正确接线	5			
		9	正确选择充电电压	10			
		10	正确选择充电电流	10			
		11	正确判断充电结束	5			
		12	正确关闭充电设备、拆除充电导线	5			
职业素养	25	13	出勤情况	10			
		14	服从安排，积极参加组内活动	5			
		15	认真执行7S工作	10			
			综合得分	100			

任务测评

一、填空题

1. 蓄电池初充电的特点是_____和_____。

2. 蓄电池初充电时的电流是_____A。

3. 蓄电池内电解液比重降低至_____时，必须进行补充充电。

4. 蓄电池常用的充电模式可分为三种：_____、_____和_____。

二、问答题

1. 什么情况下蓄电池必须进行补充充电？

2. 蓄电池充电的种类有哪些？

任务三 蓄电池使用与维护

 学习目标

知识目标：
1. 了解蓄电池的日常使用与维护。
2. 掌握蓄电池技术状况的检查。
3. 掌握蓄电池常见故障的诊断与排除。

能力目标：
1. 会正确拆卸、安装蓄电池。
2. 会正确储存蓄电池。

 任务描述

对蓄电池技术状况进行检查，能用仪器检测蓄电池的好坏，会测量蓄电池电解液的密度，能正确测量蓄电池的电压，能正确处理蓄电池接线柱的腐蚀。

 知识链接

免维护蓄电池所谓的"免维护"是相对传统铅酸蓄电池的维护而言，指在正常的使用条件下，在使用期内无需加水，也就是说免维护蓄电池和其他蓄电池相比，其免维护功能仅仅是免去了不断补充加水的工作。为了使免维护蓄电池能正常安全地工作、具备稳定的性能、延长其使用寿命，还需要对免维护蓄电池进行合理的维护，如补充充电维护、日常检修维护等。

一、蓄电池的正确使用与维护

在蓄电池的日常使用和维护中应努力做到以下几个方面。

① 蓄电池使用前，应测量蓄电池端电压，电压在12.6V以上可直接使用；免维护蓄电池一般有荷电状态指示器（俗称电眼）。若电压较低或状态不足，请补充充电后再使用。

② 蓄电池上标有"+"、"-"端，应分别与车辆的正负连接线连接，接线应牢固、可靠。严禁反接，否则将会损坏车辆用电设备；接线不牢会产生火花、引起爆炸或端柱烧毁。另外，为避免损坏发动机，在没有接通蓄电池充电线路前，切勿运行发动机。严禁敲击端柱，以免端柱松动造成电池渗酸。

③ 蓄电池充电时，不许打开电池盖体直接充电；蓄电池"+"、"-"端分别与充电机正负连接线连接。

④ 蓄电池在使用或运输过程中不得倾斜或倒置。

⑤ 蓄电池端子烧损后不得再继续使用。

⑥ 放完电的蓄电池应在24h内送到充电室充电；蓄电池每两月至少应补充充电一次。对于使用过程中因各种原因造成的亏电蓄电池，应及时进行充电，以防止其性能下降。

⑦ 不要连续点火起动，每次起动的时间不得超过5s，如果一次未能起动发动机，应间隔15s以上再作第二次起动，连续三次起动不成功，应查明原因，排除故障后再起动发动机。

⑧ 应经常清除蓄电池表面的灰尘污物，保持蓄电池表面清洁、干燥。

二、拆卸、安装蓄电池的注意事项

① 从汽车上拆卸蓄电池时，应先拆搭铁电缆，后拆起动机电缆。拆卸时，若发现蓄电池接线柱螺栓锈蚀难以取出，切莫用锤或钳敲打，以避免极桩断裂、极板活性物质脱落。可用热水冲洗后，拧开螺栓，用桩头拉器拉出。

② 往车上装蓄电池时，应认清正负极，保持负极搭铁。应先接起动机电缆，再接搭铁电缆，以防扳

蓄电池的维护

手搭铁引起强烈火花。

③ 安装电缆端子时，应先用细砂纸或专用清洁器清洁接线柱及电缆端子。连接接线柱夹头时，螺栓螺母的螺纹应先涂凡士林或润滑脂，以防氧化生锈，便于以后拆卸。

④ 若接线柱小，夹头大，需要垫衬垫时，最好用铅皮或铜皮，并且只垫半圈。若整圈垫，易氧化腐蚀而接触不良。

⑤ 维修带故障自诊断功能的电脑系统时，在拆蓄电池电缆前，应先读取故障代码，或在点烟器上插上专用辅助电源，并接通点火开关的"ACC"挡。

三、蓄电池的储存

1. 新蓄电池的储存

未启用的新蓄电池，其加液孔盖上的通气孔均已封闭，不要捅破。保管新蓄电池时应注意以下几点。

① 存放室温 5～30℃，干燥、清洁、通风。
② 不受阳光直射，离热源距离不小于 2m。
③ 避免与任何液体和有害气体接触。
④ 不得倒置或卧放，不得叠放，不得承受重压。
⑤ 新蓄电池的存放时间不得超过 2 年。

2. 暂时不用的蓄电池的储存

采用湿储存方法，即先充足电，再把电解液密度调至 1.24～1.28g/cm³，液面调至规定高度，然后将通气孔密封，存放期不得超过半年，期间应定期检查，若容量降低 25%，应立即补充充电，交付使用前也应先充足电。

3. 长期停用的蓄电池的储存

采用干储存法，即先将充满电的蓄电池以 20h 放电率放完电，然后倒出电解液，用蒸馏水反复冲洗多次，直到水中无酸性，晾干后旋紧加液孔盖，并将通气孔密封，存放条件与新蓄电池相同。

一、任务准备

（1）工作场景：汽修实训室。
（2）主要设备：教学用车、翼子板布、前格栅布、万用表、电解液密度检测仪、高率放电计、手电筒等。

二、实施步骤

作业内容	图解	具体操作方法及要求	完成确认
（1）准备车辆		将车辆停放于水平地面上，安装好车轮挡块，变速手柄置于空挡，拉起手制动	
（2）安装翼子板布及前格栅布	安装翼子板布、前格栅布	翼子板布和前格栅布应居中放置，与车身接触的一侧必须清洁无油污；放置时避免击打车身而损坏漆面	

蓄电池的检查与更换

续表

作业内容	图解	具体操作方法及要求	完成确认
（3）检查蓄电池端子导线是否松动	 端子导线	如果蓄电池端子导线有松动现象，应进行紧固处理；紧固正极极柱时，扳手严禁与车身金属相碰	
（4）检查蓄电池桩头是否腐蚀	 电极柱	如果蓄电池桩头有氧化物或者腐蚀，应进行清理	
（5）检查蓄电池盒是否损坏	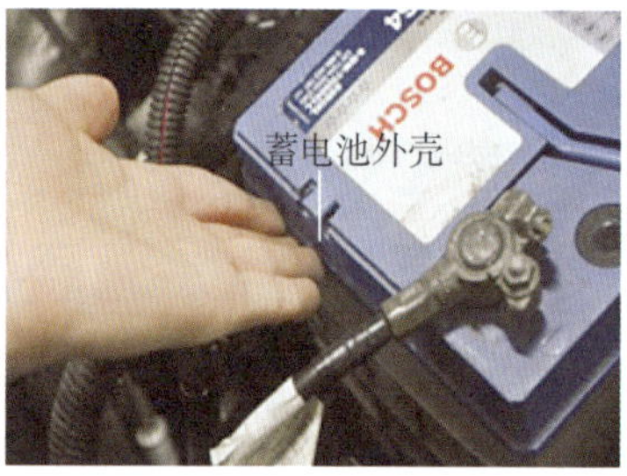 蓄电池外壳	检查蓄电池盒是否有裂纹或者渗漏，如有则更换；避免渗漏的电解液与皮肤接触，一旦接触要用大量清水冲洗	
（6）检查蓄电池通风孔（注：如采用普通蓄电池，则进行该项目）	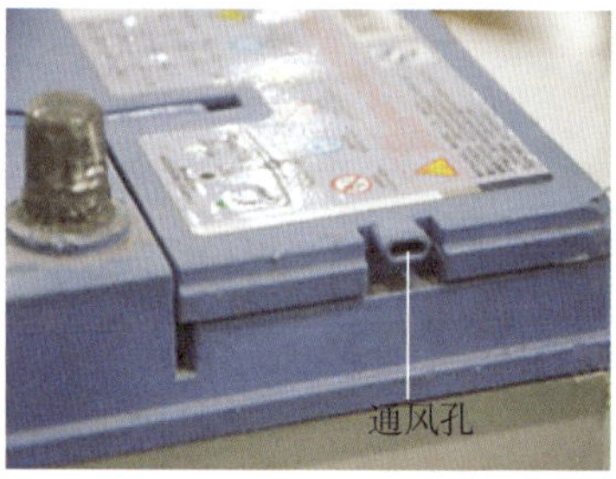 通风孔	检查通风孔是否损坏、通风孔上的孔是否堵塞	
（7）检查蓄电池通风孔塞（注：如采用普通蓄电池，则进行该项目）	 通风孔塞	检查通风孔塞是否损坏、通风孔塞上的孔是否堵塞；如果蓄电池通风孔塞损坏，则需要更换，如果通风孔塞上的孔堵塞，则应进行疏通处理	
（8）检查电解液液位（目视液位标线）	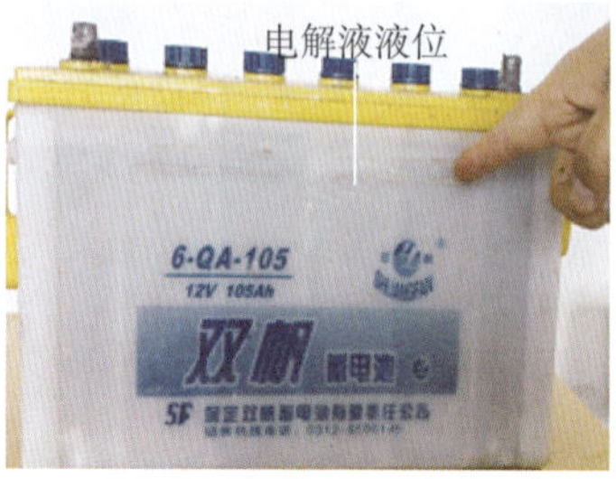 电解液液位	查看液位是否处于上线和下线之间；检查时要轻轻摇晃，不要用力过猛；必要时，加水一定要加蒸馏水，不应加已经配置好的电解液	

单元二 汽车电源系统

续表

作业内容	图解	具体操作方法及要求	完成确认
（9）检查蓄电池电量（目视指示器）	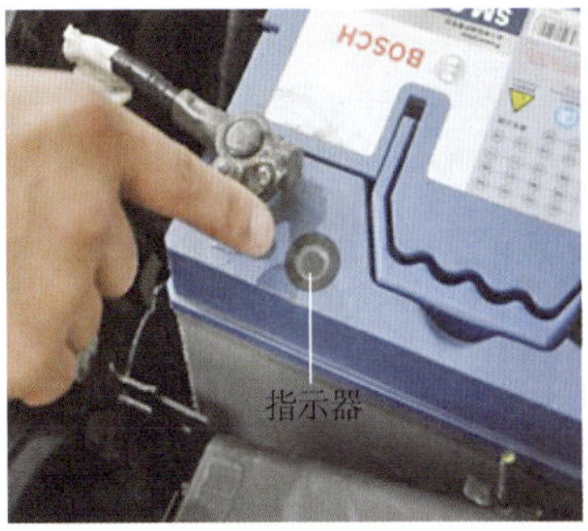	某些类型的蓄电池可以通过蓄电池指示器查看液位和蓄电池状况	
（10）检测蓄电池端电压	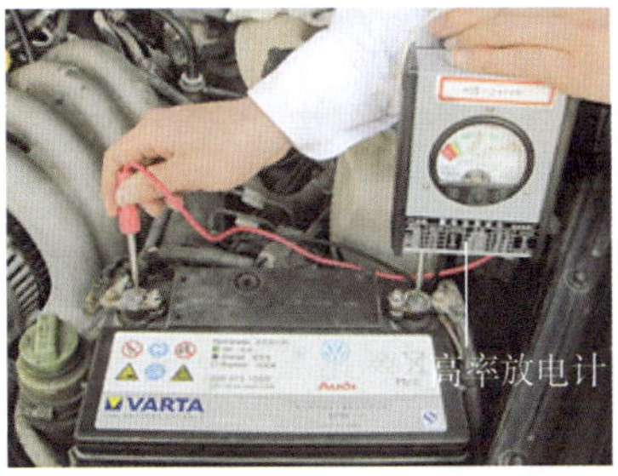	测量时将放电叉的两触针压紧在蓄电池的正负极桩上，观察指针所指的位置。 若指在白色区域表明电已充足；若指在绿色区域表明正常；若指在黄色区域表明要重充；若指在红色区域表明电已放完。 使用该仪器检查蓄电池的放电程度时，测量的时间不能超过3s	
（11）用万用表测量蓄电池的开路电压		将万用表置于直流挡位，万用表的正表笔接蓄电池的正极端，负表笔接负极端。 读出指示电压值，12V为正常值。 万用表挡位和量程选择应正确	
（12）清洗吸管		取出电解液密度检测仪，用蒸馏水清洗吸管，并对电解液密度检测仪进行校零	
（13）吸出电解液		用吸管从蓄电池中吸出少量电解液； 防止电解液黏附皮肤，如有，应立刻用大量清水冲洗	

笔记

续表

作业内容	图解	具体操作方法及要求	完成确认
（14）滴在密度计上	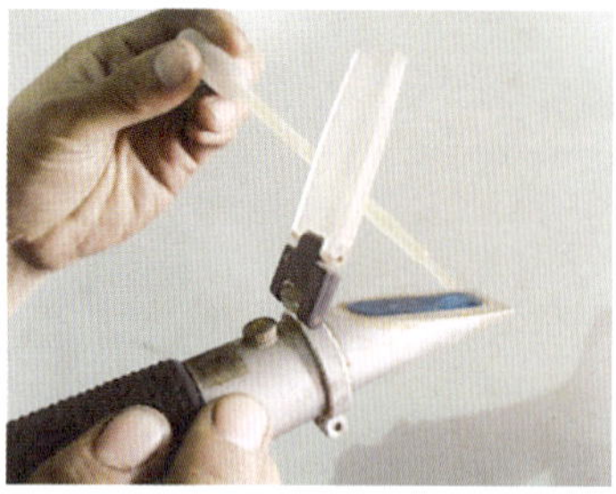	将电解液滴在电解液密度检测仪的测试板上，盖上电解液密度检测仪的盖板； 防止电解液黏附皮肤或溅入眼睛，如有，应立刻用大量清水冲洗并及时就医	
（15）查看密度	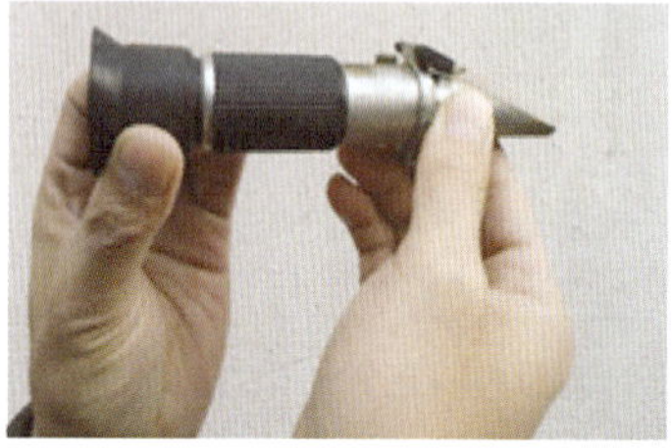	将电解液密度检测仪端平，在光线良好的地方观察蓄电池电解液的比重； 蓄电池电解液的比重在20℃（68℉）下应为 $1.24 \sim 1.30 g/cm^3$	
（16）清洁		用吸管吸蒸馏水对电解液密度检测仪进行清洁	
（17）归位	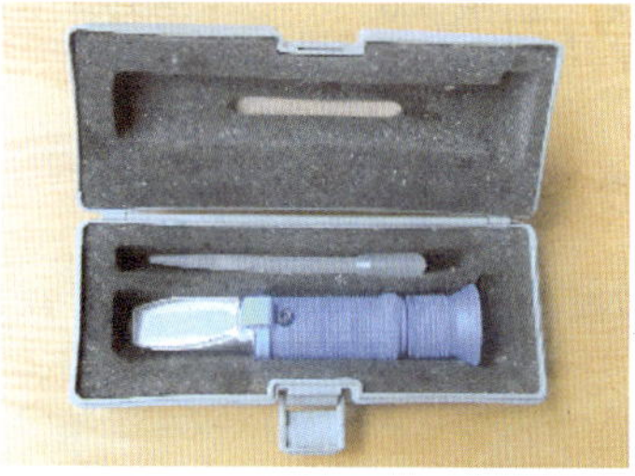	用干净的抹布清洁电解液密度检测仪并放回原位	
（18）安装加注口盖	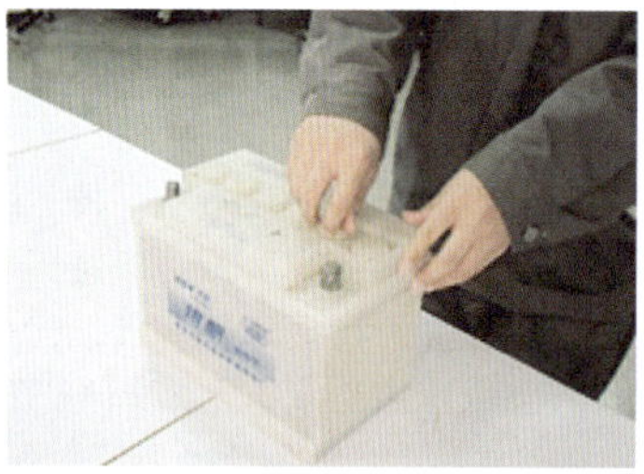	安装好电解液加注口盖； 切记将电解液加注口盖盖上	
（19）7S工作		整理、整顿、清洁、清扫； 车身上凡是作业过程中动过的部位均应用干净抹布清洁； 所有工具、物品必须归位； 地面必须用拖把清洁； 不要用潮湿的抹布清洁电气开关	

 任务评价

任务评价表

评价内容	赋分	序号	具体指标	分值	得分		
					自评	组评	师评
仪容仪表	15	1	工作服、鞋、胸卡穿戴整洁	5			
		2	发型、指甲等符合工作要求	5			
		3	不佩戴首饰、钥匙、手表等	5			
教学过程	70	4	无人员受伤及设备损伤事故	5			
		5	车辆的前期准备工作	5			
		6	蓄电池端子导线松动的检查	5			
		7	蓄电池桩头是否腐蚀的检查	5			
		8	蓄电池盒的检查	5			
		9	蓄电池通风孔塞的检查	5			
		10	蓄电池电解液液位的检查	5			
		11	万用表的正确使用	3			
		12	蓄电池端电压的检查	2			
		13	高率放电计的正确使用	5			
		14	蓄电池放电程度的检查	5			
		15	电解液密度检测仪的正确使用	5			
		16	电解液密度的检测	5			
		17	电解液密度检测值的读取	5			
		18	判断蓄电池状态	5			
职业素养	15	19	出勤情况	5			
		20	服从安排，积极参加组内活动	5			
		21	认真执行7S工作	5			
			综合得分	100			

 任务测评

一、填空题

1. 蓄电池电解液的液面应高于极板_____mm，以免极板露出，发生硫化。当电解液液面因蒸发而降低时，应及时补充_____。

2. 蓄电池电解液密度应当随_____不同及时进行适当调整。

3. 蓄电池电解液密度冬季充满电时为_____、蓄电池电解液密度夏季充满电时为_____。

4. 一般来说，电解液密度每下降_____g/cm^3，蓄电池放电量大约为额定容量的25%。

5. 蓄电池常见故障有极板硫化、_____、_____。

二、问答题

1. 蓄电池的日常使用和维护应做到哪些？

2. 拆卸、安装蓄电池应注意哪些事项？

3. 如何储存蓄电池？

项目三　交流发电机

项目导入

一辆卡罗拉汽车，在路面正常行驶时发现发动机转速很高，其发电量甚微，低速时不发电。

根据故障现象综合分析，认为故障原因是发电机皮带打滑。经检查发现，对发电机皮带的松紧度要求比较严格，过紧会加速皮带的磨损，过松会使皮带打滑造成发电机不发电。在皮带上涂皮带脂，可以防止皮带打滑，也可防止发电机皮带过紧带来危害。调整适宜后，发电正常，故障排除。

任务一　交流发电机认知

知识目标：
1. 了解交流发电机的作用。
2. 掌握交流发电机的结构及工作原理。

能力目标：
1. 识记交流发电机的主要组成部件。
2. 掌握交流发电机的正确拆装工艺。

学生通过对交流发电机结构组成的认知、识记，掌握发电机的工作原理，并能正确、规范地拆装发电机。

一、交流发电机的结构

发电机的作用是将来自发动机的机械能转变成电能，机械能通过皮带轮传给发电机。

皮带轮带动转子转动产生交流电，然后经二极管整流器整流变成直流电。电压调节器对发电机的输出电压进行调节控制，使其保持基本恒定，以满足汽车用电设备的需求。

交流发电机的主要部件：产生磁场的转子；产生交流电的定子以及整流用的二极管。此外，还有为了产生磁场而将电流提供给转子的电刷和滑环，使转子平滑转动的轴承，冷却转子、定

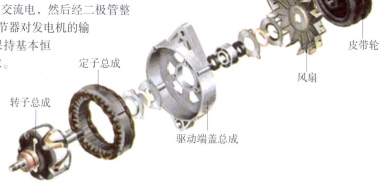

图 2-3-1　汽车交流发电机的结构

子及二极管的风扇。所有这些部件均装在前后机架上，如图2-3-1所示。

1. 转子

转子是交流发电机的磁场部分，其功用是产生旋转磁场，主要由转子轴、励磁绕组、两块爪形磁极（爪极）、滑环等组成，如图2-3-2所示。

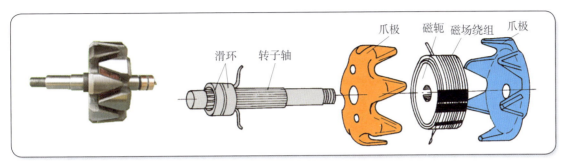

图2-3-2　交流发电机转子的结构

2. 定子

定子的功用是产生交流电，也称作电枢，由定子铁芯和定子绕组组成。定子铁芯一般由一组相互绝缘的且内圆带有嵌线槽的圆环状硅钢片叠制而成。嵌线槽内嵌入三相对称的定子绕组，如图2-3-3所示。

3. 整流器

整流器的功用：将定子绕组产生的三相交流电变成直流电输出；可阻止蓄电池的电流向发电机倒流。整流器一般由六个硅二极管接成三相桥式全波整流电路。其整流二极管的特点是工作电流大、反向电压高，整流器如图2-3-4所示。

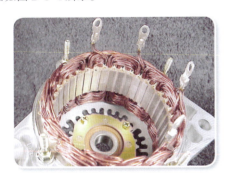

图2-3-3　发电机的定子结构

图2-3-4　整流器

4. 端盖

前后端盖用非导磁性材料铝合金制成，漏磁少，并具有轻便、散热性好等优点。在后端盖内装有电刷架和电刷。汽车上使用的发电机的前后端盖上通常设有通风口。当传动带轮和风扇一起旋转时，可使空气高速流经发电机内部进行冷却。

5. 电刷组件

两只电刷装在电刷架的方孔内，利用弹簧的压力使其与集电环保持良好的接触。电刷与电刷架的结构有外装式和内装式两种，其构造如图2-3-5所示。

图2-3-5　电刷与电刷架

搭铁电刷的引出线用螺钉直接固定在后端盖上（标记"−"），此方式称为内搭铁；如果此碳刷的引出线与机壳绝缘接到后端盖外部的接线柱上（标记F2），这种方式称为外搭铁。

6. 风扇

一般用1.5mm厚的钢板冲制或用铝合金压铸而成，并用半圆键装在前端盖外侧的转轴上，在发电机工作时，对其进行冷却。

二、交流发电机的工作原理

1. 发电原理

交流发电机发电原理示意图如图2-3-6所示，发电机定子的三相绕组按一定规律分布在发电机的定子槽中，内部有一个转子，转子上安装着爪极和励磁绕组。

当外电路通过电刷使励磁绕组通电时，便产生磁场，使爪极被磁化为N极和S极。当转子旋转时，磁通交替地在定子绕组中变化，根据电磁感应原理可知，定子的三相绕组中便产生交变的感应电动势，这就是交流发电机的发电原理。

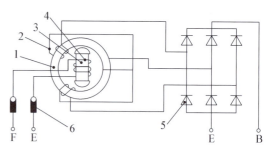

图2-3-6 交流发电机发电原理示意图
1- 定子铁芯；2- 定子绕组；3- 转子；
4- 励磁绕组；5- 整流二极管；6- 电刷

2. 整流原理

将交流电变成直流电的过程称为整流。整流的方法有许多种，但是汽车交流发电机所使用的是一种既简单又有效的二极管整流法。

交流发电机定子的三相绕组中感应产生的交流电，通过6只二极管组成的三相桥式整流电路整流为直流电。整流电路图如图2-3-7（a）所示。

二极管具有单向导通性，当给二极管加上正向电压时，二极管导通；当给二极管加上反向电压时，二极管截止。将定子的三相绕组和6只整流二极管按图2-3-7（a）的电路连接，发电机的输出端B、E上就输出一个脉动直流电压，波形如图2-3-7（b）所示，这就是发电机的整流原理。

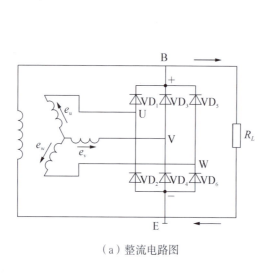

（a）整流电路图

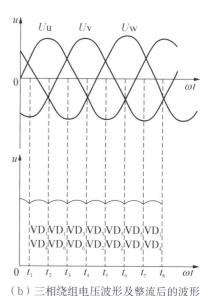

（b）三相绕组电压波形及整流后的波形

图2-3-7 交流发电机整流原理

3. 励磁方式

将电流引入到励磁绕组使之产生磁场称为励磁。交流发电机励磁方式有他励和自励两种。

（1）他励 在发电机转速较低时（发动机未达到怠速转速），自身不能发电，需要蓄电池供给发电机励磁绕组电流，使励磁绕组产生磁场来发电。这种由蓄电池供给磁场电流发电的方式称为他励发电。

（2）自励 随着转速的提高（一般在发动机达到怠速时），发电机定子绕组的电动势逐渐升高并能使整流器二极管导通，当发电机的输出电压大于蓄电池电压时，发电机就能对外供电了。当发电机能对外供电时，就可以把自身发的电供给励磁绕组，这种自身供给磁场电流发电的方式称为自励发电。

交流发电机开始发电时，需由蓄电池供给励磁电流。当发电机电压达到蓄电池电压时，即由发电机自己供给励磁电流，也就是由他励转变为自励。

 知识拓展

有些交流发电机的整流器采用九只二极管,增加的是三只小功率磁场二极管,专门用来供给励磁电流,这样可以提高发电机的电压调节精度。采用磁场二极管后,仅用简单的放电警告灯即可以指示发电机的发电情况,节省了一个放电警告灯继电器。

另外,有些发电机为了提高中性点电压、提高发电机输出功率,增加了两只二极管对中性点电压进行整流,再汇入发电机的输出端。同时具备上述两种功能的发电机整流器共有11只硅二极管,图2-3-8所示为几种不同的发电机整流器。

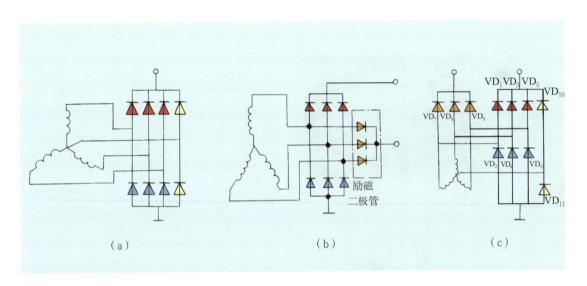

图 2-3-8 具有中性点和磁场二极管的整流器

 任务实施

一、任务准备

(1)工作场景:实训工厂、丰田 COROLLA1.6。
(2)主要设备:多功能工具车、工作台、多媒体设备。
(3)辅助材料:抹布、挂历白纸等。

二、实施步骤

作业内容	图解	具体操作方法及要求	完成确认
(1)工具准备		工具:组合套筒一套,一字起子、十字起子各一把,清洗剂等; 工具准备要齐全,摆放要整齐	

续表

作业内容	图解	具体操作方法及要求	完成确认
（2）打开前引擎盖		① 打开引擎盖，安装前格栅布、翼子板布 ② 从蓄电池负极断开电缆 ③ 拆卸发动机后部右侧底罩 ④ 拆卸散热器上的空气导流板	
（3）拆卸发电机总成		① 拆卸多楔带 ② 拆卸端子盖 ③ 拆下螺母并将线束从端子B上断开 ④ 断开连接器和线束卡夹 ⑤ 拆下两个螺栓和发动机总成 注意： 工作人员手上不能将油、水等黏附在传动带上，防止装上后皮带打滑	
（4）取出并安放好发电机		拆下螺栓和线束支架，并安放好发电机	
（5）7S工作		① 对工具和设备进行清洁，并放回原位 ② 整理场地 ③ 清扫场地	

 任务评价

任务评价表

评价内容	赋分	序号	具体指标	分值	得分		
					自评	组评	师评
仪容仪表	15	1	工作服、鞋、胸卡穿戴整洁	5			
		2	发型、指甲等符合工作要求	5			
		3	不佩戴首饰、钥匙、手表等	5			

续表

评价内容	赋分	序号	具体指标	分值	得分 自评	组评	师评
教学过程	60	4	无人员受伤及设备损伤事故	5			
		5	工具和设备的准备工作	5			
		6	正确使用工具	5			
		7	正确使用维修资料手册	5			
		8	断开蓄电池负极端子电缆	5			
		9	拆卸发动机后部右侧底罩	5			
		10	拆卸散热器上的空气导流板	5			
		11	拆卸多楔带	5			
		12	拆卸发电机总成	20			
职业素养	25	13	坚持出勤，遵守规章制度	5			
		14	服从安排，积极参加组内活动	5			
		15	在规定时间内完成，认真填写工单	5			
		16	节约用水用电用气，注意环保	5			
		17	认真执行 7S 工作	5			
综合得分				100			

一、填空题

1. 交流发电机主要由_____、_____、_____、风扇、皮带轮、前后端盖等组成。

2. 整流器的作用是将定子绕组产生_____的变成_____输出。

3. 发电机的励磁方式有_____和_____两种。

二、选择题

1. 交流发电机中装在元件板上的二极管（　　）。

   A. 是正极管　　　　B. 是负极管　　　　C. 既可以是正极管也可以是负极管

2. 交流发电机所采用的励磁方式是（　　）。

   A. 自励　　　　　　B. 他励　　　　　　C. 先他励后自励

3. 交流发电机中产生磁场的装置是（　　）。

   A. 定子　　　　　B. 转子　　　　　C. 电枢　　　　D. 整流器

4. 发电机调节器是通过调整（　　）来调整发电机电压的。

   A. 发电机的转速　　B. 发电机的励磁电流　C. 发电机的输出电流

任务二 发电机的检修

 学习目标

知识目标:
1. 掌握发电机的拆装过程和方法。
2. 掌握发电机的正确检测方法。

能力目标:
1. 能进行车载发电机的检修。
2. 能进行发电机的拆装与检修。

 任务描述

通过对车载发电机的检修与拆装检测,让学生能够进一步了解发电机的结构,并在实践中完成对发电机相关故障的检测与排除。

知识链接

一、发电机的就车检修

发电机就车检查主要是发电机无负载情况下测试发电机电压是否保持在一恒定的水平、发电机带负载情况下测试发电机输入电流和功率。

注意事项:
在做发电机无负荷测试和发电机带负荷测试之前,先检查发电机皮带、蓄电池和充电电路。

1. 发电机无负载测试

① 连接电流表和电压表。
② 关闭所有的用电设备。
③ 起动发动机保持转速2000r/min。
④ 查看电流表,电流应小于10A。
⑤ 检查电压表电压,应在13.5V与15.1V之间。
⑥ 如果电压大于额定值,可能IC调节器有故障;如果电压小于额定值,可能是除IC调节器外的发电机元件有故障。

2. 发电机满载测试

无负载测试后继续进行发电机满载测试。
① 打开用电设备,增大发电机负载。
② 观察电流表电流,随着用电设备增多,发电机输出电流将逐步增大到最大输出电流。达到最大输出电流后,电流基本不变(一般小轿车发电机最大输出电流为30A)。
③ 电流不能达到发电机最大输出电流,可能发电机的发电和整流部分有故障。

注意事项:
如果打开的用电设备少,发动机输出电流不会达到最大电流值。

二、发电机的拆装与检修

交流发电机的维护可从五个方面完成,即拆卸、分解、检查、组装、安装。

1. 拆卸

（1）断开蓄电池负极（－）端子电缆

注意事项：

断开蓄电池负极（－）电缆之前，对 ECU 等元件内保存的信息作一个记录，这些信息包括 DTC（故障诊断码）、选择的收音机频道、座椅位置（带有记忆系统）、方向盘位置（带有记忆系统）等

（2）脱开发电机电缆和连接器

① 拆卸发电机电缆定位螺母。

② 断开发电机电缆。

注意事项：发电机电缆是直接从蓄电池引出的，在端子上有一个防短路罩壳；断开连接器的卡爪，握住连接器，再断开连接器。

（3）拆卸发电机

① 拆卸传动皮带。

② 拆卸发电机。

③ 拆卸支架。

2. 分解

① 拆卸发电机皮带轮。

② 拆卸发电机电刷座总成。

③ 拆卸发电机调节器总成。

④ 拆卸整流器。

⑤ 拆卸发电机转子总成。

3. 检查

（1）检查发电机转子总成

目视检查发电机转子总成，如图 2-3-9 所示。

① 检查滑环变脏或烧蚀的程度

温馨提示：

- 旋转时滑环和电刷接触，使电流产生。
- 电流产生的火花会产生脏污和烧蚀。
- 脏污和烧蚀会影响电流，进而使发电机的性能降低。

图 2-3-9　检查发电机转子总成

② 冲洗　用布料和毛刷清洁滑环和转子；如果脏污和烧蚀明显，更换转子总成。

③ 检查滑环之间是否导通　使用万用表，检查滑环之间是否导通。

温馨提示：

- 转子是一个旋转的电磁体，内部有一个线圈，线圈的两端都连接到滑环上。
- 检查滑环之间是否导通可以用于检测线圈内部是否开路。
- 如果发现在绝缘或者导通方面存在问题，应更换转子。

④ 检查滑环和转子之间的绝缘　用万用表检查滑环和转子之间的绝缘状况。

温馨提示：

- 在滑环和转子之间存在一个切断电流的绝缘状态。
- 如果转子线圈短路，电流会在线圈和转子之间流动。
- 检查滑环和转子之间的绝缘性可以用来检测线圈内是否短路。
- 如果发现在绝缘或者导通方面存在问题，应更换转子。

⑤ 测量滑环　用游标卡尺测量滑环的外径。

温馨提示：

- 当滑环的外径小于规定值时，滑环和电刷之间的接触不足，有可能影响电流环流的平稳，进而可能降低发电机的发电能力。
- 如果测量值超过规定的磨损极限，应更换转子。

（2）检查带整流器的发电机座

① 检查整流器的二极管　使用万用表的二极管测试模式；在整流器的两个端子之间测量，交换测试导线时，检查是否只能单向导通；改变两个端子的连接方式，测量过程同上。

温馨提示：

- 发电机产生交流电，但是由于汽车使用直流电，交流电必须转换成直流电。

笔记

- 转换电流的装置就是整流器。
- 整流器使用二极管将交流电转换成直流电。
- 二极管单向导通电流。因此，用万用表或电路测试仪检查时，使电流通过测试仪的内部电池到达二极管，根据流过二极管的电流来检查二极管是否良好。

② 检查发电机电刷座　用游标卡尺，测量电刷的长度。

4. 组装

（1）安装发电机转子总成

（2）安装整流器端盖　用压机将整流器端盖压到驱动端盖内。

温馨提示：

- 将29mm套筒扳手放在端机座的中心，这样压机不会压到转子轴。
- 套筒扳手的尺寸随着发电机的类型不同而不同。

（3）安装发电机电刷座总成

① 安装发电机电刷座　尽可能使用最小的平头螺丝刀，将电刷压入电刷座，将电刷座安装到后端盖上。

② 目视检查　拉出螺丝刀，目视检查电刷是否碰撞到滑环。

小技巧：

由于电刷比螺丝刀柔软，容易被损坏。安装电刷时，为防止损坏，应在螺丝刀的末端包一些聚氯乙烯绝缘带。

（4）安装发电机皮带轮　当皮带轮锁止螺母拧紧后，它会随轴一起旋转。拧紧螺母时，使用SST（专用工具）和螺母保持不动，转动轴。

① 安装发电机皮带轮，先安装皮带轮锁止螺母。

② 在皮带轮轴的末端安装SST1-A（发电机转子轴扳手）和SST1-B（发电机皮带轮定位螺母扳手）。使用SST1-A在皮带轮轴一端，将SST1-A和SST1-B拧紧到指定的力矩，一般为39.2N·m（400kgf·cm）。

③ 将SST2卡到台钳上，然后在SST1-A和SST1-B安装到发电机上的情况下，将皮带轮锁止螺母装入SST的六角部分。

④ 逆时针旋转SST1-A来紧固皮带轮锁止螺母，然后从SST2上拆卸发电机。

⑤ 使SST1-B保持不动的同时，顺时针旋转SST1-A来旋松它，然后从发电机上拆卸SST1-A和SST1-B。确认皮带轮旋转平稳。

5. 安装

① 安装发电机，滑动轴套直到表面和托架平齐（管接头一端）。

温馨提示：用锤子和铜棒将发电机安装部分的轴套向外滑动，以便安装发电机。

- 初步安装发电机，使它通过贯穿安装螺栓（A）。
- 初步安装螺栓（B）。
- 安装传动皮带。
- 通过用锤子的手柄等物移动发电机来调整皮带的张紧度。
- 拧紧安装螺栓（A）和螺栓（B）以牢固地安装发电机。

② 连接发电机电缆和连接器。

③ 连接蓄电池负极端子电缆。

④ 起动发动机进行运转试验。

三、交流发电机的正确使用

交流发电机的结构简单，维护方便。若正确使用，不仅使故障减少而且寿命增长；若使用不当，则会很快损坏。因此在使用和维护中应特别注意以下几点：

① 汽车交流发电机均为负极搭铁，蓄电池搭铁极性必须与此相同，否则，蓄电池将使整流二极管立即烧坏。

② 发电机运转时，不能用试火花的方法检查发电机是否发电，否则容易损坏二极管。

③ 一旦发现发电机不发电或充电电流很小时，就应及时找出故障并予以排除，不应再长期继续运转。因为如果一只二极管短路，发电机就不能正常输出电压，并会导致其他二极管或定子绕组被烧坏。

④ 整流器的6只二极管与定子绕组连接时，绝对禁止用兆欧表（摇表）或220V交流发电机检查发电机的绝缘情况，否则将使二极管击穿而损坏。

⑤ 发电机熄火时，应将点火开关断开，否则蓄电池将长期经磁场绕组和调节器放电。

单元二 汽车电源系统

⑥发电机与蓄电池之间的导线要连接可靠，若突然断开，将会产生过电压，易损坏电子元器件。

笔记

 任务实施

一、任务准备

(1) 工作场景：实训工厂、丰田 COROLLA1.6。
(2) 主要设备：多功能工具车、工作台、多媒体设备。
(3) 辅助材料：抹布、挂历白纸、清洗剂等。

二、实施步骤

1. 车载发电机的检查

作业内容	图解	具体操作方法及要求	完成确认
(1) 工具准备		工具：组合套筒一套，一字起子、十字起子各一把，清洗剂等 工具准备要齐全，摆放要整齐	
(2) 检查蓄电池状况		① 检查蓄电池是否有损坏、变形。如果有严重损坏、变形或泄漏，更换蓄电池 ② 检查各单格电解液量 ③ 检查蓄电池端子有无松动、腐蚀 注意： 检查蓄电池电压之前，应关闭所有的电气系统	
(3) 检查多楔带	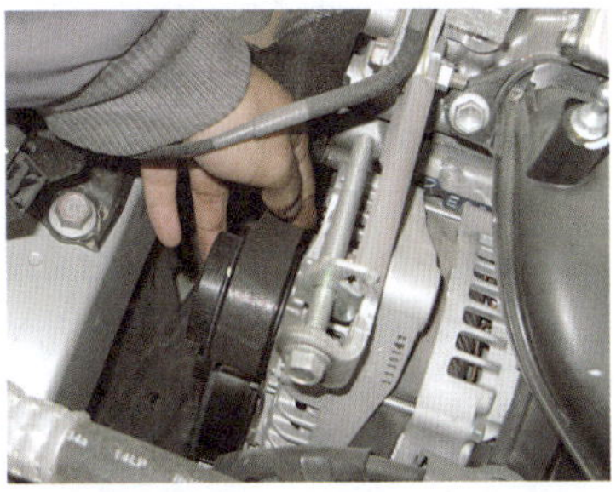	① 检查多楔带有无磨损、破裂和其他损坏痕迹 ② 检查并确认皮带正确安装在楔形槽中 注意： 若皮带磨损严重或皮带轮缺损严重，则更换	
(4) 目视检查发电机配线		检查并确认配线情况是否良好。如果状态不正常，应维修或更换发电机线束	

汽车交流发电机的检测

059

续表

作业内容	图解	具体操作方法及要求	完成确认
（5）检查发电机是否有异响		发动机正常运行时，发电机如果有异响，应更换皮带轮或发电机	
（6）检查充电警告灯电路	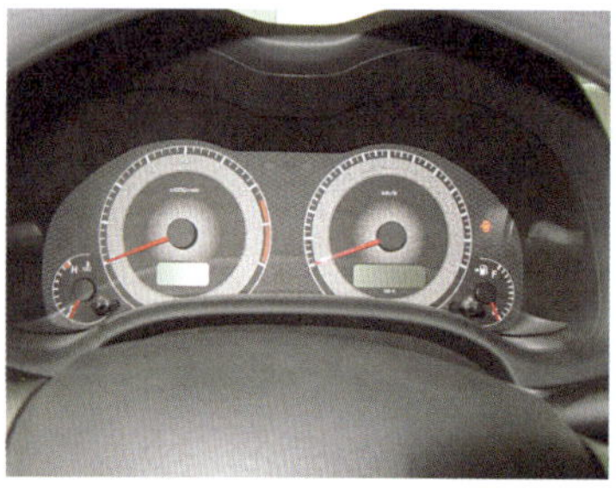	① 将点火开关置于ON位置，检查并确认充电警告灯点亮 ② 起动发动机，检查确认灯已熄灭 如果警告灯工作情况不符合规定，应对充电警告灯电路进行故障检测与排除	
（7）发电机无负载及带负载测试	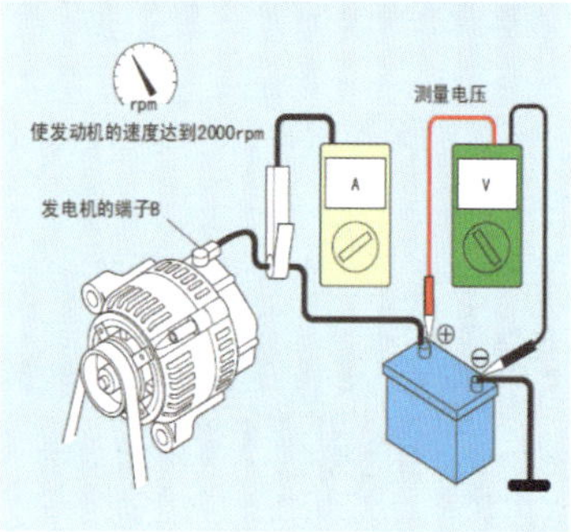	将电压表和电流表连接至充电电路，起动发动机，保持转速2000r/min，检查电流表、电压表读数 标准电流：10A或更小（无负载） 标准电流：30A或更大（带负载） 标准电压：13.2～14.8V 如果结果不符合规定，应更换发电机	

2. 拆解

作业内容	图解	具体操作方法及要求	完成确认
（1）拆卸发电机离合器皮带轮	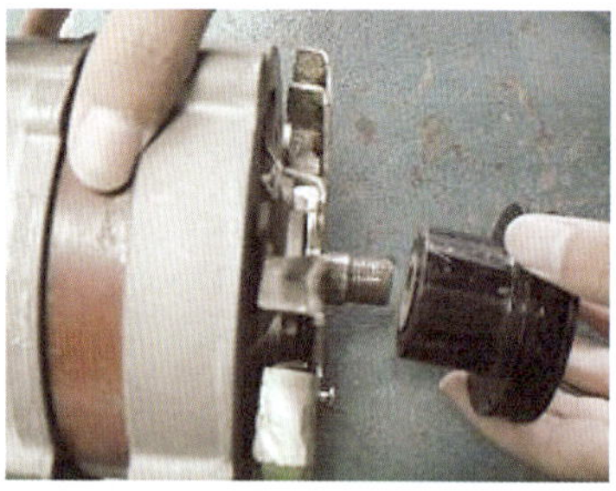	① 用螺丝刀拆下发电机皮带轮盖 ② 用专用工具拆下锁紧螺母，取下皮带轮	
（2）拆下电刷架总成		① 电刷架总成安装在交流发电机的后端盖上，用十字起拆下电刷架总成的固定螺栓 ② 取出电刷架时应小心，防止电刷损坏	

续表

作业内容	图解	具体操作方法及要求	完成确认
（3）取下风扇	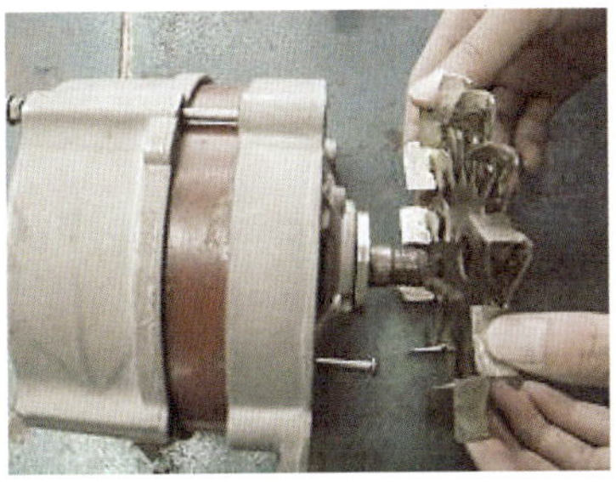	注意安装方向，防止安装错误	
（4）拆卸交流发电机的连接螺栓		依次拆下四个螺栓，按序放好	
（5）取下前端盖	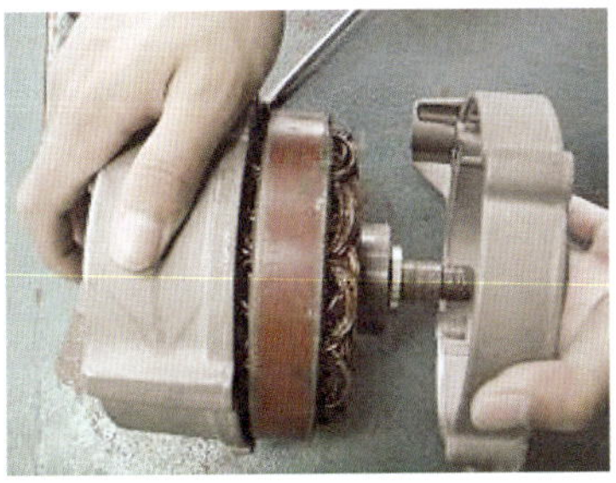	在取下前端盖时，注意与定子的连接，防止定子总成被损坏	
（6）拆卸发电机转子总成	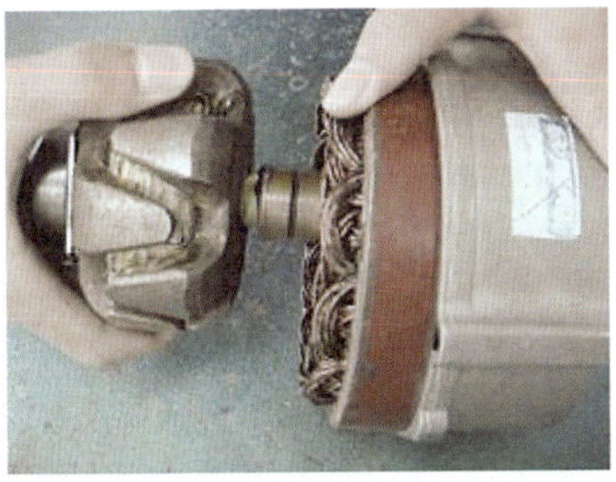	取出转子总成，整齐摆放在工作台上	
（7）拆下定子总成	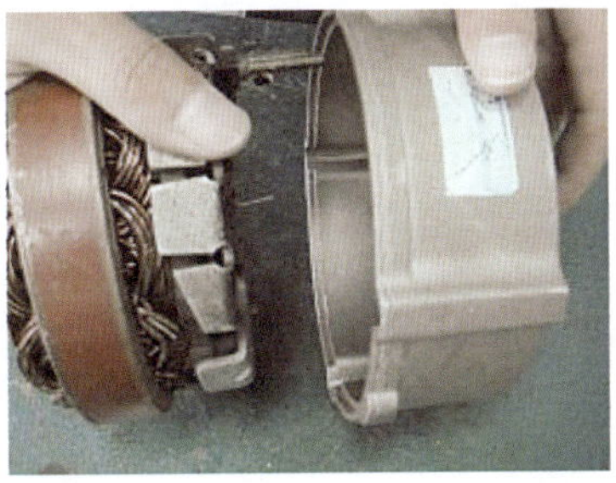	用一字起拆下定子总成的固定螺栓，取出定子总成	

笔记

3. 检查

作业内容	图解	具体操作方法及要求	完成确认
（1）检查发电机离合器皮带轮	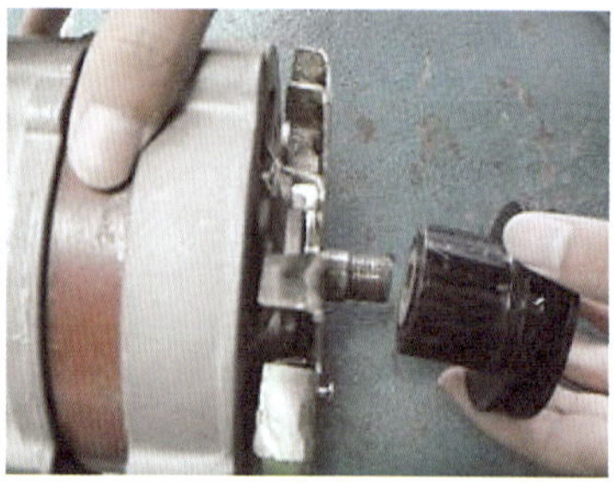	① 固定皮带轮中心，确认外锁环只能逆时针转动而不能顺时针转动 ② 如果不符合规定，更换离合器皮带轮	
（2）检查发电机电刷架总成	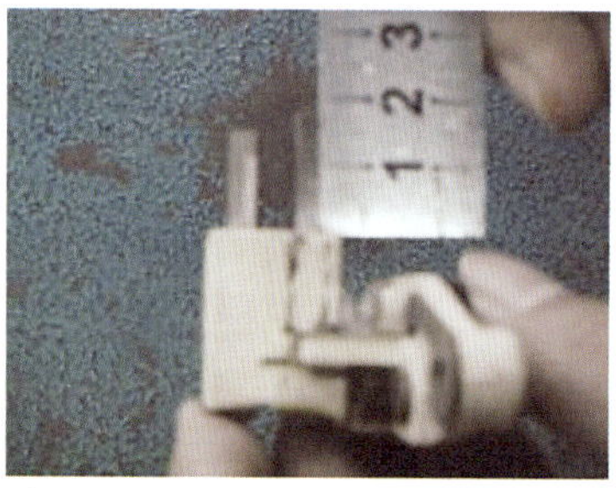	测量电刷的外露长度，标准长度：9.5～11.5mm，最小外露长度：4.5mm，如果外露长度小于最小值，应更换电刷架总成	
（3）检查发电机转子总成	  	① 检查发电机转子是否断路，用欧姆表测量滑环之间的电阻，规定电阻为 2.3～2.7Ω。如果不符合则更换转子总成 ② 检查转子是否对搭铁断路 使用欧姆表测量滑环与转子之间的电阻，标准值为 1MΩ 或更大。如果不符则更换转子总成 ③ 检查发电机转子轴承有无变粗糙或磨损，如有必要则更换发电机转子总成 ④ 用游标卡尺测量滑环直径 标准直径：14.2～14.4mm 最小直径：14.0mm 如果直径小于最小直径，应更换转子总成	

单元二 汽车电源系统

续表

作业内容	图解	具体操作方法及要求	完成确认
（4）定子的检查	 	① 定子绕组断路检测 用万用表欧姆挡检测定子绕组三个接线端，两两相测，阻值应小于1Ω，若阻值为∞，说明断路 若不能修复，应更换定子绕组或定子总成 ② 定子绕组短路检测 若短路，应更换定子绕组或定子总成 ③ 定子绕组搭铁检测 用万用表电阻最大挡检测定子绕组接线端与定子铁芯间的电阻，应为∞，否则说明有搭铁故障 若有搭铁故障应更换定子绕组或定子总成	

4. 组装

作业内容	图解	具体操作方法及要求	完成确认
（1）安装发电机转子总成	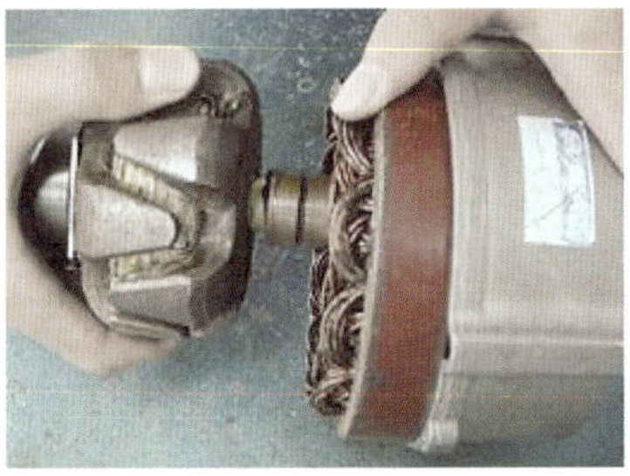	① 将驱动端端盖放在离合器皮带轮上 ② 将发电机转子总成安装到驱动端端盖上 ③ 将发电机垫圈放到发电机转子上	
（2）安装前端盖	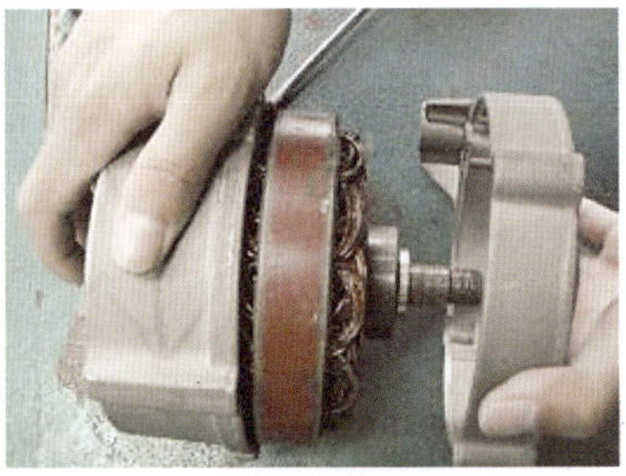	装配过程中，严禁敲砸，以防损伤发电机	
（3）安装发电机电刷架总成		① 将2个电刷推入发电机电刷架总成 ② 用2个螺钉将电刷架总成安装到发电机上	

063

续表

作业内容	图解	具体操作方法及要求	完成确认
（4）安装发电机离合器皮带轮		①将端子绝缘垫安装到发电机线圈上 ②用专用工具将皮带轮安装到转子轴上，检查并确认皮带轮旋转平稳	

5. 安装

作业内容	图解	具体操作方法及要求	完成确认
（1）安装发电机导线	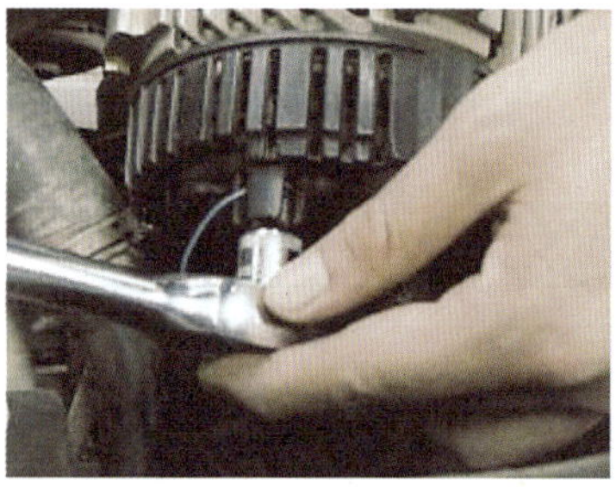	①用螺栓安装线束卡夹支架 ②用2个螺栓暂时安装发电机总成 ③用螺母将线束安装到端子并安装端子盖 ④安装连接器和线束卡夹	
（2）安装发电机	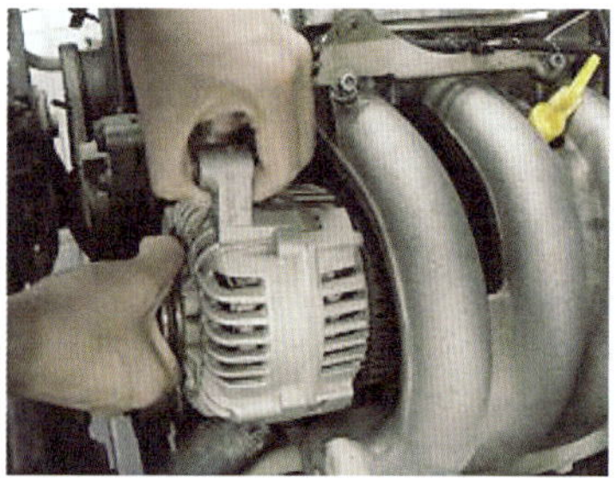	按照与拆卸相反的顺序安装发电机到指定位置	
（3）安装发电机传动带		将传动皮带安装到位	
（4）调整皮带松紧度	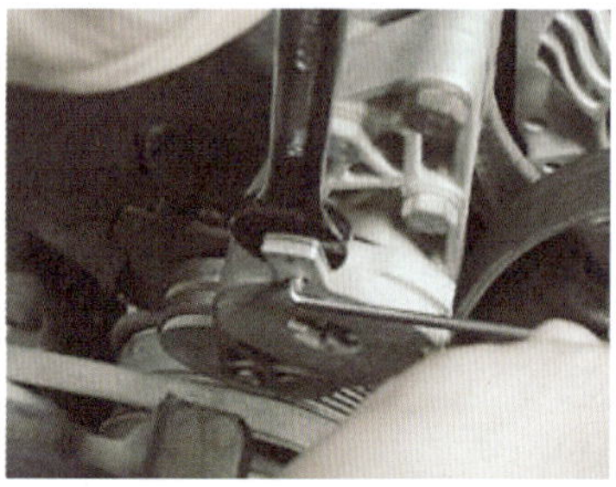	将传动皮带调整至规定松紧度	

续表

作业内容	图解	具体操作方法及要求	完成确认
（5）7S 工作		① 清洁工具和设备，并放归原位 ② 整理场地 ③ 清扫场地	

任务评价表

评价内容	赋分	序号	具体指标	分值	得分 自评	得分 组评	得分 师评
仪容仪表	15	1	工作服、鞋、胸卡穿戴整洁	5			
		2	发型、指甲等符合工作要求	5			
		3	不佩戴首饰、钥匙、手表等	5			
教学过程	60	4	无人员受伤及设备损伤事故	5			
		5	工具和设备的准备工作	5			
		6	工具正确使用	5			
		7	发电机的就车检查	5			
		8	发电机的无负载及带负载测试	5			
		9	拆解发电机	5			
		10	检查发电机转子总成	5			
		11	检查发电机定子及电刷架	5			
		12	组装发电机总成	20			
职业素养	25	13	坚持出勤，遵守规章制度	5			
		14	服从安排，积极参加组内活动	5			
		15	在规定时间完成，认真填写工单	5			
		16	节约用水用电用气，注意环保	5			
		17	认真执行7S工作	5			
			综合得分	100			

一、判断题

1. 交流发电机中硅整流器中的正极管的负极为发电机的正极。（　　）
2. 交流发电机中性点 N 的输出电压为发电机电压的一半。（　　）
3. 电子调节器中稳压管被击穿时，其大功率三极管一定处于导通状态。（　　）
4. 在三相桥式整流电路中，每个二极管导通的时间占整个周期的1/2。（　　）
5. 内搭铁电子调节器和外搭铁调节器可以互换使用。（　　）
6. 发电机过载时蓄电池能协助起动机供电。（　　）
7. 交流发电机由定子产生磁场转子来产生三相交变电动势。（　　）
8. 交流发电机调节器的作用是稳定发电机输出电流。（　　）

二、选择题

1. 发电机出现不发电故障，短接触点式调节器的"+"与"F"接线柱后，发电机开始发电，这说明故障出在（　　）。

    A. 发电机　　　　　　　B. 电流表　　　　　　　C. 调节器

2. 外搭铁式电压调节器中的大功率三极管是接在调节器的（　　）。

    A. "+"与"-"之间　　　B. "+"与"F"之间　　　C. "F"与"-"之间

3. 发电机定子的作用是（　　）。

    A. 产生磁场　　　　　　B. 产生三相交流电动势　　C. 变交流为直流

4. 交流发电机的整流电路为（　　）。

    A. 单相桥式　　　　　　B. 三相桥式　　　　　　C. 三相半波

5. 进行发电机检修时，发现电刷磨损应更换，其最小高度是（　　）。

    A. 二分之一　　　　　　B. 三分之一　　　　　　C. 完全磨损

6. 交流发电机转子作用是（　　）。

    A. 发出三相交流电动势　B. 产生磁场　　　　　　C. 变交流为直流

7. 发电机中性点输出的电压是发电机输出电压的（　　）。

    A. 1/4　　　　　　　　B. 1/3　　　　　　　　C. 1/2

三、问答题

1. 交流发电机由哪几部分组成？各起什么作用？
2. 如何检测发电机的最大输出电流？
3. 交流发电机在使用过程中为什么要定期进行维护？
4. 发电机的维护包括哪些内容？

项目四　电压调节器

项目导入

一辆现代汽车在行驶中，发电机不充电。停车检查，发电机传动带无打滑现象，手摸发电机外壳感觉温度低。该车型发电机调节器为一体式，检查发电机电枢火线柱至蓄电池火线连接无松脱，连接情况良好。根据故障现象综合分析，认为故障出在整体式发电机上。

检查集成电路调节器，用12V灯泡一端接调节器所连接的绝缘电刷柱，另一端接调节器所连接的搭铁电刷柱，将车上12V蓄电池的正负极，分别接调节器正负接线柱，试灯不亮，可确定为该集成电路损坏，无需用16V电源再试。换上新的集成电路调节器，装好试车，电压表指示恢复正常，发电机技术状况良好，故障排除。

任务一　电压调节器认知

学习目标

知识目标：
1. 了解发电机电压调节器的功用。
2. 掌握发电机电压调节器的分类及特点。

能力目标：
掌握发电机电压调节器的工作原理。

任务描述

通过学习掌握发电机电压调节器的功用和工作原理，并能正确检测发电机电压调节器。

知识链接

发电机在汽车上是按固定的传动比由发动机驱动旋转的，其转速随发动机转速变化而变化，且范围较大。

根据电磁感应原理，交流发电机发出的电压，随发电机速度和负载（输出电流）而变化。由于发动机的转速不断变化，交流发电机转速很难保持不变。因此，为了使发电机能提供稳定的电压，必须采用调节器来控制电压。一般充电系统使用发电机的电压调节器来保持充电系统的电压稳定，如图2-4-1所示。

图2-4-1　电压调节器

一、电压调节器的功用

当发电机转速变化时，自动对发电机的电压进行调节，维持发电机的电压稳定，以满足汽车用电设备的要求。

二、电压调节器的工作原理

根据电磁感应原理，发电机的感应电动势为 $E_\Phi = C_e n \Phi$，即感应电动势 E_Φ 与发电机转速 n 和磁通 Φ

成正比；发电机的空载电压 $U=E_\Phi$，发电机在汽车上是按固定的传动比驱动旋转的，其转速 n 随发动机转速变化在很大范围内变动。如果要在转速 n 变化时维持发电机电压恒定，就必须相应地改变磁极磁通 Φ。因为磁极磁通 Φ 取决于励磁 I_f 电流的大小，所以在发电机转速变化时，只要自动调节励磁电流 I_f，就能使发电机电压保持恒定。电压调节器就是利用自动调节励磁电流使磁极磁通改变这一原理来调节发电机电压的。

1. 晶体管式电压调节器的工作原理

晶体管式电压调节器，也称电子调节器，以稳压管作为电压感受元件，通过控制晶体三极管的通断来调节励磁电流 I_f，使发电机电压保持稳定。这种调节器没有触点，使用过程中无须保养和维护，结构简单、体积小、重量轻。

加油站 稳压管 作为电子调节器电压感受元件的稳压管，是一种特殊的二极管，这种二极管工作在反向状态，反向电压较低时，稳压管处于截止状态，当反向电压达到一定值时，稳压管便会反向击穿，在这种状态下，击穿电流的变化范围可以很大，但击穿电压基本保持不变——稳压。

晶体管式电压调节器有多种形式，其电路各不相同，基本结构一般由 2～4 个晶体管、1～2 个稳压管和一些电阻、电容、二极管组成。调节器对外引出有"+"（或"S""点火"）、"F"（或"励磁"）、"E"（或"搭铁""-"）等的接线柱或引线，分别与交流发电机等连接构成汽车电气装置的充电系统。

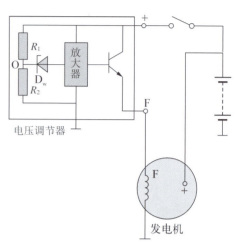

图 2-4-2　晶体管式电压调节器基本原理

图 2-4-2 所示为晶体管式电压调节器基本原理。

调节器的"+"接线柱接点火开关，"F"接线柱接发电机励磁绕组，"+"和"F"之间为三极管的集电极与发射极之间形成的开关电路，"+"与"-"之间有两个电阻 R_1、R_2 组成的分压器，其 O 点电压正比于发电机电压，O 点与放大器之间接有稳压管 D_w，用来感受电压，其工作过程如下。

在发电机电压较低的情况下，分压器中间 O 点电压也较低，此时稳压管处于截止状态，此状态经放大器放大后，给三极管的基极一个高电位信号，使三极管导通，励磁电流可以通过三极管流入发电机励磁绕组，使发电机电压上升，当电压上升到电压调节器调整值时，O 点电压升高至稳压管的击穿电压，稳压管被击穿，此信号经放大器放大后给三极管一个低电位信号，使三极管截止，切断励磁电流，发电机无励磁电流，电压下降，这样又使三极管导通，如此反复，使发电机的电压稳定在某个调定值。

晶体管式电压调节器与具有内、外搭铁形式的交流发电机配套使用，使用前一定要判断其搭铁形式，并与发电机相应的接线柱正确连接。图 2-4-3 所示为发电机和电压调节器的两种接线方式。

这两种形式的发电机与电压调节器不能互换，否则将会造成发电机电压失调或不发电。

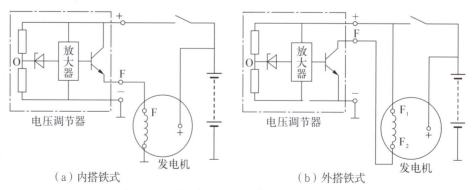

（a）内搭铁式　　　　　（b）外搭铁式

图 2-4-3　发电机和电压调节器的两种接线方式

内搭铁式调节器装在发电机与点火开关之间，发电机励磁绕组有一端搭铁。

外搭铁式调节器装在发电机励磁绕组与搭铁之间，发电机励磁绕组无搭铁端，电压调节器控制励磁绕组搭铁。

2. 集成电路式电压调节器的工作原理

集成电路式电压调节器是利用集成电路（IC）组成的调节器，可分为全集成电路电压调节器和混合集成电路电压调节器两类。前者是将二极管、三极管、电阻、电容等电子元件同时装在一块硅基片上；后者是用厚膜或薄膜电阻与集成的单片芯片或分立元件组装而成，使用最广泛的是厚膜混合集成电路调节器。

集成电路式电压调节器除具有晶体管电压调节器的优点外，还有以下特点。

① 体积小、重量轻，因此可以直接装在发电机内部或壳体上成为整体式交流发电机的一个零件，这样可以省去调节器和发电机之间的导线，减小了线路损失与故障，使调节器的精度可达 ±0.3V，工作更为可靠。

② 耐高温性能好，可在130℃高温下正常工作。

③ 更加耐振，使用寿命长。

集成电路式电压调节器的基本工作原理与晶体管电压调节器完全一样，都是利用晶体三极管的开关特性控制发电机磁场电流来达到稳定发电机输出电压的目的。也有内搭铁和外搭铁之分，而且外搭铁式使用较多。

目前汽车上已大量采用集成电路式电压调节器。

1. 发电机为什么要配合使用电压调节器？
2. 晶体管式电压调节器一般由哪几部分电路组成？
3. 晶体管式电压调节器与集成电路式电压调节器各有什么特点？

任务二　电压调节器检测

知识目标：
1. 了解电压调节器的正确使用方法。
2. 了解电压调节器的电路特点及搭铁极性。

能力目标：
掌握电压调节器的检修方法。

通过学习，正确掌握各类型发电机电压调节器的检测方法。

一、电压调节器的检测

1. 晶体管式电压调节器的检测

对晶体管式电压调节器进行检测前，应先了解调节器的电路特点及搭铁极性，再确定相应的检测方法。

（1）内搭铁式晶体管式电压调节器的检测　将可调直流电源与调节器按图2-4-4（a）所示的线路接好，再逐渐提高电源电压。当电压达到6V左右时，指示灯亮。继续提高电源电压，当电压达到13.5～14.5V时，指示灯应熄灭。此时电压即为调节器的调节电压，若指示灯不亮或发电机电压超过规定值后，灯仍不熄灭，则调节器有故障。

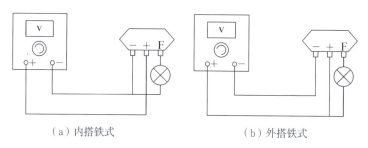

（a）内搭铁式　　　　（b）外搭铁式

图2-4-4　晶体管式电压调节器的测试

（2）外搭铁式晶体管式电压调节器的检测　外搭铁式交流发电机工作时，磁场绕组通过调节器搭铁，具体检测线路连接如图2-4-4（b）所示。由于其检测方法与内搭铁式晶体管电压调节器的检测方法完全相同，检测方法可参见内搭铁式晶体管电压调节器的检测方法。

2. 集成电路式电压调节器的检测

（1）发电机电压检测法　集成电路调节器直接在发电机上检测发电机的输出电压，称为发电机电压检测法，如图2-4-5所示。加在分压器R_1和R_2上的电压是励磁二极管输出端L的电压U_L，$U_L=U_B$，因此，检测点P的电压加在稳压管VZ_1上，其电压与发电机的端电压U_B成正比，所以该检测法称为发电机电压检测法。

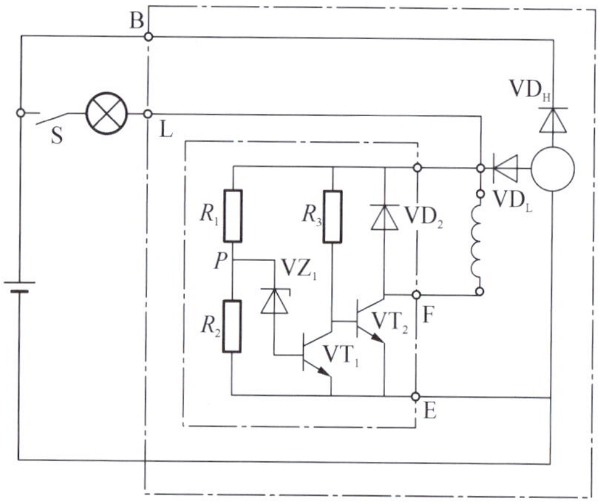

图2-4-5　发电机电压检测电路

（2）蓄电池电压检测法　如果用连接导线检测蓄电池的端电压来检测发电机的输出电压，称为蓄电池电压检测法，如图2-4-6所示。加在分压器R_1和R_2上的电压为蓄电池端电压，由于通过检测点P加到稳压管VZ_1上的反向电压与蓄电池成正比，所以该检测法称为蓄电池电压检测法。

在这两种基本检测法中，前者发电机的引线可以少一根，但是发电机B端到蓄电池的接线柱之间的电压降较大时，蓄电池的充电电压将会降低，使蓄电池充电不足，因此一般大功率发电机宜采用蓄电池电压检测法。

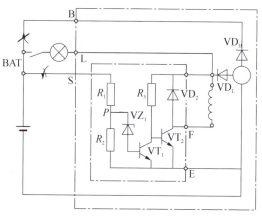

图2-4-6　蓄电池电压检测电路

二、电压调节器的正确使用

电压调节器在使用中应注意以下几点。

① 调节器与发电机的电压等级必须一致，否则电源系统不能正常工作。

② 调节器与发电机的搭铁形式必须一致，交流发电机的磁场电流在调节器中的流动方向如图2-4-7所示。

由图2-4-7可知，对于外搭铁式发电机与外搭铁式的调节器，磁场电流是由调节器的"磁场"端子（"F"）流入，经内部的大功率三极管（NPN型三极管）后从调节器的"搭铁"（"-"）端子流出，再回到电源负极。对于内搭铁式发电机和内搭铁式调节器，磁场电流则是由调节器"+"端子流入，经内部的大功率三极管（PNP型）后，从调节器"F"端子流出，再经发电机磁场绕组搭铁回到电源负极。由此可见，内搭铁式调节器只能与内搭铁式发电机配用；外搭铁式调节器只能与外搭铁式发电机配用，否则发电机无磁场电流而不能输出电压，蓄电池使用寿命会大大缩短。当调节器与发电的搭铁形式不匹配而又急需使用时，只能通过改变发电机磁场绕组的搭铁形式，使发电机与调节器搭铁形式一致后方可配合使用。

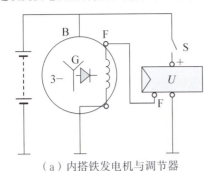
（a）内搭铁发电机与调节器

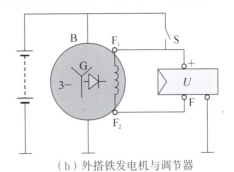
（b）外搭铁发电机与调节器

图 2-4-7　磁场电流的流向

③ 交流发电机的功率不得超过调节器设计时所能配用的交流发电机的功率，因为交流发电机的功率愈大，磁场电流亦愈大。（如 14V 750W 交流发电机，其磁场电流为 3～4A；14V 1000W 交流发电机，其磁场电流为 4～5A。）磁场电流越大，对调节器中控制磁场电流的大功率管（三极管、复合管或达林顿管）的技术要求就越高，成本也越高。大功率发电机的调节器搭配小功率发电机，虽然可用，但成本较高，不经济。而小功率发电机的调节器不能与大功率发电机配用，一方面是因为调节器会因超负荷工作而使其使用寿命大为缩短；另一方面是因为控制磁场电流三极管的管压降增大，磁场电流最大值减小，发电机的空载转速 n_A 和额定负载转速 n_R 都将增高，不仅会降低交流发电机的输出性能，而且还会影响充电系统正常工作。

④ 线路连接必须正确。目前，国家对调节器的接线位置及方式等尚无统一规定。使用时，必须根据使用说明书所给出的接线图或有关说明，正确连接充电系统线路，否则充电系统不能正常工作，甚至会损坏调节器和发电机等电气部件。例如，当调节器正负极接反时，由调节器电路可知，此时任何一种电子调节器控制磁场电流的大功率三极管的发射结均为反偏，极易被击穿损坏，此外用作过压保护的稳压管相当于一个普通二极管并正向导通，极易被通过的大电流烧坏，故接线时要特别注意；内搭铁式调节器的"磁场"与"负极"接反或外搭铁式调节器的"磁场"与"正极"接反时，蓄电池电压在接通电源（或点火）开关后，全部加在大功率管的集电极与发射极，调节器亦容易被击穿损坏。

⑤ 调节器必须受点火（或电源）开关控制，一旦接通电源，调节器中控制磁场电流的大功率管在发电机输出电压低于蓄电池充电电压时就始终导通。如果调节器不受开关控制，那么汽车停驶时，该功率管也始终导通工作，夜间停驶也是如此，且此时功率管工作负荷接近最大，这不但会使电子调节器使用寿命大为缩短，而且还会导致蓄电池亏电。试验证明，当电子调节器不受开关控制而直接与蓄电池连通时，使用 5～7 天后蓄电池就不能起动发动机了，调节器的使用寿命也只有 100 天左右。

⑥ 汽车停驶时，应将点火（或电源）开关断开。

1. 分别画出内搭铁式与外搭铁式发电机与调节器的接线简图，并说明调节器如何起作用？
2. 如何检测晶体管式电压调节器？
3. 集成电路式电压调节器的检测方法有哪些？如何检测？

项目五 电源系统的故障诊断与排除

项目导入

一辆捷达轿车在起动发动机后，充电指示灯稍微发亮。经对发动机做系统检查，在"B+"与"D+"接线柱间连接一只电流表，测得静态励磁电流为2.6A，较正常值略低；取下电流表，起动发电机，测量发电机"B+"端及"D+"端电压，其电压值为12.7V；提高发动机转速，查看电压表，发现"B+"端及"D+"端电压同时升高，表明故障点在发电机。拆下并解体发电机作进一步检查，发现有一只碳刷的连线已经断开。更换新碳刷，修复后装车再试，故障排除。

任务 典型电源系统的故障诊断与排除

学习目标

知识目标：
1. 了解电源系统的常见故障。
2. 了解交流发电机充电系统常见故障。

能力目标：
1. 能识读、分析电源系统电路。
2. 能掌握电源系统故障诊断的方法。

知识链接

一、电源系统故障诊断的基本方法

1. 用放电警告灯诊断

在装备有放电警告灯的汽车上，可利用放电警告灯来诊断充电系统有无故障，方法如下。

① 首先预热发动机，起动发动机后，使其怠速或将发电机转速控制在1200r/min左右运转10min，然后断开点火开关，使发动机停止运转。

② 再接通点火开关（将点火开关转到"ON"位，并不起动发动机），观察放电警告灯是否发亮。此时放电警告灯应当发亮，如果不亮，说明放电警告灯线路或充电指示控制器有故障。

③ 再次起动发动机，并逐渐升高发动机转速（即逐渐加大油门），当发动机转速升高到600~800 r/min（即发电机转速升高到1200~2000r/min）时，放电警告灯自动熄灭，说明放电警告灯线路正常，发电机能够发电。此时调节器工作是否正常，还需用电压表或万用表进行检测诊断。

2. 用电压表诊断

① 将直流电压表（万用表拨到直流电压DC挡）的正极接发电机"输出"端子（"B"），负极搭铁。

② 记下此时电压表指示的电压，该电压即为蓄电池的空载电压，正常值为12.0~12.6V。

③ 起动发动机，并逐渐踩下加速踏板使其转速升高，当发动机转速升到高于怠速转速（600~800r/min），电压表指示的电压应高于蓄电池的空载电压，并随转速升高而稳定在某一调节电压值不变。

若电压表指示的电压高于调节器的调节电压，且随发电机转速升高而升高，则说明发电机能发电，调节器有故障；若电压表指示的电压随发电机转速升高而保持蓄电池空载电压值不变或低于蓄电池空载

电压值，则说明发电机或调节器有故障，此时可将发电机和调节器从车上拆下分别进行检测，也可继续进行以下检测。

a. 另取一根导线将调节器中大功率三极管的集电极与发射极短接。方法如下：对外搭铁式调节器，导线的一端接发电机的磁场"F"端，另一端接发电机的"搭铁"端子（"E"）；对内搭铁式调节器，导线的一端接发电机的"磁场"端子（"F"），另一端接发电机的"输出"端子（"B"），这样便可将发电机磁场绕组的电路直接接通。

b. 起动发动机，并将其转速升到比怠速稍高，观察电压表指示的电压，若仍等于或低于蓄电池空载电压，则说明发电机有故障（发电机不发电）；若此时电压表电压随转速升高而升高，则说明发电机能发电，则调节器有故障。

3. 空载与负载性能的诊断

（1）空载性能诊断

① 将电压表的正负极分别与蓄电池的正负极相连，将钳形直流电流表的检测夹夹到发电机"输出"端子（"B"）的引出导线上，如图2-5-1所示；

② 起动发动机，并将其转速升高到2000 r/min运行，此时电压表指示的电压（即调节电压）应为13.9～15.1V（25℃），电流表读数应小于10A。调节电压过高或过低应检修或更换调节器；电流过大说明蓄电池充电不足或有故障，应补充充电或更换蓄电池。

（2）负载性能诊断

① 检测仪器的连接与空载性能诊断一样；

② 起动发动机并使其以2000 r/min运行；

图2-5-1 空载性能诊断

③ 接通前照灯和暖风电动机（夏季则接通空调器），此时调节器电压也应为13.9～15.1V，电流表读数应大于30A。若小于30A，则说明发电机功率不足，应拆下检修或更换发电机。

二、电源系统的常见故障

电源系统的故障主要是以能否充电来体现，主要有不充电、充电电流过小和充电电流过大等故障。

1. 不充电的故障诊断与排除

（1）故障现象

① 发动机中高速运转，放电警告灯不熄灭。

② 打开前照灯，电流表指示放电。

（2）故障原因

① 线路的接线断开或短路。

② 电流表的接线错误。

③ 发电机故障。

④ 调节器调整不当或有故障。

（3）判断步骤与方法

① 检查发电机皮带的状况。

a. 检查发电机皮带的松紧度，用手指压下皮带的中部，若压下量过大，说明发电机皮带过松，应调整。

b. 检查发电机皮带是否打滑。

② 检查充电线路各导线和接头有无断裂或松脱，检查发电机的接线是否正确。

③ 打开点火开关，但不起动发动机，用试灯将其一端接在发电机的磁场接线柱上，另一端搭铁，观察试灯：

a. 若试灯不亮，说明故障在调节器；

b. 若试灯亮，则拆下发电机"电枢"接线柱上的导线并悬空，用试灯将其一端接在发电机"电枢"接线柱上，另一端搭铁，若试灯不亮或灯光发红，说明故障在发电机。

④ 若发电机有故障，可用万用表测量各接线柱之间的电阻值，粗略判断故障位置，测量前，拆下发电机各接线柱上的导线，将万用表置于$R×1$挡测量各接线柱间的电阻值，其阻值应符合规定，若不符合规定，应对发电机进行拆检。

⑤ 若调节器有故障，对于晶体管调节器，应更换；对于触点式调节器：

a. 检查低速触点有无烧蚀或脏物，若有，应用砂纸或砂布条研磨或清洁；

b.检查高速触点能否分离,若不能分离应修复。

2. 充电电流过小的故障诊断与排除

（1）故障现象

① 蓄电池在亏电情况下,发动机以中速以上运转时,电流表指示充电电流过小。

② 蓄电池经常存电不足。

③ 打开大灯,灯光暗淡,按动电喇叭声音小。

（2）判断步骤与方法

① 外观检查。

a.检查发电机皮带的松紧度,用手指按下皮带的中部,若压下量过大,说明发电机皮带过松,应调整;

b.检查充电线路各导线接头是否接触不良或锈蚀脏污。

② 拆下发电机"+"和"F"接线柱的导线,用试灯的两根接线分别触及"+"和"F"接线柱,起动发动机,并逐渐提高转速,同时观察试灯:

a.若试灯亮度不变或变化很小,说明故障在发电机;

b.若试灯随发动机转速增加而亮度增加,说明故障在调节器。

③ 对于装有晶体管式调节器的充电系统,可起动发动机,并使其略高于怠速运转,然后连接调节器的"F"与"−"接线柱,逐渐提高发动机转速,观察电流表:

a.若电流表指示的充电电流增大,说明故障在调节器;

b.若电流表指示无变化,说明故障在发电机。

④ 若是故障在发电机,应进行解体检查。

⑤ 若是故障在调节器,对于晶体管调节器,应更换;对于触点式调节器,应拆下调节器盖进行检查:

a.用手拉紧弹簧,起动发动机并以中速运转,若充电电流增大,说明调节器限额电压过低,应调整弹簧拉力;

b.用螺钉旋具连接低速触点,若充电电流增大,说明低速触点烧蚀或脏污,应研磨或清洁。

3. 充电电流过大的故障诊断与排除

（1）故障现象

① 在蓄电池不亏电的情况下,充电电流仍在10A以上。

② 蓄电池电解液损耗过快。

③ 分电器和断电器触点经常烧蚀,各种灯泡经常烧坏。

（2）判断步骤与方法

充电电流过大的故障,一般都是调节器失调所致,所以在检查时,主要是对调节器进行检查。

① 对于装有晶体管式调节器的充电系统,应检查发电机与调节器是否匹配,如果无匹配问题,则应更换调节器。

② 对于装有触点式调节器的充电系统,应进行弹簧弹力及衔铁间隙的调整,使之符合要求。

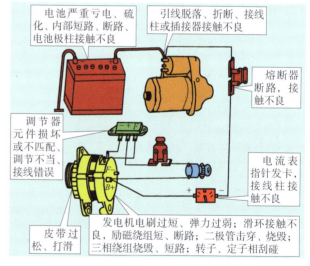

图2-5-2 交流发电机充电系统常见故障部位

三、交流发电机充电系统常见故障部位

交流发电机充电系统常见故障部位如图2-5-2所示。

1.电源系统的故障诊断方法有哪些?

2.电源系统的常见故障形式有哪些?

单元三　汽车起动系统

项目一　起动系统

项目导入

2018 年 3 月，汽车工程学院来了一辆外来维修车辆，是本田雅阁 CD5 的三厢红色小轿车，配备直列水冷四缸多点喷射发动机，配备平衡轴式四前进挡自动变速器，发动机前置前驱，车主所需要解决的问题：车辆无法启动，但有着车征兆，所以来我院进行检修。作为汽车维修专业的学生，你如何来解决故障呢？这就需要了解起动机的结构，熟悉起动机的拆装与检修方法。

任务　起动系统认知

知识目标：
1. 了解起动系统的组成。
2. 掌握汽车起动系统中元器件的结构、功用。
3. 理解汽车起动系统的工作原理。

能力目标：
1. 识记起动系统的元器件。
2. 分析汽车起动系统中典型元器件的工作过程。
3. 会正确、规范地拆装起动机。
4. 能描述汽车起动系统的工作原理。

对汽车起动系统中具体的元器件进行认知，并能识记。会规范、正确地拆装起动机，学会分析典型元器件的具体工作过程。能分析汽车起动机的控制电路，并讲述其工作原理。

一、起动系统概述

1. 起动系统的作用

要使发动机由静止状态过渡到工作状态，必须先用外力转动发动机的曲轴，使活塞作往复运动。气缸内的可混合气体燃烧膨胀做功，使活塞向下运动，使曲轴旋转，发动机才能自行运转，工作循环才能自动进行。因此，曲轴在外力作用下，转动到发动机开始自动怠速运转的全过程，称为发动机的起动。完成起动过程所需的装置，称为发动机的起动系统。

2. 起动系统的分类

起动系统可以分为人力起动和电力起动。

3. 起动系统的组成

汽车电力起动系统主要由蓄电池、起动机和起动控制装置等组成，起动控制装置包括点火开关、起动继电器等，如图 3-1-1 所示。

二、起动机的功用

汽车起动机的功用是将蓄电池提供的电能转换为机械能，发动机起动时，起动机产生转动力矩驱动发动机的曲轴转动而完成发动机工作所需的工作循环。起动完成后，发动机进入自动工作状态。起动机的安装位置如图 3-1-2 所示。

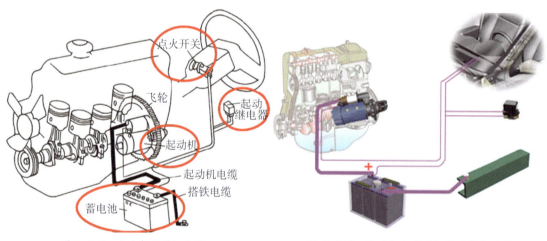

图 3-1-1　电力起动系统组成　　　图 3-1-2　起动机在发动机中的安装位置

三、起动机的分类

1. 按直流电动机励磁方式

（1）电磁式　它是由驾驶员旋动点火开关或按下起动按钮，直接控制或通过起动继电器使电磁开关接通起动机主电路的。现采用的起动机均为电磁操纵式。

（2）永磁式　它以永磁材料作为磁极的起动机，取消了传统起动机中的励磁绕组和磁极铁芯，使得起动机结构大为简化，体积和质量减小，可靠性提高，并节省了金属材料。

2. 按传动机构的啮入方式

（1）强制啮合式　依靠电磁力通过拨叉或直接推动驱动齿轮沿轴向移动来啮入飞轮齿圈。这种方式工作可靠，操作简单，使用广泛。

（2）电枢移动式　依靠起动机磁极的磁吸力使电枢沿轴向移动而使驱动齿轮啮入飞轮齿圈。电枢移动时需要较大的磁极吸力，常在一些大型起动机上使用。

（3）减速式　在传动机构中设有减速装置（行星齿轮机构），常采用高速、小型、低力矩电动机，质量和体积比普通起动机可减小 30%～35%，但结构和工艺比较复杂。减速式起动机又分为外啮合减速式起动机、行星齿轮啮合式减速起动机。

四、永磁起动机的结构

永磁减速起动机用4或6块永久磁铁磁场组件代替磁场绕组,相比磁场绕组的起动机,具有质量小、结构简单等优点。永磁起动机的电机特性是在阻力矩大时转速低、转矩大,反之,转速高、转矩小。由于转速随阻力矩的变化明显,所以适用于短时间内要求大转矩的情况。永磁起动机由永磁电机、传动机构和控制电路三部分组成,其中,电动机由电枢、永久磁铁、电刷等组成,如图3-1-3所示。

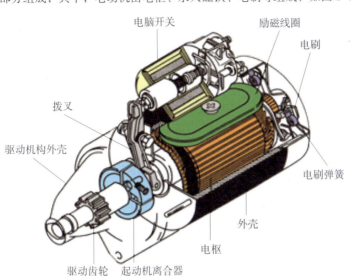

图3-1-3 永磁减速起动机的组成示意图

1. 直流电动机

直流电动机的结构如图3-1-4所示。

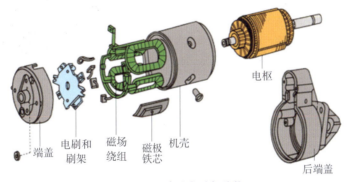

图3-1-4 直流电动机结构

（1）电枢 它由轴、铁芯、整流片及电枢线圈绕组四部分组成。轴承把电枢的轴架起来并且固定,其中电极片和铁芯在这个轴的中间旋转。在电枢旋转中它的轴承受着很大的旋转扭矩,为了不损坏轴,选用的材料为特殊合金钢,小齿轮的固定用螺旋花键,需要经过好多工序的处理。电枢的铁芯上有个槽,它是用来安装电枢线圈的。铁芯是由1mm的绝缘硅钢片制作的,具有优良的性能,在工作中不会产生太多的热量。

电枢的线圈因为工作时需要流过很大的电流,所以线圈采用截面为扁平状的铜线。N极和S极分别分布在线圈的两端,并且以不导电的方式插入到铁芯的槽中。由四个电刷制作的整流子装在线圈的周围,整流子也叫换向器。他们之间用1mm的云母片作为绝缘体。

（2）壳及磁极铁芯 圆的铁筒形就是就是电枢的壳,壳为磁力线形成导通的通路。壳的内部是用永磁材料代替励磁线圈的磁铁,这样可以减小起动机的体积,起动机机壳如图3-1-5所示。

图3-1-5 起动机机壳

(3)电枢线圈　因为电枢线圈中会通过较大的电流,所以需要把铜线的截面制作成扁平状。较大的电流将使起动机拥有更大的转矩,较小的径向体积,如图3-1-6所示。

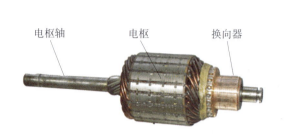

图3-1-6　电枢的组成　　　　　图3-1-7　电刷及电刷架的组合

(4)电刷　一共有四个,其中绝缘的两个是作为支撑用的,另两个是需要接地的。但是四个电刷都是和整流器接触的。电流需要从电刷经过,然后通过整流子流向电枢线圈。电刷是通过弹簧压在整流子上的,并且可以移动。电刷需要满足的条件是单位面积能流过足够大的电流,一般采用金属石墨。电刷及电刷架的组合如图3-1-7所示。

(5)轴承　它的工作特点是起动负荷大,工作时间少,所以一般采用的轴承是滚珠式轴承并且含有合金。在工作中要有能够足够润滑的油槽。

2. 传动机构

传动机构的作用是把直流电动机产生的转矩传递给飞轮齿圈,再通过飞轮齿圈把转矩传递给发动机的曲轴,使发动机起动后,飞轮齿圈与驱动齿轮自动打滑脱离。传动机构一般由驱动齿轮、单向离合器、拨叉、啮合弹簧等组成,如图3-1-8所示。

传动机构中,结构和工作情况比较复杂的是单向离合器,它的作用是传递电动机转矩,起动发动机,而在发动机起动后自动打滑,保护起动机电枢不至于飞散。常用的单向离合器主要有滚柱式、摩擦片式和弹簧式等。

图3-1-8　传动机构

3. 控制装置

起动机的控制装置分为机械式和电磁式两种,通常称为起动开关。机械式控制装置是用脚踏或手拉的方式直接操纵离合器和控制电动机电路的,这种装置虽然结构简单、工作可靠,但要求起动机、蓄电池靠近驾驶室,且受安装布局的限制,操纵不便,因此现已很少采用。现在起动机大都采用电磁式控制装置,电磁式控制装置如图3-1-9所示。

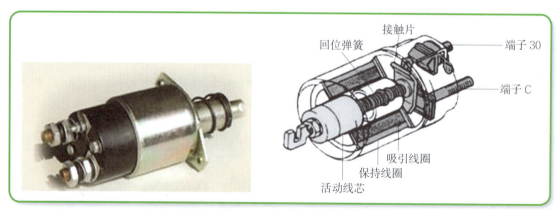

图3-1-9　电磁式控制装置

电磁式控制装置是利用电磁力来控制离合器的驱动齿轮与发动机飞轮的啮合或分离的,并同时控制电动机开或关。为了充分发挥起动机和蓄电池的性能,起动机控制装置应遵循如下基本原则。

① "先啮合后接通"的原则,即首先使驱动齿轮进入啮合,然后使主开关接通,以免驱动齿轮在高

速旋转过程中进行啮合，引起打齿并且啮合困难。

② "高起动转速"原则，即起动机控制装置应尽量减少甚至不消耗蓄电池电能，以便使蓄电池的电能尽可能多的用于起动电机，提高起动转速。

③ 切断主电路后，驱动齿轮能迅速脱离啮合。

五、直流电动机的工作原理

直流电动机是将电能转变为机械能的设备，它是根据载流导体在磁场中受到电磁力作用而发生运动的原理进行工作的。

直流电动机工作原理如图3-1-10所示，一个线圈被置于直流电机形成的磁场中，它的两个点连接着两片换向器，两个电刷连接着蓄电池的正极或负极。这其中的电流方向是：蓄电池正极→正电刷→换向片→线圈→负极电刷→蓄电池负极。由磁感应线在磁场中受力的判定定则（左手定则）可以知道导体ab在磁场中受到方向向左的力，导体cd受到方向向右的力，而整个线圈受到逆时针方向的旋转扭矩从而转动。当线圈转过180°时，两个换向器片交换了与电刷的接触点，导致线圈中的流过的电流的方向发生逆转，同时受到的转矩也改变了，因此旋转的方向颠倒了。就这样持续不断的循环线圈就按着同一个方向旋转。在实际中，电机的换向片的数量和电枢的线圈的匝数成正比。

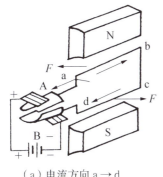
（a）电流方向 a→d

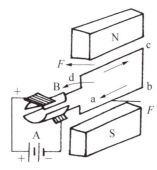
（b）电流方向相反 d→a

图3-1-10 直流电动机的工作原理示意图

起动机的型号

根据中华人民共和国行业标准QC/T 73—1993《汽车电气设备产品型号编制方法》规定，汽车起动机的型号编制方法如图3-1-11所示。

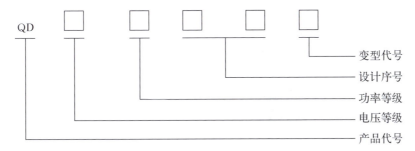

图3-1-11 起动机型号编制方法

1. 产品代号

有QD、QDJ、QDY三种，分别表示普通电磁式起动机、减速式起动机、永磁式起动机或永磁式减速起动机。字母"Q""D""J""Y"分别为汉字"起""动""减""永"汉语拼音的第一个字母。

例如：QD124——QD表示起动机；
　　　QDY124——QDY表示永磁起动机。

2. 电压等级代号

用一位阿拉伯数字表示，1——12V；2——24V。

例如：QDY124——1 表示电压等级为12V。

3. 功率等级代号

用一位阿拉伯数字表示，含义如表 3-1-1 所示。

表 3-1-1　功率等级

功率等级代号	1	2	3	4	5	6	7	8	9
功率 /kW	<1	1～2	2～3	3～4	4～5	5～6	6～7	7～8	>8

例如：QDY124——2 表示起动机功率等级为 1～2kW。

4. 设计序号

按产品设计先后顺序，以 1～2 位阿拉伯数字组成。

例如：QDY124——4 表示第四次设计。

5. 变型代号

在主要电气参数和基本结构不变的情况下，一般电气参数的变化和结构有某些改变称为变型，以汉语拼音大写字母 A、B、C 顺序表示。

例如：QDY124B——表示 QDY124 起动机产品为 B 型号。

一、任务准备

（1）工作场景：理实一体化教室、科鲁兹起动机。
（2）主要设备：起动机、一字起、十字起、工具车、工作台、世达工具。

二、实施步骤

起动机的拆卸

作业内容	图解	具体操作方法及要求	完成确认
（1）清洁起动机		拆解起动机前应清洁外部的油污和灰尘	
（2）拆下直流电动机连接导线		① 用相应规格的套筒拆下直流电动机连接导线的固定螺栓 ② 取出连接导线端子 注意： 在拆卸连接导线时不要用力拉扯，防止导线损坏	
（3）拆下起动机前端盖		用相应规格的套筒旋出两个紧固穿心螺栓，取下前端盖	

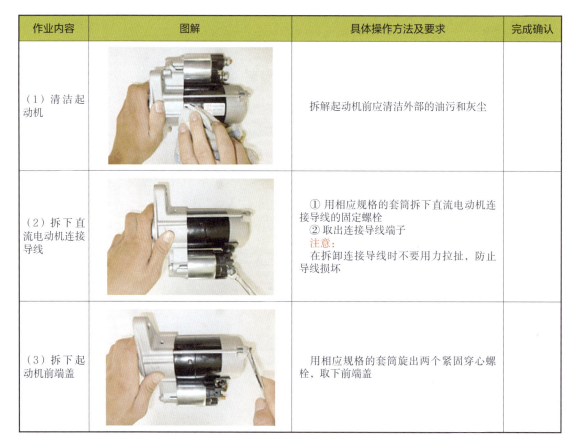

续表

作业内容	图解	具体操作方法及要求	完成确认
（4）取下电刷架总成	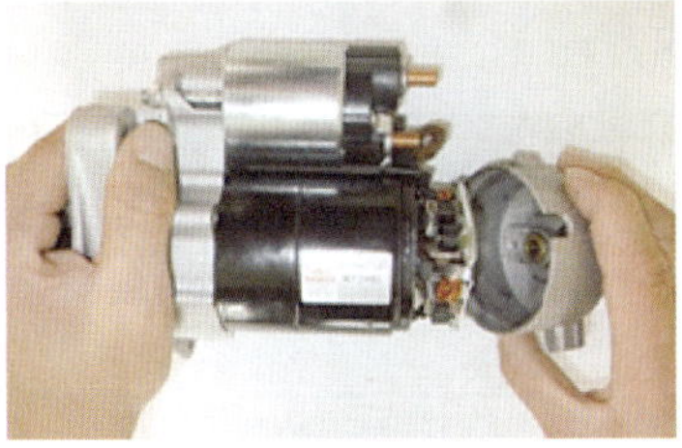	先拆下电刷架的橡胶卡扣，再取出电刷架总成 **注意：** 在拆卸电刷架时需防止电刷架中的弹簧弹出	
（5）拆下磁极	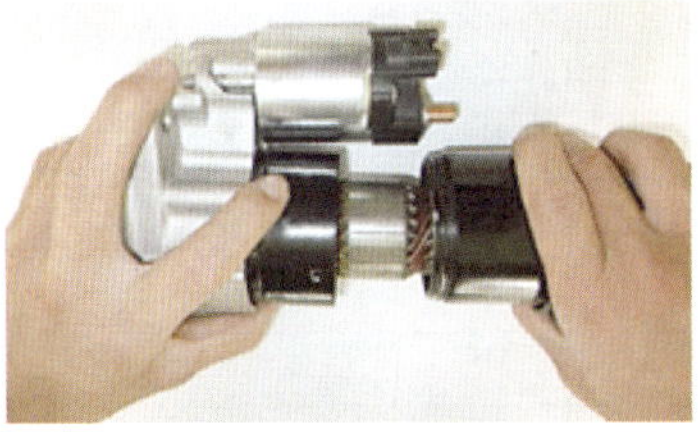	用手取下起动机磁极	
（6）取下电枢	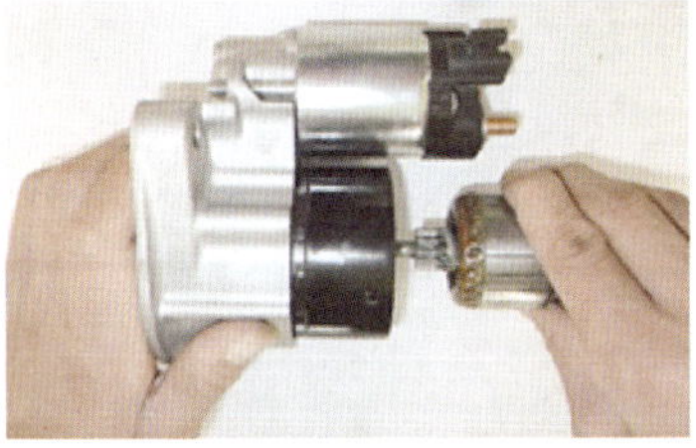	因为这是永磁式起动机，磁极里面有磁铁，取的时候需要使用较大的力气，但要防止电枢被磁铁吸回而弄伤手	
（7）拆卸电磁开关	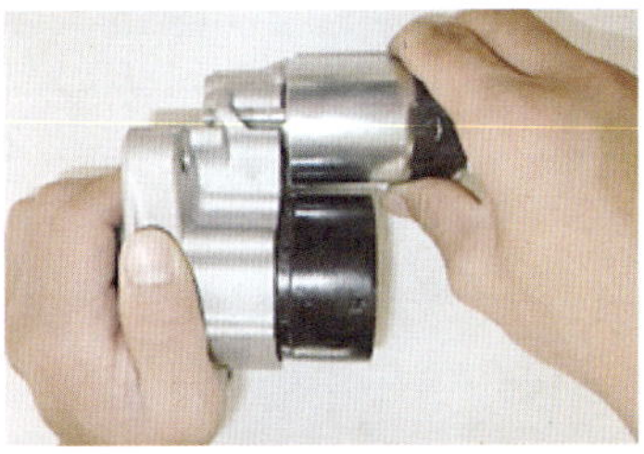	用十字起拆卸电磁开关的三个固定螺栓，然后取出电磁开关 **注意：** 电磁开关一端和拨叉相连，取电磁开关时可以轻轻摇摆，使得电磁开关与拨叉分离后再取出	
（8）拆下传动机构	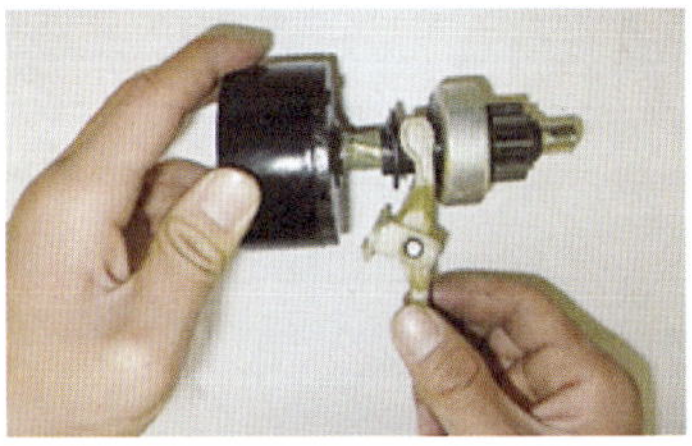	用一字起撬出橡胶密封块，取下密封圈，把传动机构总成从外壳中取出，把拨叉从传动机构上取下，放好 **注意：** ① 用一字起撬橡胶块时应小心，防止伤害到人 ② 取出传动机构并放好 ③ 拨叉在安装时应注意正反向	
（9）起动机的装配		按照拆卸的相反顺序进行装配 **注意：** ① 拨叉在装配时注意装配方向，切勿装反 ② 安装电枢和磁极的时候要注意安全 ③ 电刷架的安装比较困难，需要按压住电刷进行装配 ④ 直流电动机和电磁开关的连接电缆在连接时，应找好正确的接线柱后才能连接	
（10）7S工作	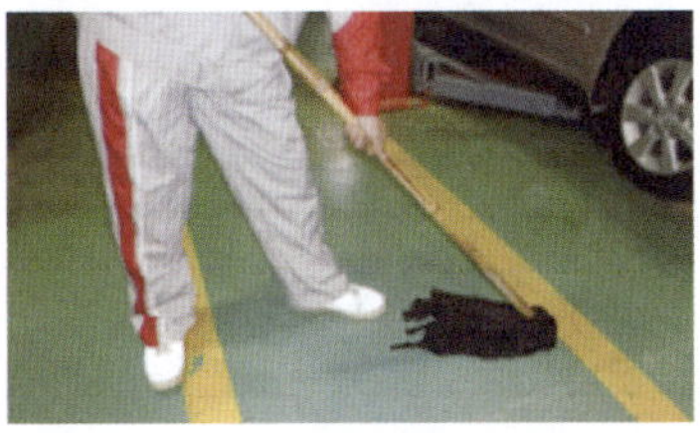	① 对工具和设备进行清洁，并放回原位 ② 整理场地 ③ 清扫场地 **注意：** 不要用潮湿的抹布清洁电器开关、按钮等	

起动机的装配

任务评价表

评价内容	赋分	序号	具体指标	分值	得分 自评	组评	师评
仪容仪表	15	1	工作服、鞋、胸卡穿戴整洁	5			
		2	发型、指甲等符合工作要求	5			
		3	不佩戴首饰、钥匙、手表等	5			
教学过程	60	4	无人员受伤及设备损伤事故	5			
		5	工具和设备的准备工作	5			
		6	起动机的清洁	5			
		7	直流电动机与电磁开关的连接电缆的拆卸	5			
		8	起动机后端盖的拆卸	5			
		9	电刷架总成的拆卸	5			
		10	磁极的拆卸	5			
		11	电枢的拆卸	5			
		12	电磁开关的拆卸	5			
		13	传动机构总成的拆卸	5			
		14	拨叉的拆卸	5			
		15	起动机的装配	5			
职业素养	25	16	出勤情况	10			
		17	服从安排,积极参加组内活动	5			
		18	认真执行7S工作	10			
			综合得分	100			

一、填空题

1. 起动机由＿＿＿＿＿＿、＿＿＿＿＿＿和＿＿＿＿＿＿三个部分组成。

2. 串励直流电动机主要由机壳、＿＿＿＿＿＿、＿＿＿＿＿＿、换向器及电刷等组成。

3. 磁极的作用是产生＿＿＿＿＿＿,电枢的作用是产生＿＿＿＿＿＿,电刷及电刷架的作用是＿＿＿＿＿＿。

二、判断题

1. 直流电动机主要由机壳、磁极、转子、换向器及电刷等组成。（　　）

2. 串励直流式电动机中"串励"的含义是四个励磁绕组相串联。（　　）

3. 起动系的作用是在正常使用条件下,通过起动机以足够高的转速运转,以便发动机顺利起动,发动机起动之后,起动机便立即停止工作。（　　）

4. 起动机一般由交流电动机、传动机构和控制装置三部分组成。（　　）

三、问答题

1. 简述起动机的组成及功用。

2. 你认为在拆装起动机的过程中应该有哪些注意事项?

项目二 起动机

项目导入

一辆丰田 COROLLA1.6 故障现象是起动起动机时,有时起动机转动能将发动机起动;有时则不转动。在起动机不转动时,其电磁开关有吸动的"嗒、嗒"声,出现这样的现象可能需要从车子上将起动机拆下,对起动机进行检修。

任务一 起动机检修

知识目标:
1. 了解起动机各部件的技术要求。
2. 进一步了解起动机各部件的功用和原理。

能力目标:
1. 能正确检修起动机的电枢。
2. 能正确检修起动机的定子励磁线圈。
3. 能正确检修起动机的电磁开关。
4. 能正确进行起动机通电试验。

对卡罗拉起动机的结构认知的基础上,对起动机进行检修,主要运用万用表检查起动机各部件短路、断路和搭铁情况,并对测量的结果进行记录、分析。

一、电枢总成的检修

1. 电枢轴

电枢轴弯曲度可用百分表检测,其径向跳动应不大于 0.10～0.15mm,否则应予以校正,如图 3-2-1 所示。用游标卡尺检测轴颈外径与衬套内径,配合间隙应为 0.035～0.077mm,最大不超过 0.15mm,间隙过大应更换衬套并重新校配。

2. 换向器

换向器直径不小于标准值 1.10mm,换向片应高出云母片 0.40～0.80mm,如图 3-2-2 所示。检查换向器表面有无烧蚀和圆度误差是否合格。轻微烧蚀用 00 号砂纸打磨,严重时应车削。换向器与电枢轴的同轴度误差不大于 0.03mm,否则应在车床上修整。

起动机的检测

图 3-2-1 电枢轴的检查

图 3-2-2 换向器直径检查

3. 电枢

（1）电枢线圈搭铁的检查　用万用表检查时，其表笔分别搭在换向器和铁芯（或电枢轴）上，阻值应为无穷大；若阻值为零，则为搭铁，应更换，如图 3-2-3 所示。

（2）电枢线圈短路的检查　把电枢放在万能试验台检验器上，接通电源，将锯片放在检验器上并转动电枢。锯片不振动表明电枢线圈无短路，否则为电枢线圈短路，应予以修理或更换，如图 3-2-4 所示。

（3）电枢线圈断路的检查　检视电枢线圈的导线是否甩出或脱焊。用万用表两表笔分别依次与相邻换向器接触，其读数应一致，否则说明电枢线圈断路，应更换线圈，如图 3-2-5 所示。

图 3-2-4 电枢线圈短路的检查

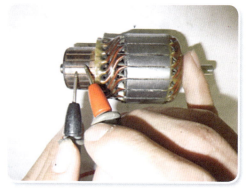

图 3-2-5 电枢线圈断路的检查

二、定子绕组的检修

1. 励磁线圈搭铁的检修

用万用表的两表笔分别接励磁接线柱和外壳，若阻值为无穷大，则正常；若阻值为零，则说明有搭铁故障，如图 3-2-6 所示。

图 3-2-6 励磁线圈搭铁的检查

图 3-2-7 励磁线圈短路、断路的检查

2. 励磁线圈短路、断路的检修

蓄电池正极接起动机接线柱，负极接正电刷，将旋具放在每个磁极上迅速检查磁极对旋具的吸力，应相同。磁极吸力弱的为匝间短路，各磁极均无吸力为断路。若用万用表置于电阻挡，测接线柱与正电刷的导通情况，如不导通，说明断路，如图3-2-7所示。

三、电刷总成的检修

1. 电刷高度的检查

电刷磨损后的高度不应小于电刷原高度的一半，不小于10mm。电刷在架内活动自如，无卡滞，电刷与换向器的接触面积不低于80%。

2. 电刷架的检查

用万用表的电阻挡位测两绝缘电刷架与电刷架座盖，阻值应为无穷大，否则说明绝缘体损坏；相同方法测两搭铁电刷架与电刷架座盖，阻值为零，否则说明电刷架松动，搭铁不良。

3. 电刷弹簧的检查

用弹簧秤检查弹簧的弹力，应为11.76～14.7N，如过弱应更换，如图3-2-8所示。

四、单向离合器的检修

按顺时针转动驱动齿轮，应自由转动；逆时针转动时应该被锁住，如图3-2-9所示。

图3-2-8　电刷弹簧的检查

图3-2-9　单向离合器的检查

五、电磁开关的检修

① 将两表笔分别接于励磁接线柱和电磁开关外壳，若有电阻，说明保持线圈良好；若电阻为零，则为短路；若电阻无穷大，则为断路，短路或断路都应更换，如图3-2-10所示。

② 两表笔分别接于励磁接线柱和起动机接线柱，若有电阻，说明吸拉线圈良好；若电阻为零，则为短路；若电阻无穷大，则为断路，短路或断路都应更换，如图3-2-11所示。

图3-2-10　保持线圈的检查

图3-2-11　吸拉线圈的检查

③ 用手将接触盘铁芯压住，让电磁开关上的电源接线柱与起动机接线柱连通，测量两接线柱间的电阻值应为零，否则为接触不良。

一、任务准备

(1) 工作场景：理实一体教室、起动机。

(2) 主要设备：起动机、万用表、工具车、工作台、多媒体设备。

二、实施步骤

作业内容	图解	具体操作方法及要求	完成确认
(1) 电枢绕组搭铁的检测		用万用表测量换向器和铁芯（或电枢轴）之间的电阻，应为∞，否则为搭铁 注意： 也可用交流试灯检查，灯亮表示搭铁故障	
(2) 电枢绕组断路的检测		目测电枢绕组的导线是否甩出或脱焊。再用万用表两触针依次与两相邻换向器铜片接触，所测电阻值应一样。如果读数不一样，则说明断路	
(3) 磁极绕组搭铁与断路的检测（对于永磁式起动机，该项不检测）		用万用表测量起动机接柱和外壳间的电阻，阻值应为无穷大，否则为搭铁故障 注意： 也可用220V的交流试灯检测	
		用万用表测量起动机接柱和绝缘电刷间的电阻，阻值应很小，若为无穷大则为断路	
(4) 电刷组件的检测		① 电刷在架内应活动自如，无卡滞，不歪斜 ② 用万用表测量绝缘电刷架和后盖间的电阻，应为无穷大 ③ 用万用表测量搭铁电刷架和后盖间的电阻，应为零 注意： 正确辨别绝缘电刷架和搭铁电刷架	

续表

作业内容	图解	具体操作方法及要求	完成确认
（5）7S 工作		① 清洁工具和设备，并放回原位 ② 整理场地 ③ 清扫场地 **注意：** 不要用潮湿的抹布清洁电器开关、按钮等	

任务评价表

评价内容	赋分	序号	具体指标	分值	得分		
					自评	组评	师评
仪容仪表	15	1	工作服、鞋、胸卡穿戴整洁	5			
		2	发型、指甲等符合工作要求	5			
		3	不佩戴首饰、钥匙、手表等	5			
教学过程	60	4	无人员受伤及设备损伤事故	5			
		5	工具和设备的准备工作	5			
		6	万用表的正确使用	5			
		7	电枢绕组搭铁的检查	5			
		8	电枢绕组搭铁的检查结果分析	5			
		9	电枢绕组断路的检查	5			
		10	电枢绕组断路的检查结果分析	5			
		11	磁极绕组搭铁的检查	5			
		12	磁极绕组断路的检查	5			
		13	绝缘电刷架的检查	5			
		14	搭铁电刷架的检查	5			
		15	电刷架的检查结果分析	5			
职业素养	25	16	出勤情况	10			
		17	服从安排，积极参加组内活动	5			
		18	认真执行7S工作	10			
			综合得分	100			

一、填空题

1. 用万用表测量换向器和铁芯（或电枢轴）之间的电阻，正常值应为_____。
2. 电刷可以分为_____和_____两类。
3. 用弹簧秤检查弹簧的弹力，应为_____N。
4. 换向器表面轻微烧蚀，应用_____砂纸打磨。

二、选择题

1. 电刷与换向器的接触面积不低于（　　）。
   A. 60%　　　　B. 70%　　　　C. 80%　　　　D. 90%
2. 起动机电刷的高度如不符合要求，则应予以更换。一般电刷高度不应低于标准高度的（　　）。
   A. 1/2　　　　B. 2/3　　　　C. 1/4　　　　D. 1/5
3. 换向器直径不小于标准值（　　）。
   A. 1.00mm　　B. 1.10mm　　C. 1.20mm　　D. 1.30mm
4. 电枢轴弯曲可用百分表检测，其径向跳动应不大于（　　）。
   A. 0.05～0.1mm　B. 0.1～0.15mm　C. 0.15～0.2mm　D. 0.2～0.25mm
5. 电枢轴的轴向间隙应为（　　）。
   A. 0.2～1.15mm　B. 0.15～1.1mm　C. 0.1～1.05mm　D. 0.05～1.00mm

三、判断题

1. 单向离合器的检查按顺时针转动驱动齿轮，应该被锁住；逆时针转动时应可自由转动。（　　）
2. 检修电磁开关，将两表笔分别接于励磁接线柱和电磁开关外壳，若有电阻，说明保持圈良好。（　　）
3. 检修定子绕组短路、断路，蓄电池正极接正电刷，负极接起动机接线柱，将旋具放在每个磁极上迅速检查磁极对旋具的吸力，应相同。（　　）

任务二　起动机就车检测与更换

知识目标：
1. 了解起动机在车子上的位置。
2. 掌握与起动机连接的部件。
3. 掌握就车检测与更换的技术要求。

能力目标：
1. 会对起动机就车检测。
2. 能就车拆卸起动机。
3. 能就车安装起动机。

当汽车的起动机损坏时，需要对起动机进行就车检测与更换，那么检测与更换需要注意哪些问题，在本任务中会进行讲述。

一、起动机的就车检修

1. 电磁开关的检修

将变速器至于空挡或 P 挡，用短接线短接电磁开关 30 号接线柱与 C 接线柱，若起动机不运转则起动机有故障，如图 3-2-12 所示。

2. 起动线路的检修

拔下起动机电磁开关连接插头，在点火开关起动挡时用试灯检测插头电压，试灯应点亮；或用万用表检测，应有 12V 左右的电压，无电压或试灯不亮应检查起动线路，如图 3-2-13 所示。

图 3-2-12 电磁开关的检修

图 3-2-13 起动线路的检修

二、就车拆装

1. 拆卸程序

① 断开蓄电池负极电缆。
② 举升并支撑车辆。
③ 拆下起动机电磁开关端子螺母。
④ 从起动机上拆下蓄电池正极电缆端子。
⑤ 拆下起动机电磁开关"S"端子螺母。
⑥ 从起动机上拆下发动机线束连接器。
⑦ 拆卸起动机螺栓。
⑧ 拆下起动机。

2. 安装程序

① 将起动机放置在发动机上。
② 安装起动机螺栓，将螺栓紧固至 40N·m。
③ 将发动机线束端子安装至起动机。
④ 安装起动机电磁开关"S"端子螺母，将螺母紧固至 3N·m。

⑤将蓄电池正极电缆端子安装至起动机。
⑥安装起动机电磁开关端子螺母。将螺母紧固至 17 N·m。
⑦降下车辆。
⑧连接蓄电池负极电缆。

一、任务准备

（1）工作场景：多媒体教室、科鲁兹轿车。
（2）主要设备：教学用车、成套组合工具车、多层零件车、轮胎架、工作台、多媒体设备、白板、教学三角架等。

二、实施步骤

作业内容	图解	具体操作方法及要求	完成确认
（1）安装垫块		在指定位置安装车辆垫块，拉起手刹，换挡杆至于空挡，将蓄电池负极拆下	
（2）举升车辆		车辆举升到合适高度 **注意：** 车辆举升过程中严禁周围站人或走动	
（3）旋松固定螺栓		找到起动机的固定螺栓（不要拆错固定螺栓造成其他问题），旋松拆下	
（4）取下螺栓		将螺栓摆放整齐，不要随处乱放 **注意：** 螺栓要按要求放好，避免造成丢失	

续表

作业内容	图解	具体操作方法及要求	完成确认
（5）拔下插头取下起动机		拔下连接起动机的插接器，轻轻晃动起动机，将起动机在车上取下	
（6）完成拆卸		将拆卸下起动机放在工具车上	
（7）安装起动机	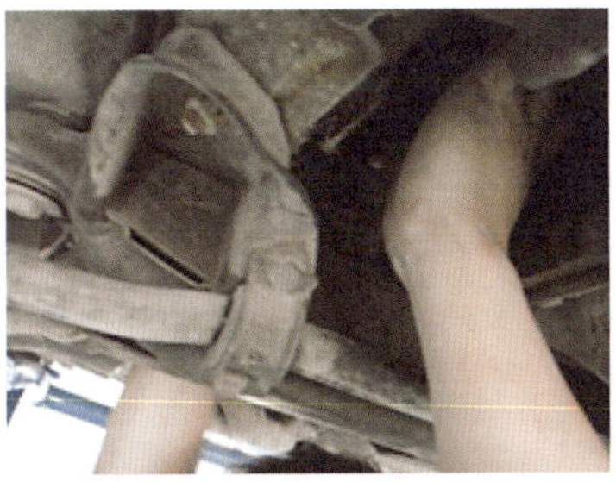	安装新起动机，位置安装到位，插接器安装正确	
（8）清洁工具		认真清洁所使用过的工具	
（9）整理工具	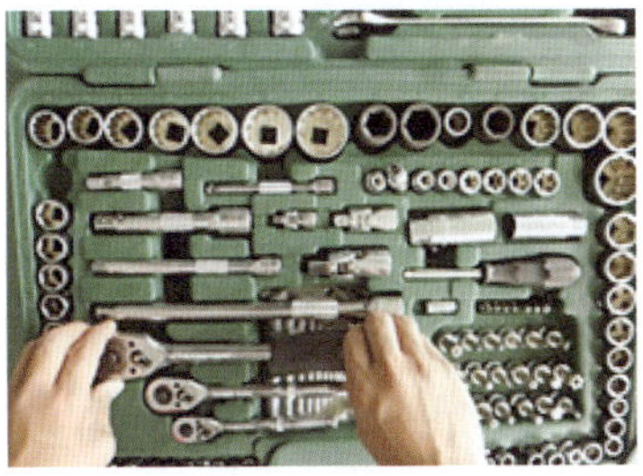	认真整理所使用的工具	
（10）7S工作		将翼子板布、前格栅布叠放整齐	

任务评价

任务评价表

评价内容	赋分	序号	具体指标	分值	得分 自评	组评	师评
仪容仪表	15	1	工作服、鞋、胸卡穿戴整洁	5			
		2	发型、指甲等符合工作要求	5			
		3	不佩戴首饰、钥匙、手表等	5			
教学过程	60	4	无人员受伤及设备损伤事故	5			
		5	工具和设备的准备工作	5			
		6	垫块安装到位	5			
		7	车辆的挡位检查	5			
		8	车辆的手刹检查	5			
		9	断开电源	5			
		10	车辆的规范举升	5			
		11	起动机固定螺栓的拆卸	5			
		12	起动机连接导线的拆卸	10			
		13	起动机的更换	5			
		14	起动机的安装	5			
职业素养	25	15	出勤情况	10			
		16	服从安排,积极参加组内活动	5			
		17	认真执行7S工作	10			
			综合得分	100			

任务测评

一、填空题

1. 对起动机进行就车检修,应将变速器置于_____挡或_____挡,用短接线短接电磁开关_____号接线柱与_____接线柱,若起动机不运转则起动机有故障。

2. 起动机就车拆卸的第一步应该拆卸_____。

二、选择题

1. 直流串励式起动机中的"串励"是指(   )。

A. 吸拉线圈和保持线圈串联连接　　B. 励磁绕组和电枢绕组串联连接

C. 吸拉线圈和电枢绕组串联连接

2. 起动机空转的原因之一是(   )。

A. 蓄电池亏电　　B. 单向离合器打滑　　C. 电刷过短

三、判断题

1. 拔下起动机电磁开关连接插头,在点火开关起动挡时用试灯检测插头电压,试灯应点灭;或用万用表检测,应有12V左右的电压,无电压或试灯不亮则检查起动线路。(   )

2. 若起动机随处摆放,可能会脱落地上砸伤脚部。(   )

3. 车辆举升过程中严禁周围站人或走动。(   )

四、问答题

1. 讲述就车拆卸COROLLA1.6轿车起动机的步骤。

2. 拆卸COROLLA1.6轿车起动机的注意事项有哪些?

项目三 起动系统的故障诊断与排除

项目导入

车型：卡罗拉；公里数：35000；问题描述：在起动发动机后，来了一次二次起动，没有听见什么异常声音，请问对车有危害吗？带着这个问题一起学习典型起动系统故障的诊断与排除。

任务 典型起动系统电路故障的检修

知识目标：
1. 掌握起动系统的电路。
2. 了解系统各部件的功用、原理。

能力目标：
1. 能分析起动系统电路。
2. 能排除起动系统电路的故障。

汽车无法起动时，根据起动机的相关电路图检查相关线路，并分析、排除故障。

汽车起动机在发动机起动时投入工作，起动完毕要求它能及时退出工作状态。起动机的起动工作进程由起动控制电路完成。起动系统能否正常工作，直接影响到汽车的使用性能和蓄电池的使用寿命。因此，掌握起动系统的控制电路，了解起动系统常见故障的现象及诊断排除方法，及时发现起动系统的故障，准确诊断故障发生的部位和原因并采取有效措施迅速排除故障，对汽车的使用具有重要的意义。

一、起动机不转的故障诊断与排除

1. 故障主要原因

① 蓄电池方面故障。
a. 蓄电池长期存电不足或蓄电池内部存在严重故障。
b. 极柱或连接线接头表面氧化严重，致使接触不良。
② 起动继电器方面故障。
a. 起动继电器线圈断路、短路、搭铁。
b. 起动继电器触点烧蚀、有油污，铁芯及触点臂气隙过大。
c. 保护继电器触点烧蚀、有油污。
③ 与防盗系统结合在一起的微机控制起动系统，防盗系统因各种原因起作用。
④ 起动机方面故障。

a. 换向器有油污、烧蚀，起沟槽磨损。
b. 电刷卡死在电刷架内，弹簧折断。
c. 励磁绕组或电枢绕组出现搭铁、断路、短路故障。
d. 电磁开关、吸引线圈或保持线圈出现搭铁、断路、短路故障，接触盘严重烧蚀。
⑤ 其他方面故障。
a. 点火开关（起动按钮）失灵。
b. 各相关导线断路、连接不良或线路连接错误。
c. 采用充电指示灯组合式继电器时，磁整流发电机正二极管击穿短路。

2. 故障诊断

① 在未接通起动开关前，先按喇叭和开前照灯试验。如喇叭声响低沉、沙哑，灯光暗淡，应先检查蓄电池存电及正、负极柱连接情况。
② 检查相关的起动继电器及保险丝是否正常。
③ 与防盗系统结合在一起的微机控制起动系统，检查防盗系统是否因各种原因起作用。
④ 根据起动系统的实际连线情况，检查各连线及接点处的连接情况。
⑤ 检查起动机是否正常，否则更换起动机试试。
⑥ 综合考虑发动机其他方面的问题。

二、起动无力的故障诊断与排除

1. 故障现象

接通点火开关"起动"（ST）挡，起动机能够带动发动机转动，但转速过低甚至稍转即停。

2. 故障主要原因

起动机能运转，则说明控制电路工作正常，但起动机运转无力，说明带负荷能力降低，实际输出功率减小。
① 蓄电池存电不足。
② 导线接触不良。
③ 起动机本身无力。
a. 换向器有油污、烧蚀。
b. 电刷磨损过甚或弹簧压力不足。
c. 励磁绕组或电枢绕组局部短路。
d. 电磁开关接触盘烧蚀。
e. 轴承过紧、过松。
f. 电枢与磁极摩擦。
④ 发动机曲轴过紧。

3. 故障诊断

① 接通前照灯，再接通起动机，看灯光变化情况。若灯光立即熄灭或灯丝变成暗红色，说明蓄电池存电不足或蓄电池极柱连线处接触不良（起动后接触不良处特别热，可用手摸试）；若灯光变暗，起动机冒烟，说明起动机内部有短路故障；若灯光基本保持原有亮度，说明起动机主电路有断路或接触不良故障，应检查发动机搭铁线接触情况，电刷接触面积及弹簧弹力是否过小，电刷是否有油污、定子、转子有无断路等。
② 对于起动机的内部故障的检查参见起动机的检修。

1. 电枢移动式起动机

电枢移动式起动机是借磁极磁力，移动整个电枢而使驱动齿轮啮入飞轮齿环的。电枢移动式起动机外形图如图3-3-1所示。

2. 齿轮移动式起动机

齿轮移动式起动机是靠电磁开关推动安装在电枢轴孔内的啮

图3-3-1 电枢移动式起动机外形图

合杆，而使驱动齿轮与飞轮齿环啮合的，其结构组成如图3-3-2所示。

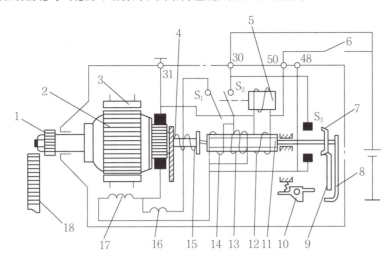

图 3-3-2 齿轮移动式起动机

1- 驱动齿轮；2- 电枢；3- 磁极；4- 复位弹簧；5- 控制继电器；6- 起动开关；7- 接触盘；8- 释放杆；
9- 挡片；10- 扣爪；11- 活动铁芯；12- 保持线圈；13- 阻尼线圈；14- 吸引线圈；15- 啮合杆；
16- 制动绕组；17- 磁场绕组；18- 飞轮；S_1- 常闭触头；S_2- 常开触头；S_3- 电磁开关主触头

一、任务准备

（1）工作场景：多媒体教室、卡罗拉轿车。

（2）主要设备：教学用车、成套组合工具车、多层零件车、轮胎架、工作台、多媒体设备、白板、教学三角架等。

二、实施步骤

作业内容	图解	具体操作方法及要求	完成确认
（1）安装垫块		在指定位置安装车辆垫块，拉起手刹，换挡杆置于空挡，将蓄电池负极拆下	
（2）举升车辆		车辆举升到合适高度，车辆举升过程中严禁周围站人或走动	

续表

作业内容	图解 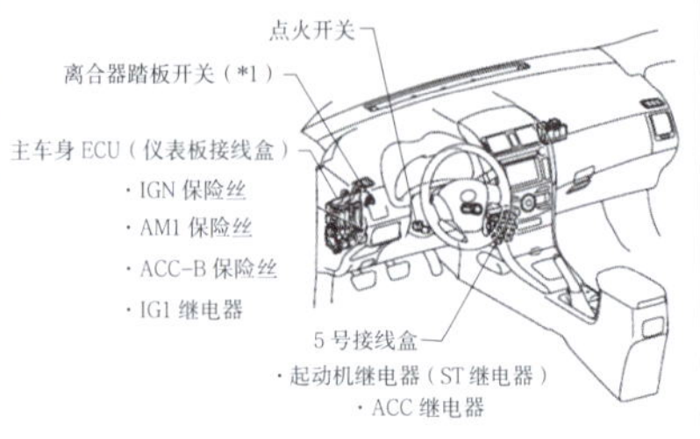	具体操作方法及要求	完成确认
（3）熟悉起动系统及控制元件的安装	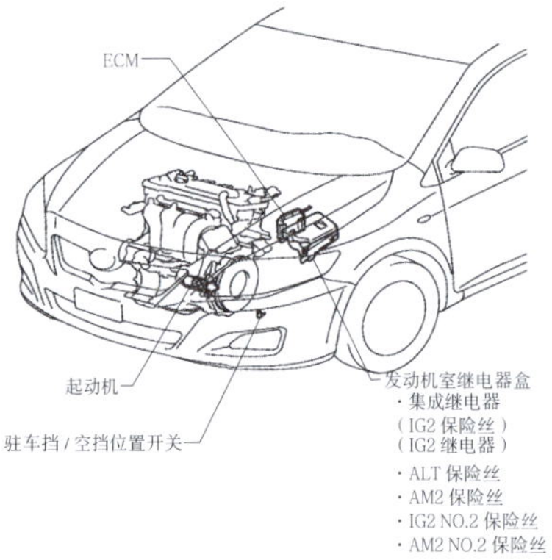 （发动机舱及仪表板部件位置示意图，标注：点火开关、离合器踏板开关（*1）、主车身ECU（仪表板接线盒）、IGN保险丝、AM1保险丝、ACC-B保险丝、IG1继电器、5号接线盒、起动机继电器（ST继电器）、ACC继电器、ECM、起动机、驻车挡/空挡位置开关、发动机室继电器盒、集成继电器（IG2保险丝）（IG2继电器）、ALT保险丝、AM2保险丝、IG2 NO.2保险丝、AM2 NO.2保险丝）	查阅卡罗拉维修手册	
（4）熟悉维修车辆的电源系统电路	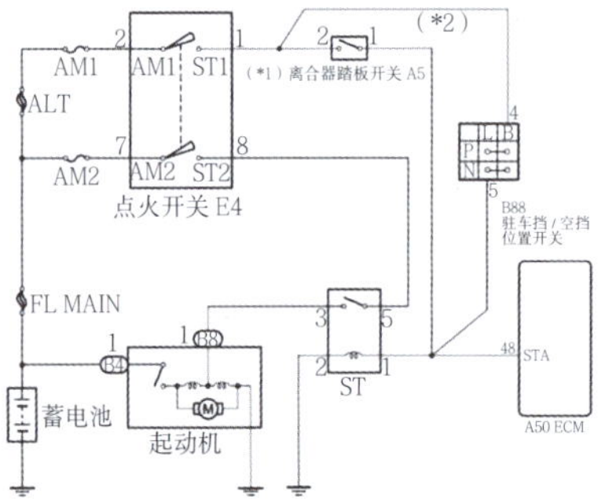 （起动系统电路图，标注：AM1、ALT、AM2、ST1、ST2、点火开关E4、FL MAIN、蓄电池、起动机、离合器踏板开关A5、驻车挡/空挡位置开关B88、STA、A50 ECM）	查阅卡罗拉维修手册	
（5）在5号接线器盒中找到起动继电器	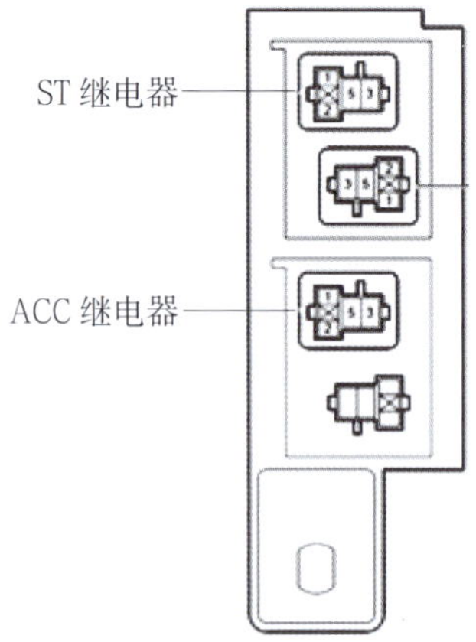 （继电器盒示意图，标注：ST继电器、ACC继电器）	按要求进行检查	

续表

作业内容	图解	具体操作方法及要求			完成确认
（6）检查端子电阻，判断继电器状态					
		检测仪连接	条件	规定状态	
		3-5	端子1和2不施加蓄电池电压	10kΩ 或更大	
		3-5	端子1和2施加蓄电池电压	小于1Ω	
（7）检查点火开关	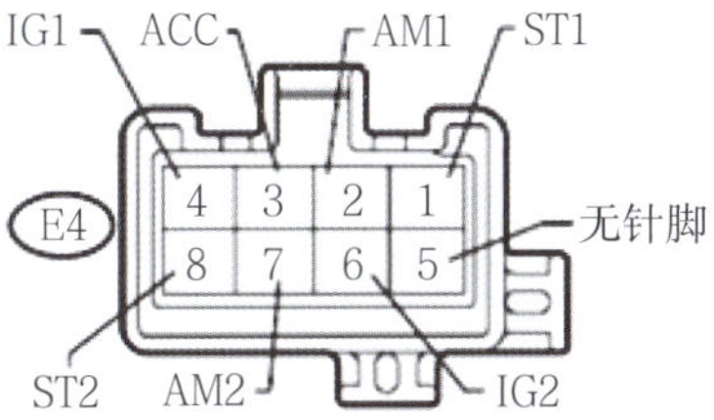	检测仪连接	开关状态	规定状态	
		所有端子之间	LOCK	10kΩ 或更大	
		AM1（E4-2）-ACC（E4-3）	ACC	小于1Ω	
		AM1（E4-2）-ACC（E4-3） AM1（E4-2）-IG1（E4-4） IG2（E4-6）-AM2（E4-7）	ON	小于1Ω	
		ST1（E4-1）-AM1（E4-2） ST1（E4-1）-IG1（E4-4） IG2（E4-6）-AM2（E4-7） IG2（E4-6）-ST2（E4-8）	START	小于1Ω	
（8）检查AM2保险丝	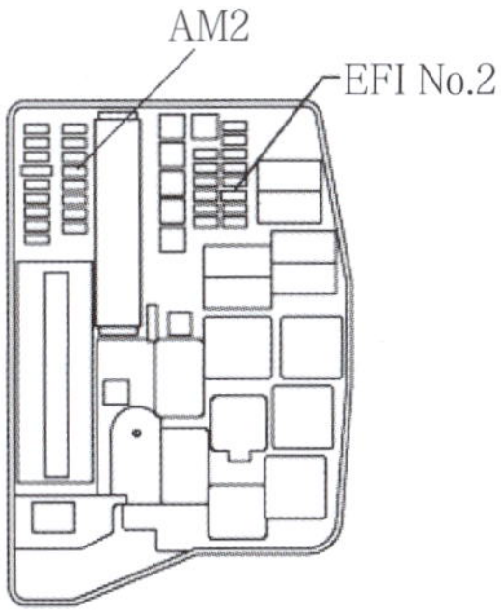	其电阻应小于1Ω			

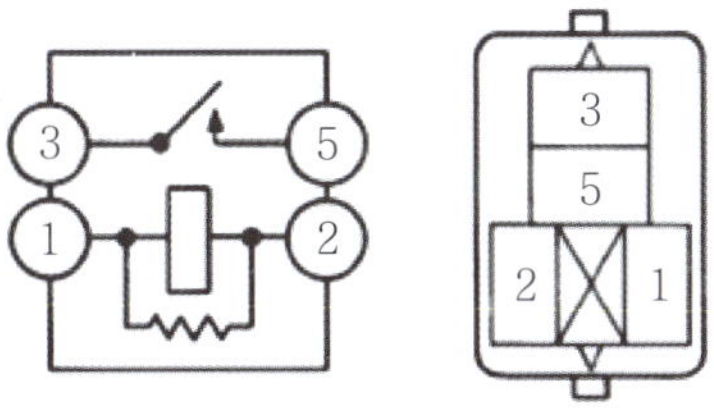

作业内容	图解	具体操作方法及要求	完成确认
（8）检查AM2保险丝			
（9）7S工作		将翼子板布、前格栅布叠放整齐	

任务评价表

评价内容	赋分	序号	具体指标	分值	得分 自评	得分 组评	得分 师评
仪容仪表	15	1	工作服、鞋、胸卡穿戴整洁	5			
		2	发型、指甲等符合工作要求	5			
		3	不佩戴首饰、钥匙、手表等	5			
教学过程	60	4	无人员受伤及设备损伤事故	5			
		5	工具和设备的准备工作	5			
		6	垫块安装到位	5			
		7	车辆的挡位检查	5			
		8	车辆的手刹检查	5			
		9	三件套安装	5			
		10	车辆的规范举升	5			
		11	起动机检查	5			
		12	检查结果分析	10			
		13	确认故障	5			
		14	排除故障	5			
职业素养	25	15	出勤情况	10			
		16	服从安排，积极参加组内活动	5			
		17	认真执行7S工作	10			
			综合得分	100			

一、填空题

1. 起动机不转的原因有_____、_____与防盗系统结合在一起的微机控制起动系统使得防盗系统因各种原因起作用、_____、_____。

2. 关闭点火开关,红表笔接蓄电池正极,黑表笔测量起动机搭铁端子,电压正常值为_____。

二、选择题

1. 起动机无力起动时,短接起动开关两主接线柱后,起动机转动仍然缓慢无力,甲认为起动机本身故障,乙认为蓄电池电量不足,你认为(　　)。

　　A. 甲对　　B. 乙对　　C. 甲、乙都对　　D. 甲、乙都不对

2. 起动系故障分析:点火开关在起动位置时,不能起动,但有磁吸声,用一字螺具短接,电源接线柱与电磁开关接线柱,能起动。甲认为控制电流过小,导致磁力不足,乙认为起动继电器触点接触不良或连接线接触不良。你认为(　　)。

　　A. 甲对　　B. 乙对　　C. 甲、乙都对　　D. 甲、乙都不对

三、判断题

1. 起动机不转故障在检修时应先检查蓄电池电压。(　　)

2. 起动机能运转,则说明控制电路工作正常,但起动机运转无力,说明带负荷能力降低,实际输出功率减小。(　　)

四、问答题

1. 起动机使用的注意事项有哪些?
2. 起动机起动无力故障的主要原因有哪些?

单元四　汽车照明与信号系统

项目一　汽车照明系统

项目导入

一辆国产 2018 年款 2.4L 排量的奥迪 A6 轿车，行驶里程 2.3 万公里。该车打开点火钥匙后车上的开关照明背景灯即常亮。我们对汽车上的灯光、照明和信号系统有多少认识呢？它们有哪些类型和作用？

随着汽车工业的发展，人们对汽车提出了越来越高的要求，其中主要包括安全性和舒适性。为此，汽车上安装了各种照明装置，其数量的多少和配置形式因车型而异，汽车照明系统除了主要用于照明外，还可用于汽车装饰。

任务一　照明系统认知

知识目标：
1. 掌握汽车照明系统各部件的名称。
2. 掌握汽车照明系统各部件的作用。

能力目标：
1. 能找到各照明灯在汽车上的位置。
2. 会正确操作照明系统的各个开关。

对汽车照明系统各部件的名称和位置进行认知，并能识记。会规范、正确地操作汽车照明系统的各个开关，并认识它们的作用。

1. 汽车照明系统的组成与作用

（1）组成　汽车照明系统主要由照明设备、电源、线路、控制开关组成。

（2）作用　用于夜间行车照明、车内照明、仪表照明及检修照明。

2. 汽车照明灯在汽车上的位置及种类

汽车照明灯是汽车夜间行驶必不可少的照明设备，为了提高汽车的行驶速度，确保夜间行车的安全，汽车上装有多种照明设备。汽车照明灯根据安装位置和用途的不同，一般可分为外部照明装置、内部照明装置。外部照明装置如图4-1-1所示，内部照明装置如图4-1-2所示。

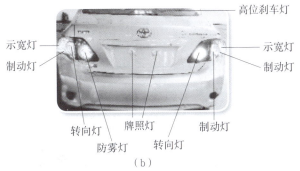

图 4-1-1 外部照明装置

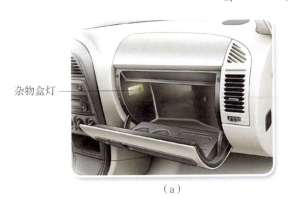
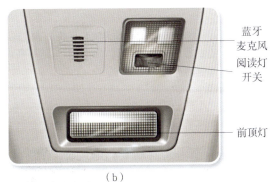

图 4-1-2 内部照明装置

汽车照明系统由电源、照明装置及其控制部分等组成。控制部分包括各种灯光开关、继电器等，照明装置包括车外照明、车内照明。

车外照明装置包括前照灯、后照灯、前侧灯、雾灯、小灯、牌照灯等。

车内照明装置包括仪表灯、顶灯、阅读灯、车门灯、行李厢灯、发动机罩灯等。

3. 常见照明装置

（1）前照灯　前照灯也称大灯或头灯，主要用于：在夜间或能见度低的情况下行车时的道路照明，灯光为白色，包括远光灯和近光灯两种。远光灯用于保证车前道路100m以上明亮均匀的照明，功率一般为50～60W；近光灯在会车时和市区内使用，既避免迎面来车使驾驶员眩目，又能保证车前50m内的路面照明，功率一般为30～55W。汽车前照灯有两灯制和四灯制两种配置方法。

将灯光组合开关向上旋动两挡，如图4-1-3所示，近光灯及其指示灯应亮起；按下压灯光组合开关，远光灯及其指示灯应亮起。如果在近光灯打开的情况下，按上拉灯光组合开关，前大灯变光器应工作正常（远近光切换），如图4-1-4所示，仪表板上指示灯也应点亮。

图 4-1-3 近光灯　　　　　　图 4-1-4 远光灯

前大灯在夜间行车提高能见度，远近光切换可起到提示或警示的作用。对于前大灯的使用，有严格的要求，驾驶员应按照交通法规范操作，以避免事故，如夜间会车时，应切换成近光灯等。

（2）灯光的操作与功用　将灯光组合开关向上旋动，如图4-1-5所示，示宽灯、仪表照明灯、尾灯、牌照灯应亮起；向上旋动，前大灯和上述所有灯光都打开。

在能见度低的情况下，打开这些灯将起到警示的作用，同时还能方便驾驶员看清仪表板。

（a）

（b）

图4-1-5　灯光组合开关

（3）前后雾灯　雾灯用于在有雾、下雪、暴雨或尘埃弥漫时行车照明，装于车头和车尾，并具有信号作用，有前雾灯、后雾灯两类。一般车辆只有前雾灯，光色为黄色，功率为35～55W。有的车辆还有后雾灯，光色为红色，功率为21W或6W。雾灯由雾灯开关控制，有些汽车的雾灯开关受灯光总开关控制。

在小灯打开的情况下，将灯光组合开关内侧的雾灯旋钮向前旋一挡，则前雾灯及仪表板上前雾灯指示灯亮起，如图4-1-6所示；在前雾灯亮起的前提下，将灯光组合开关内侧的雾灯旋钮向前再旋一挡后放松，则后雾灯及仪表板上后雾灯指示灯亮起，如图4-1-7所示。

（a）

（b）

图4-1-6　前雾灯

（a）

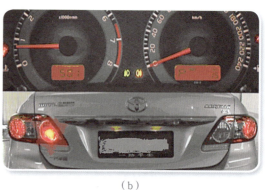
（b）

图4-1-7　后雾灯

在雨雾天气，打开前后雾灯，可起到提高能见度和警示的作用。

（4）阅读灯　阅读灯位于前排或后排乘员或驾驶员席上方，主要作用是提高车内明亮度，方便乘员或驾驶员。按下相应的按键可打开或关闭阅读灯，如图4-1-8所示。

(a) (b)

图 4-1-8　阅读灯

（5）顶灯　顶灯位于前排或车厢中部的厢顶部，主要也是提高车内明亮度，方便乘员或驾驶员。需要点亮顶灯时，可将开关滑移。

顶灯开关具有以下挡位，如图 4-1-9 所示。

① "ON"——全时间内，保持顶灯在点亮状态。

② "OFF"——将顶灯熄掉。

③ "DOOR"——任何一扇车门打开时，顶灯发亮；所有的车门都关闭后，顶灯熄灭。

当顶灯开关在 "DOOR" 位置时，只要打开任何一扇车门灯就会点亮。当所有的车门关闭之后，灯在熄灭之前都将点亮并保持约 30s。但是，在下列场合中，顶灯将立刻熄灭：

· 当点火钥匙在 "ON" 位置时，所有的车门被关闭；

· 用无线遥控发送器关闭所有的车门并锁定。

（6）行李箱灯　行李箱灯位于后备箱内部的一侧，主要是提高行李箱的明亮度，方便驾驶员在晚间或光线不足的情况下存取物品。打开行李箱时，此灯应点亮。通过按压按钮进行检查行李箱灯，如图 4-1-10 所示，按下时，行李箱灯应熄灭；不按时，应点亮。

（7）门灯　夜间开启车门时，门灯可照亮车内脚下和车外地面，便于乘车员上下车；同时能起信号灯的作用，用以警示后方的车辆，如图 4-1-11 所示（安装在车门内侧，灯光为红色）。

图 4-1-9　顶灯

图 4-1-10　行李箱灯

(a) (b)

图 4-1-11　门灯

4. 仪表板上的指示标记

仪表板上的指示标记如图 4-1-12 所示。

笔记

 ⊙	制动系统警告灯	 🚗	车门开放警告灯
 🔔	座位安全扣带提示灯	 💺	SRS警告灯
 🔋	充电系统警告灯	 ⇌	尾灯指示灯
 🛢	机油低压警告灯	 ⇌	大灯远光指示灯
 ⚙	发动机故障指示灯	 ⇔	转向信号指示灯
 ⛽	低燃油位警告灯	 雾	前雾灯指示灯
 ABS	防抱死制动系统警告灯	 雾	后雾灯指示灯

图 4-1-12 汽车仪表指示灯图标及含义

一、任务准备

（1）工作场景：整车、工作台、废气抽排装置。
（2）主要设备：车轮挡块、地板垫、座椅套、方向盘套、翼子板布、前格栅布。

二、实施步骤

作业内容	图解	具体操作方法及要求	完成确认
（1）工具准备		工具要齐全，摆放要整齐	

续表

作业内容	图解	具体操作方法及要求	完成确认
（2）车辆安全防护		① 安装车轮挡块 ② 安装排气烟道	
（3）安装车内防护		① 安装套座椅套 ② 安装换挡杆套 ③ 铺地板垫	
（4）安装车外防护		① 降下驾驶员侧车窗玻璃 ② 拉发动机舱盖释放杆，打开发动机舱盖 ③ 安装翼子板布 ④ 安装前格栅布	
（5）车辆预检		① 检查机油、冷却液、制动液、喷洗液各液位是否在规定范围内 ② 取下车外防护，关闭发动机舱盖	
（6）检查阅读灯		分别按下两个阅读灯开关，阅读灯都应能点亮	
（7）检查顶灯	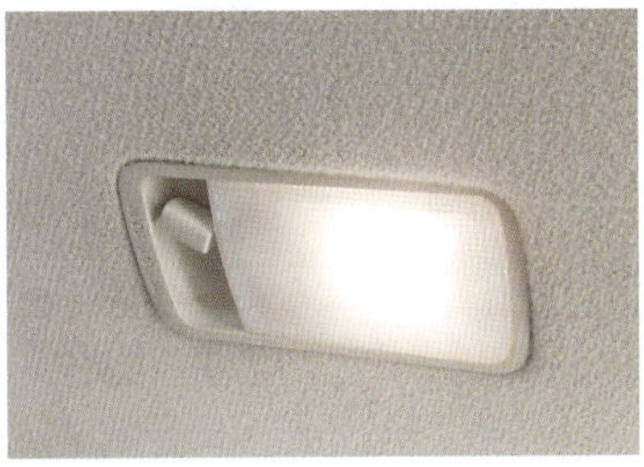	① 将开关拨至"ON"位，顶灯能点亮 ② 关闭所有车门，将开关拨至"DOOR"位，顶灯不亮 ③ 逐一打开各扇车门，顶灯能点亮，关闭车门后，能延时熄灭	

续表

作业内容	图解	具体操作方法及要求	完成确认
（8）检查行李箱灯	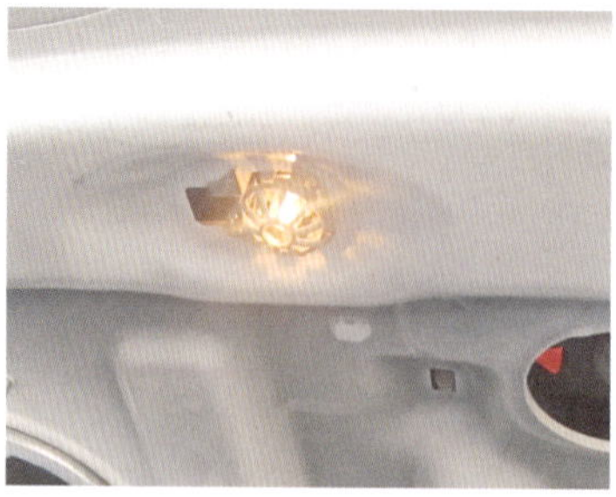	拉后备箱盖释放杆，打开行李箱，行李箱灯应能点亮	
（9）检查示宽灯等相关灯		① 起动发动机，灯光组合开关向上旋到"1"挡 ② 检查仪表照明灯是否点亮 ③ 检查示宽灯是否点亮 ④ 检查牌照灯是否点亮 ⑤ 检查尾灯是否点亮 ⑥ 检查尾灯总成安装有无松动 ⑦ 检查尾灯壳体有无开裂、油污、内部起雾等现象	
（10）检查前大灯		① 灯光组合开关向上旋到"2"挡 ② 检查近光灯及指示灯是否点亮 ③ 检查远光灯及指示灯是否点亮 ④ 检查前大灯变光器是否正常 ⑤ 检查前大灯总成安装有无松动 ⑥ 检查前大灯壳体有无开裂、油污、内部起雾等现象	
（11）检查前后雾灯	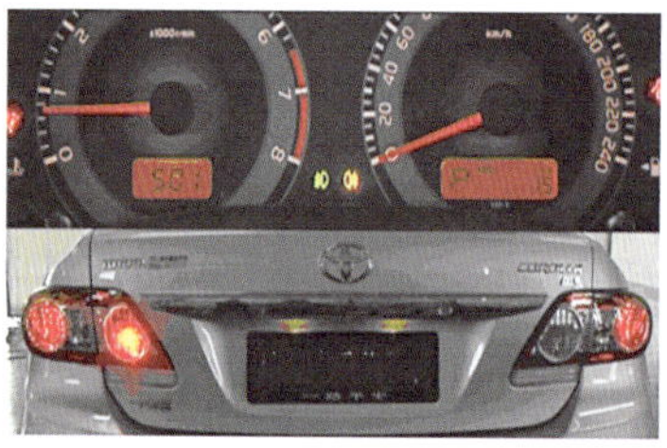	① 检查前雾灯及指示灯是否点亮 ② 检查后雾灯及指示灯是否点亮 注意： 必须先将灯光组合开关向上旋到"1"挡，再开雾灯	
（12）车辆复位		① 取下车内、外防护用品 ② 取下排气烟道、车轮挡块 ③ 清洁车身	
（13）工具复位		清洁并整理工具 注意： 在操作过程中要体现7S工作	

任务评价表

评价内容	赋分	序号	具体指标	分值	得分		
					自评	组评	师评
仪容仪表	15	1	工作服、鞋、胸卡穿戴整洁	5			
		2	发型、指甲等符合工作要求	5			
		3	不佩戴首饰、钥匙、手表等	5			
教学过程	60	4	无人员受伤及设备损伤事故	5			
		5	组合仪表警告灯检查操作	5			
		6	牌照灯、尾灯检查操作	5			
		7	示宽灯检查操作	5			
		8	仪表板灯检查操作	5			
		9	大灯（近光灯）检查操作	5			
		10	大灯（远光灯）检查操作	5			
		11	大灯闪光器和指示灯检查操作	5			
		12	左右转向信号灯检查操作	5			
		13	变光器开关自动回位功能检查操作	5			
		14	危险警告灯和指示灯检查操作	5			
		15	制动灯检查操作	5			
职业素养	25	16	坚持出勤，遵守规章制度	5			
		17	服从安排，积极参加组内活动	5			
		18	在规定时间完成，认真填写工单	5			
		19	节约用水用电用气，注意环保	5			
		20	认真执行7S工作	5			
			综合得分	100			

一、填空题

1. 完成下列仪表指示灯含义的填空。

图标	含义	图标	含义
⊙		🚗	
🔔		👤	
🛢		🔦	
⛽		🔦	

2. 车内照明灯主要有_____、_____、_____和_____等。

3. 车外照明灯主要有_____、_____、_____和_____等。

二、选择题

1. 当制动液液位很低时，以下（   ）指示灯点亮。

A. 　　B. 　　C. 　　D.

2. 下列关于灯光的检查，叙述正确的一项是（   ）。

A. 将点火开关置于"ON"位置，上/下操作转向信号开关，观察左/右转向信号灯是否正确闪烁，以检查转向信号灯

B. 转动灯控开关一个槽口，观察倒车灯是否点亮，以检查倒车灯

C. 将点火开关置于"OFF"位置，将换挡杆切换到"R"位置，观察倒车灯是否点亮，以检查倒车灯

D. 将点火开关置于"ON"位置，观察仪表中的发动机故障指示灯是否点亮并立即熄灭，以检查发动机故障指示灯

3. 下列关于灯光的检查，叙述正确的一项是（   ）。

A. 为检查灯的安装质量，把灯卸下以检查是否安装松动

B. 为检查灯的安装质量，用手晃动，然后检查它们是否安装松动

C. 检查门控灯开关，车门开或关时车内顶灯均应关闭

D. 检查门控灯开关，当车门开时，车内顶灯关闭，当车门关时，车内顶灯亮

三、问答题

1. 门控灯的检查方法是什么？

2. 车外照明灯与信号灯的检查项目有哪些？

任务二　前照灯检修

知识目标：
1. 了解汽车前照灯的结构和技术要求。
2. 掌握前照灯电子控制电路的分析方法。

能力目标：
1. 会前照灯的拆装与更换。
2. 会前照灯的检测与调整。
3. 会照明电路系统的检测。

一位丰田车主反映他的车远光灯不亮，服务经理要求你对该车前照灯电路进行分析和检测，查出故障原因并进行修复，要求记录检测数据，撰写工作报告。

一、前照灯

1. 对前照灯的要求

由于前照灯的照明效果直接影响夜间行车驾驶的操作和交通安全，因此世界各国交通管理部门多以法律的形式规定了其照明标准。前照灯与其他照明灯相比有较特殊的光学结构，对它的基本要求如下。

① 前照灯应保证夜间车前有明亮而均匀的照明，使驾驶员能辨清100m以内道路上的任何物体。随着汽车行驶速度的不断提高，对前照灯的要求也越来越高，现代高速汽车的前照灯照明距离能达到 200～250m。

② 前照灯应具有防眩目装置，以免夜间两车交会时造成对方驾驶员眩目而发生事故。

2. 前照灯的结构

汽车前照灯主要由灯泡、反射镜和配光镜三部分组成。

前照灯按反射镜的结构形式可分为可拆卸式、半封闭式、封闭式三种。可拆卸式前照灯因气密性不良，反射镜易受潮气和灰尘污染而降低反射能力，现已被淘汰不用。半封闭式前照灯的结构如图4-1-13所示。半封闭式前照灯的前透镜和反射镜密封，可从反射镜后端拆装灯泡，其优点是维修方便，但反射镜易被污染。

全封闭式前照灯的结构如图4-1-14所示。反射镜和前透镜熔焊为一个整体，灯丝直接焊在反射镜的底座上，其优点是可完全避免反射镜被污染，但灯丝烧坏后需整体更换，维修成本高。

（1）灯泡　分类：目前汽车前照灯所用的灯泡有充气灯泡（白炽灯泡）、卤素灯泡和新型高压（20kV）放电氙灯等类型。

特点：充气灯泡和卤素灯泡的灯丝均采用熔点高、发光强

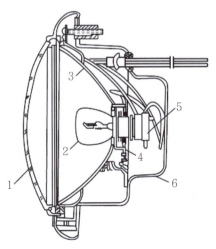

图4-1-13　半封闭式前照灯的结构
1-配光镜；2-灯泡；3-反射镜；
4-插座；5-接线盒；6-灯壳

前照灯及构造

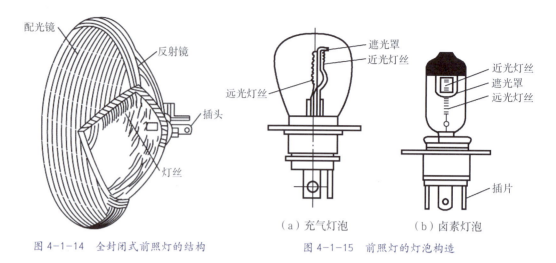

图 4-1-14 全封闭式前照灯的结构　　图 4-1-15 前照灯的灯泡构造

的钨制成，如图 4-1-15 所示。充气灯泡由玻璃泡内抽出空气，然后充以 86% 的氩气和约 14% 的氮气的混合惰性气体制成。灯泡通电后，灯丝发热，惰性气体受热膨胀而产生较大的压力，可以减少钨的蒸发，延长其使用寿命，灯丝制成紧密的螺旋状。灯泡在长期使用后发黑，表明灯丝的损耗依然存在，因此并不能阻止钨丝的蒸发。

卤素灯泡是在惰性气体中加入了一定量的卤族元素（如碘、溴），使得从灯丝上蒸发出来的气态钨与卤族元素反应，生成了一种挥发性的卤化钨，在扩散到灯丝附近的高温区域又受热分解，使钨重新回到灯丝上，如此循环防止了钨的蒸发和灯泡黑化的现象。该种灯泡尺寸较小，外壳用耐高温且机械强度较高的石英玻璃或硬玻璃制成，可以充入较高压力的气体。灯泡内工作气压高，亦可抑制钨的蒸发。由于卤钨灯泡体积小、耐高温、发光强度高、使用寿命长，故而目前得到广泛的应用。

高压放电氙灯如图 4-1-16 所示。

高压放电氙灯特点：光色和日光灯非常相似，亮度是目前卤素灯泡的 3 倍左右，寿命可达卤素气体灯泡的 5 倍。

高压放电氙灯工作原理：这种灯的灯泡里没有传统灯泡的灯丝，取而代之的是装在石英管内的两个电极，管内充有氙气及微量金属（或金属卤化物）。在电极上加上数万伏的引弧电压后，气体开始电离而导电，气体原子即处于激发状态，使电子发生能级跃迁而开始发光，电极间蒸发少量水银蒸气，光源立即引起水银蒸气弧光放电，待温度上升后再转入卤化物弧光灯工作。

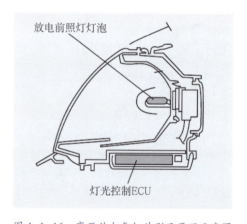

图 4-1-16 高压放电氙灯外形及原理示意图

（2）反射镜　前照灯灯泡的光度不大，如果没有反射镜，驾驶员只能辨清车前 6m 处有无障碍物。反射镜的作用是将灯泡的光线聚合并导向远方。反射镜的材料有薄钢板、玻璃、塑料等，其表面形状是旋转抛物面，内表面镀银、铝或铬，再进行抛光。

图 4-1-17 所示为反射镜反射灯泡光线的情况。其原理：灯丝位于焦点 F 上，灯丝的绝大部分光线向后射在立体角 ω 范围内，经反射镜反射后变成平行光束射向远方，使光度增强几百倍，从而将车前 100～150m 处的路面照得足够清楚。从灯丝射出的位于 $4\pi-\omega$ 范围内的光线则向各方散射，散射向侧方和下方的部分光线，可照亮车前 5～10m 的路面和路缘。

作用：将灯泡的光线聚合并导向远方。

材料：薄钢板、玻璃、塑料等。

特点：其表面形状是旋转抛物面，内表面镀银、铝或铬，再进行抛光。

（3）配光镜　配光镜又称散光玻璃，由透光玻璃压制而成，是多块特殊棱镜和透镜的组合，外形一般为圆形和矩形，如图 4-1-18 所示。

配光镜的作用是将反射镜反射出的平行光束进行折射，使车前的路面有良好而均匀的照明，如图 4-1-19 所示。

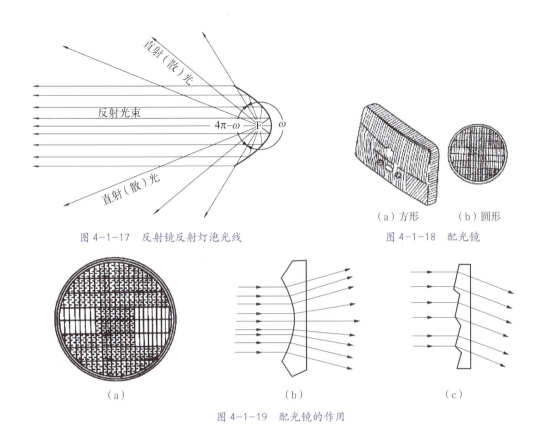

图 4-1-17 反射镜反射灯泡光线　　图 4-1-18 配光镜

图 4-1-19 配光镜的作用

3. 前照灯的防眩目

夜间行驶的汽车在交会时，由于前照灯的亮度较强，会引起对方驾驶员眩目。所谓眩目是指人的眼睛突然受强光照射时，由于视觉神经受刺激而失去对眼睛的控制，本能地闭上眼睛或看不清暗处物体的生理现象，这种现象很容易引起交通事故。防眩目的措施主要有以下三种。

（1）用双丝灯泡　为了避免前照灯的眩目作用，保证汽车夜间行车安全，一般在汽车上都采用双丝灯泡的前照灯。一根为远光灯丝，另一根为近光灯丝。远光灯丝功率较大，位于反射镜焦点。近光灯丝功率较小，位于焦点下方或前方。远光灯丝点亮时，光束照亮较远的路面；近光灯丝点亮时，光束照亮较近的路面。当夜间行驶无迎面来车时，可使用远光灯丝，使前照灯光束射向远方，便于提高车速。当两车相遇时，使用近光灯丝，使光束倾向路面，从而避免迎面来车驾驶员的眩目，并使车前50m内的路面也照得十分清晰。由于光线较弱，经反射后的光线大部分射向车前的下方，如图4-1-20所示。

（2）用带遮光罩的双丝灯泡　当使用近光灯时，遮光罩能将近光灯丝射向反射镜下部的光线遮挡住，无法反射，增强防眩目效果，目前这种双丝灯泡在汽车上广泛使用，如图4-1-21所示。

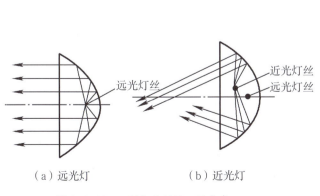

图 4-1-20 双丝灯泡的远、近光束

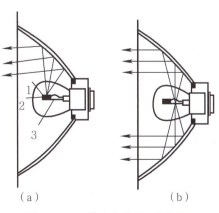

图 4-1-21 带遮光罩的双丝灯泡
1-近光灯丝；2-遮光罩；3-远光灯丝

（3）采用不对称光形　安装时将遮光罩偏转一定的角度，使其近光的光形分布不对称，将近光灯右侧光线倾斜升高15°，如图4-1-22所示。

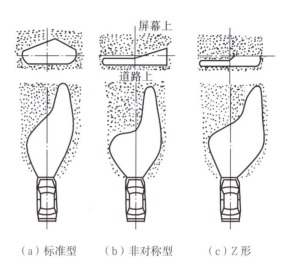

（a）标准型　　（b）非对称型　　（c）Z形

图4-1-22　前照灯配光光形

4. 前照灯控制

作用：保证行车照明的安全与方便，减轻驾驶员的劳动强度。

前照灯电路由灯光开关、变光开关、远光指示灯和前照灯等组成。前照灯电路如图4-1-23和图4-1-24所示。

灯光开关可以装在仪表板上，也可装在转向柱上。

变光开关大多数安装在转向柱上，串接在前照灯电路中，当灯光开关打到Head挡时，驾驶员可通过变光开关控制前照灯的远光和近光。

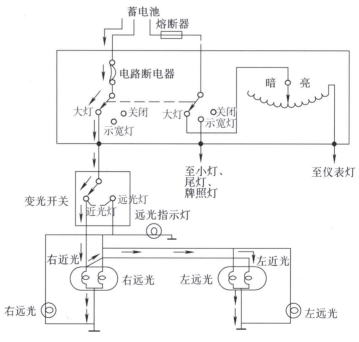

图4-1-23　前照灯电路——变光开关在近光挡

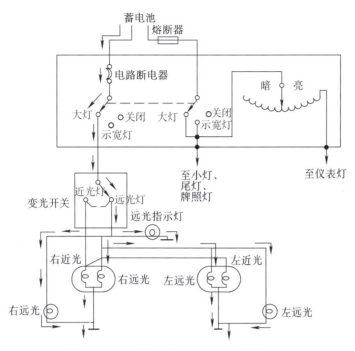

图 4-1-24 前照灯电路——变光开关在远光挡

5. 前照灯电子控制电路

（1）前照灯关闭延时控制电路　汽车停放在无照明的车库时，只要接通仪表板上的按钮开关，就能使前照灯延长一个时间关断，直到驾驶员离开车库后，再自动切断前照灯。图 4-1-25 所示为其电路原理图，图中的机油压力开关起控制作用，当发动机不运转时，它的触点闭合搭铁。而当发动机运转时，靠机油压力开关起控制作用，当发动机不运转时，它的触点闭合搭铁。而当发动机运转时，靠机油压力使触点断开。VT 的发射极通过机油压力开关搭铁，所以只有当发动机停车或机油压力不足时才接通。RC 组成延时电路，当切断点火和前照灯电路后，按下按钮时，电容器 C 开始充电。当电容器充电电压达到了导通电压时，VT 导通，电流流经继电器线圈，触点闭合，接通前照灯的远光或近光，松开按钮，则电容器通过 R 向 VT 放电，维持其导通状态，前照灯一直亮着。在电容 C 放电电压下降到不能维持 VT 的导通所必需的基极电流时，VT 截止，前照灯熄灭。延迟时间取决于 C 及 R 的参数，一般可延迟约 1min。

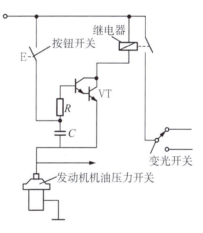

图 4-1-25　电路原理图

（2）提醒关灯电路　有时白天行车时，在细雨蒙蒙或雾天阴沉的早晨，驾驶员开灯，不是为了照明，而是为了安全或者因通过较长的隧洞而打开前照灯等。有时会忘记前照灯开关是接通的，提醒关灯电路就是针对这种情况设计出来的。

图 4-1-26 所示为提醒关灯装置电路。在点火开关断开而前照灯（或停车灯）仍然亮着的情况下，电流经二极管 VD_1（或 VD_2），使 VT 产生基极电流而导通，蜂鸣器发出声音提醒驾驶员关灯；当接通点火开关时，VT 的基极电位提高，VT 截止，蜂鸣器不发出声音。

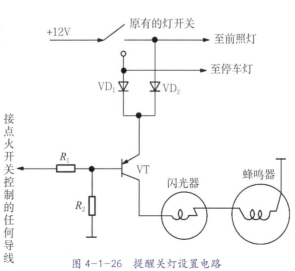

图 4-1-26　提醒关灯设置电路

二、照明系统电路

1. 照明系统电路

照明系统一般电路如图 4-1-27 所示。

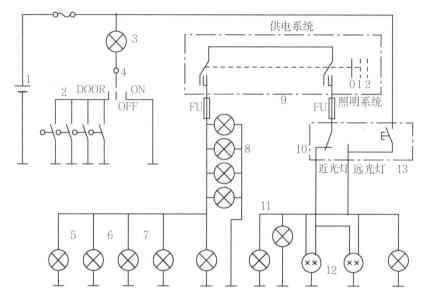

图 4-1-27 常见照明系统电路

1- 蓄电池；2- 门控开关；3- 室内灯；4- 室内灯手控开关；5- 示宽灯；6- 尾灯；7- 牌照灯；8- 仪表灯；
9- 灯光开关（0 为关断，1 为小灯亮，2 为前照灯、小灯同时亮）；10- 变光开关；11- 远光指示灯；
12- 前照灯（4 个灯亮远光、2 个灯亮近光）；13- 超车灯开关

电路的特点：

① 照明灯由灯光开关9控制，灯光开关在"0"挡关断、"1"挡为小灯亮（包括示宽、尾灯、仪表灯、牌照灯）、"2"挡为前照灯、小灯同时亮。

② 由于前照灯远光功率较大，为了减少照明开关的烧蚀，常用灯光继电器来控制，开关的"2"挡用于控制继电器线圈，如图 4-1-28 所示。

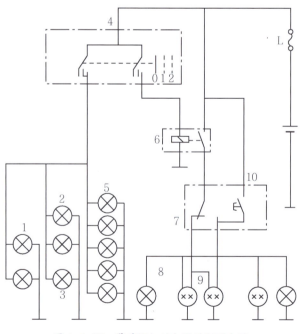

图 4-1-28 带前照灯继电器的照明电路

1- 示宽灯；2- 尾灯；3- 牌照灯；4- 灯光开关（0 为关断，1 为小灯亮，2 为控制继电器线圈）；5- 仪表灯；
6- 前照灯继电器；7- 变光开关；8- 远光灯及远光指示灯；9- 近光灯丝；10- 超车灯开关

③ 超车灯信号常用远光灯亮灭来指示，发出此信号时不通过灯光开关，属于短时接通式。

④ 室内灯位于车内前部顶棚上，其功能是给驾驶员提供照明条件，此外，它还能受各车门开关控制，为驾驶员提供各个车门的开闭状态信号。

⑤ 在有些车辆中，为了保证发动机顺利起动，当点火开关打至起动挡时，前照灯及空调系统等耗电量较大的用电设备将断电。

2. 典型汽车的照明系统

捷达轿车前照灯的工作电路如图 4-1-29 所示，由蓄电池电路、熔断器电路、灯光开关及变光/超车灯开关电路组成。

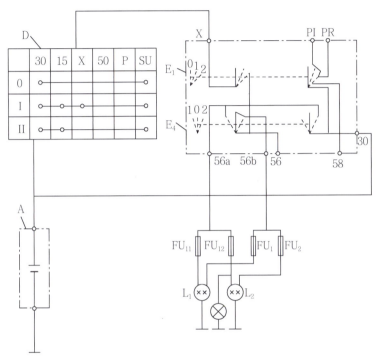

图 4-1-29　捷达轿车前照灯工作电路

A- 蓄电池；D- 点火开关（30- 常火线；15- 点火开关 ON 控制的火线；X- 点火开关在 ON 有电，在 ST 无电，起动时需要大电流；50- 起动挡；P- 关闭挡）；E_1- 灯光开关；E_4- 变光/超车开关；
FU_1、FU_2、FU_{11}、FU_{12}- 熔断器；L_1- 左前照灯；L_2- 右前照灯

工作原理：

① 点火开关处在点火挡时，车灯开关 E_1 处于"2"挡位置，变光开关 E_4 处于"0"挡位置。这时前照灯电路中的工作电流由蓄电池（+）经点火开关 X 触点至灯光开关 X 触点，再经变光开关 56 与 56b 触点到熔断器 FU_1 与 FU_2、前照灯近光灯再到蓄电池（-）。于是，两个前照灯的近光点亮。

② 在上述前照灯近光工作的情况下，若想将近光转换成远光，只需把变光开关 E_4 朝转向盘方向拉过压力点（E_4 处于"1"挡位置），这时前照灯电路的工作电流由蓄电池（+）经灯光开关触点 X 与 56 到变光开关 56 与 56a，又经熔断器 FU_{11} 与 FU_{12}、前照灯远光灯丝及仪表中远光指示灯到蓄电池（-）。于是两个前照灯远光点亮，同时仪表中远光指示灯也点亮。

③ 超车灯电路工作时，只需将变光开关 E_4 朝转向盘方向拉至压力点（E_4 处于"2"挡位置），这时超车灯电路工作电流由蓄电池（+）经变光/超车灯开关触点 30 与 56a、熔断器 FU_{11} 与 FU_{12}、前照灯远光灯丝及远光指示灯至蓄电池（-）。于是，两前照灯远光及仪表中远光指示灯同时点亮。当松开开关手柄时，前照灯远光及远光指示灯同时熄灭；再将该开关拉动，前照灯远光又被点亮，如此反复地操作变光/超车灯开关，即可得到前照灯远光闪亮的超车信号。

三、照明电路常见故障的诊断与排除

1. 照明系统常见故障部位

当照明系统有故障时，应重点检查如下部位。

① 熔断器熔丝是否烧断，熔丝两端接触是否良好。

② 各电气元件接线柱是否松动，接线柱上的导线连接是否紧固。
③ 线路中的各插接器连接是否紧固，插座和插头上的锁止装置是否有效，插接器中各插脚或插孔是否氧化、变形，相互配合的插脚与插孔接触是否正常。
④ 电路中各导线绝缘层是否老化、龟裂或被刮伤。
⑤ 开关触点、继电器触点等是否烧蚀或接触不良。
⑥ 电气元件的搭铁点是否氧化、生锈，搭铁线连接是否牢固。
⑦ 各电器上的接线是否正确等。

2. 常见故障现象及处理方法

常见故障现象及处理方法见表4-1-1。

表4-1-1 常见故障的原因及处理方法

故障现象	故障原因和处理方法
所有照明灯都不亮	主要原因有蓄电池至车灯总开关之间供电线断路或车所有灯都不亮、灯开关损坏；首先用万用表或试灯检查蓄电池到车灯开关之间的供电线，再检修或更换车灯开关
远光灯或近光灯不亮	主要原因有远光灯或近光灯熔丝烧断或线路断路、变光开关损坏、灯光继电器损坏、车灯开关有故障等；应先检查远、近光灯熔丝，再检查灯光继电器、变光开关、车灯开关，最后检修远、近光灯线路
前照灯灯光暗淡	主要原因是前照灯电路中存在接触不良的故障点，如车灯开关、变光开关、灯光继电器等处接线松动，前照灯线路中的插接器插接前照灯灯光暗淡不牢、前照灯搭铁不良、发电机输出电压低等；应先检查发电机的输出电压是否为14V左右，然后用试灯检查前照灯搭铁、线路插接器、灯光继电器、车灯开关、变光开关等处的接线是否正常
前照灯一侧灯光正常，另一侧灯光暗淡	灯光暗淡一侧前照灯搭铁不良，或该侧线路、熔断器接触不良；应用试灯检查，先查熔断器、前照灯的搭铁，再检查该侧前照灯线路和插接器
大灯灯泡经常烧坏	主要原因是发电机输出电压过高；可用万用表检测发电机的输出电压，若超过15V，应检修或更换发电机调节器
前照灯亮，但小灯不亮	主要原因是小灯熔断器烧断、小灯电路存在短路搭铁点、车灯开关损坏等；应用试灯检查熔断器、车灯开关、小灯线路
接通小灯，一侧小灯亮，另一侧小灯亮度变弱	亮度暗淡一侧的小灯线路接线不良或小灯搭铁不良；应用试灯检测灯光暗淡一侧小灯的搭铁和线路

一、任务准备

（1）工作场景：多媒体教室、科鲁兹轿车。
（2）主要设备：成套组合工具车、多层零件车、工作台、世达工具、多媒体设备、白板、教学三角架。
（3）辅助材料：翼子板布和前格栅布、三件套、抹布、手套、车轮挡块、挂历白纸、白板笔、卡片纸、喷胶。

二、实施步骤

作业内容	图解	具体操作方法及要求	完成确认
（1）准备车辆		技术要求： ① 将车辆停放在实训车间，拉起手刹 ② 打开引擎盖 安全警告： ① 不要忘记拉起手刹 ② 换挡杆置于空挡	

续表

作业内容	图解	具体操作方法及要求	完成确认
（2）拆卸蓄电池负极线	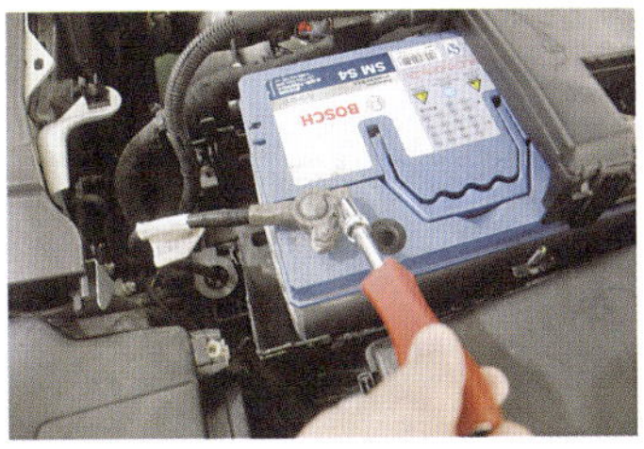	**技术要求：** 用开口扳手旋松负极螺栓，拆卸负极线 **安全警告：** 不要忘记拆卸负极线	
（3）拔下大灯接线	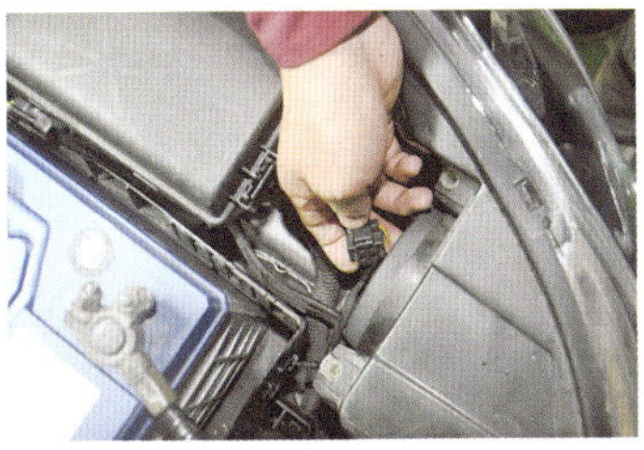	**技术要求：** 找到前大灯灯泡插接器，并拔出插接器 **易发问题：** ① 忘记关闭点火开关 ② 用力过猛，损坏插接器	
（4）拆卸大灯	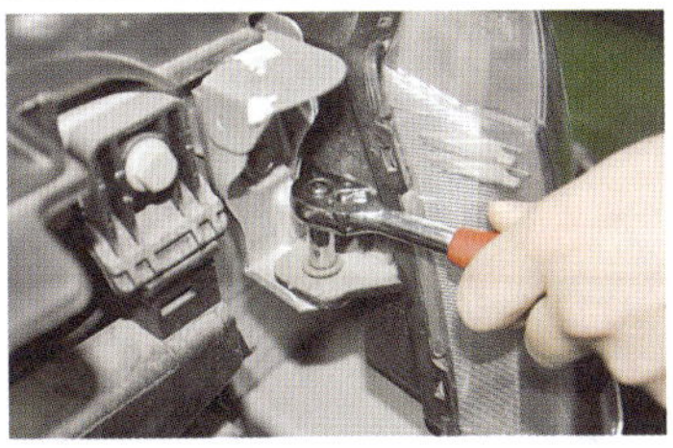	**技术要求：** 用套筒扳手拆卸大灯固定螺母，共四个 **安全警告：** 小心螺母脱落 **易发问题：** 螺母旋下来脱落掉地	
（5）取下密封条	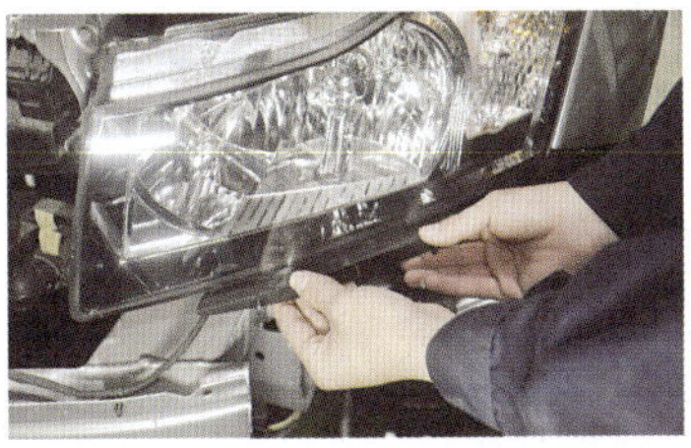	**技术要求：** 取下大灯下边缘塑料密封条 **安全警告：** 塑料扣板不要折断 **易发问题：** 塑料扣板折断	
（6）取下大灯		**技术要求：** 双手晃动大灯，小心取下大灯 **安全警告：** 小心大灯脱落 **易发问题：** 没有拿稳，使大灯脱落地面损坏	
（7）取下后盖		**技术要求：** 取下大灯后方塑料盖弹簧固定丝 **安全警告：** 小心弹力伤手，出现意外事故	
（8）取出灯泡		**技术要求：** 打开后盖，旋转灯泡底座，取出灯泡 **安全警告：** ① 直接用力往外拔灯泡，造成灯泡损坏 ② 不要接触灯泡表面	

检查汽车灯光

续表

作业内容	图解	具体操作方法及要求	完成确认
（9）拔下灯泡		**技术要求：** ① 将灯泡与插接器分离 ② 手指不要碰到灯泡表面	
（10）更换灯泡		**技术要求：** 更换新的灯泡	
（11）安装后盖		**技术要求：** ① 按照标记，装好后盖 ② 安装后盖紧固钢丝 **易发问题：** 安装不牢固	
（12）安装大灯		**技术要求：** 对准位置，安装大灯 **安全警告：** 大灯安装一定要到位，螺栓孔对正，否则无法紧固螺栓	
（13）紧固大灯		**技术要求：** 用相应扳手套筒拧紧固定螺栓，共四个，按规定力矩拧紧 **易发问题：** 螺栓紧固过程中容易脱落	
（14）安装塑料条		**技术要求：** 安装大灯下方塑料密封条	

续表

作业内容	图解	具体操作方法及要求	完成确认
（15）调节大灯		**技术要求**： 调节大灯光束，使大灯光束照射位置正确	
（16）清洁工具		**技术规范**： 及时清洁工具 **易发问题**： 忘记清洁工具，直接放回工具箱	
（17）整理工具		工具归位，轻拿轻放 **易发问题**： 工具摆放位置出现错误	
（18）7S工作		将翼子板布、前格栅布收起，并叠放整齐，归位 **易发问题**： 翼子板布、前格栅布随处乱放，没叠放整齐	

任务评价表

评价内容	赋分	序号	具体指标	分值	得分		
					自评	组评	师评
仪容仪表	15	1	工作服、鞋、胸卡穿戴整洁	5			
		2	发型、指甲等符合工作要求	5			
		3	不佩戴首饰、钥匙、手表等	5			
教学过程	60	4	无人员受伤及设备损伤事故	5			
		5	断开蓄电池负极	5			
		6	大灯连接线的拆卸	5			

续表

评价内容	赋分	序号	具体指标	分值	得分 自评	组评	师评
教学过程	60	7	大灯的拆卸	5			
		8	取下密封条	5			
		9	取下大灯	5			
		10	取出灯泡	5			
		11	灯泡的拆卸	5			
		12	更换灯泡	5			
		13	前照灯的安装	5			
		14	大灯的调节	5			
		15	工具的正确使用	5			
职业素养	25	16	坚持出勤，遵守规章制度	5			
		17	服从安排，积极参加组内活动	5			
		18	在规定时间内完成，认真填写工单	5			
		19	节约用水用电用气，注意环保	5			
		20	认真执行7S工作	5			
综合得分				100			

任务测评

一、判断题

1. 对于汽车前照灯有照明和防眩目两种要求。（   ）
2. 新型高压放电氙灯亮度是目前卤素灯泡的3倍左右，不具有防眩目功能。（   ）
3. 配光镜的作用是将反射镜反射出的平行光束进行折射，使车前的路面有良好而均匀的照明。（ ）
4. 前照灯的近光灯丝安装在反射镜的焦点位置。（   ）
5. 照明系统用电一般不受点火开关控制。（   ）

二、选择题

1. 能将反射光束扩散分配，使光形分布更适宜汽车照明的器件是（   ）。
   A. 卤钨灯泡　　　B. 反射镜　　　C. 配光镜　　　D. 配光屏
2. 前照灯中具有防眩目功能的是（   ）。
   A. 卤钨灯泡　　　B. 反射镜　　　C. 配光镜　　　D. 配光屏
3. 汽车大灯一侧亮，另一侧暗，则说明（   ）。
   A. 变光开关接触不良　　　　　B. 车灯开关接触不良
   C. 大灯暗的这一侧搭铁不良　　D. 继电器接触不良
4. 更换卤素灯泡时，甲认为可以用手指接触灯泡的玻璃部位，乙认为不能。你认为（   ）。
   A. 甲对　　　B. 乙对　　　C. 甲、乙都对　　　D. 甲、乙都不对
5. 汽车前照灯间歇熄灭，经数分钟后恢复点亮。技师A说这一问题可能是间歇性对地短路造成的。技师B说这一问题可能是充电系统电压过高造成的。你认为（   ）
   A. 只有技师A说的对　　　　　B. 只有技师B说的对
   C. 技师A和B说的都对　　　　D. 技师A和B说的都不对

单元四　汽车照明与信号系统

项目二　汽车信号系统

项目导入

一辆科鲁兹轿车，行驶到3万公里时，车主发现转向时转向警示灯不能闪烁。在维修站进行检修，发现转向灯保险被烧断。更换一个新的保险后故障排除。但车辆行驶不到1周，再次出现转向灯保险熔丝烧断的现象。汽车在转弯的时候如果打了转向灯而不亮是非常危险的。为了提高汽车行驶性能和保证行车安全，在汽车上安装了各种信号系统，如转向灯、危险信号灯、喇叭、刹车灯等。

任务一　转向和制动信号系统检修

知识目标：
1. 了解信号装置的功用、类型、结构。
2. 掌握信号系统的故障分析与诊断方法。

能力目标：
1. 掌握信号装置正确的操作方法。
2. 掌握信号装置的拆装与更换方法。
3. 会信号装置的检测与调整。

一辆汽车左侧转向信号灯不亮，要求你对前照灯电路进行检测，查出故障原因并进行修复，工作过程中要求记录检测数据，撰写工作报告。

一、信号系统的组成与作用

为保证汽车在各种条件下安全行车，提高汽车的行驶速度，在汽车上装有各种照明、信号、仪表设备和警报装置，其数量多少和配置形式因车型而异，主要有照明灯、信号灯、报警灯、仪表、电子显示装置、发音装置、操纵控制装置等。

信号设备主要通过声、光信号向环境发出有关车辆运行状况或状态的信息，以保证行车安全。

信号系统主要有转向信号、危险警报信号、制动信号、倒车信号、喇叭等，这些信号都是驾驶员根据道路交通情况向别的车辆和行人发出的，带有较强的随机性，一般只由自身开关控制。如制动信号多由制动踏板联动控制；倒车灯多由变速杆倒挡轴联动控制，不用驾驶员特意操作即可接通；喇叭多装在汽车前方，具有一定的声级（90～110 dB），喇叭按钮多在转向盘上，驾驶员手不离转向盘即可发出信号。

二、汽车常见信号装置

为指示车辆的行驶方向，汽车上都装有转向信号灯。转向灯系统一般由转向信号灯、转向指示灯、

121

转向开关、闪光器等组成。当汽车要向左或向右转向时，通过操纵转向开关，使车辆左侧或右侧的转向信号灯经闪光器通电而闪烁发光。转向后，回转转向盘，转向盘控制装置可自动使转向开关回位，转向灯熄灭。驾驶员还可以通过操纵危险警报开关使全部转向灯闪亮，发出警示。转向信号灯一般有四只或六只，它有前、后、侧转向之分，光色一般为橙色。

1. 转向信号灯

转向信号灯如图4-2-1所示。一般应具有一定的频闪，国标中规定为60~120次/min，日本转向闪光灯规定为（85±10）次/min，而且要求信号效果要好，亮暗时间比（通电率）在3：2为佳。

转向信号灯的频闪由闪光器控制。闪光器按结构和工作原理可分为电热丝式（俗称电热式）、电容式、翼片式、水银式、晶体管式等多种。电热式闪光器结构简单，制造成本低，但由于闪光频率不够稳定，使用寿命短，已被淘汰。而电容式闪光器闪光频率稳定，翼片式闪光器结构简单、体积小、闪光频率稳定、监控作用明显、工作时伴有响声，晶体管式闪光器具有性能稳定、可靠等优点，故得到了广泛的应用。

图4-2-1 转向信号灯

2. 危险报警灯

当接通危险报警信号开关时，所有转向信号灯同时闪烁，表示车辆遇紧急情况，请求其他车辆避让。根据GB 7258—2017《机动车运行安全技术条件》规定，危险报警指示灯的操纵装置应不受点火开关和灯光总开关的控制，如图4-2-2所示。

危险报警灯由转向灯兼任，当汽车发生转向、制动失灵等故障或遇特殊情况时，按下仪表台上标有△的红色按钮，此时汽车两侧的转向信

图4-2-2 危险报警灯

号灯同时闪烁作为危险警告，提醒后方车辆避让。

3. 示位灯

示位灯又称示宽灯，用于标识汽车夜间行驶或停车时的宽度轮廓来指示汽车的形位，安装在车头、车尾、车侧，如图4-2-3所示。

① 前示位灯：俗称"小灯"（灯光为白色或黄色）。
② 后示位灯：俗称"尾灯"（灯光为红色），左右各一只，用于警示后面的车辆，以便保持一定的距离。
③ 侧示位灯：灯光为琥珀色。

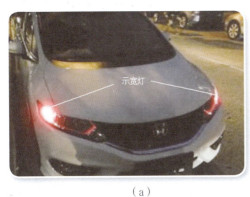
（a）

（b）

图4-2-3 示位灯

4. 制动灯

制动灯装于汽车后方，每当踏下制动踏板时，便发出较强的红光，以示制动或减速停车，向车后发出灯光信号，警示随后车辆及行人。制动灯多采用组合式，一般与尾灯共用灯泡（双丝灯），但制动灯功率较大，为20W左右，如图4-2-4所示。

5. 倒车灯

倒车灯装于汽车尾部，左右各一只，灯光为白色。用于照亮车后路面，并警告车后的车辆和行人，表示该车正在倒车，如图4-2-5所示。

图4-2-4 制动灯

图4-2-5 倒车灯

目前多将汽车后部的尾灯、后转向信号灯、制动灯、倒车灯等组合起来称为组合后灯。而将前照灯、雾灯和前转向灯等组合在一起称为组合前灯。

三、汽车倒车信号电路

倒车灯装在车辆的尾部，为驾驶员倒车提供照明。倒车灯受倒车开关的控制，倒车灯开关一般装在变速器上，变速器挂倒挡时，此开关接通。有些汽车在倒车信号电路中还装备有倒车蜂鸣器，如图4-2-6所示。

1. 倒车语音报警器

当汽车倒车时，倒车语音报警器能够重

图4-2-6 倒车信号灯

123

复发出"倒车,请注意!"等声音,以此提醒车辆和行人,确保车辆安全倒车,如图4-2-7、图4-2-8所示。

图 4-2-7　倒车语音报警器

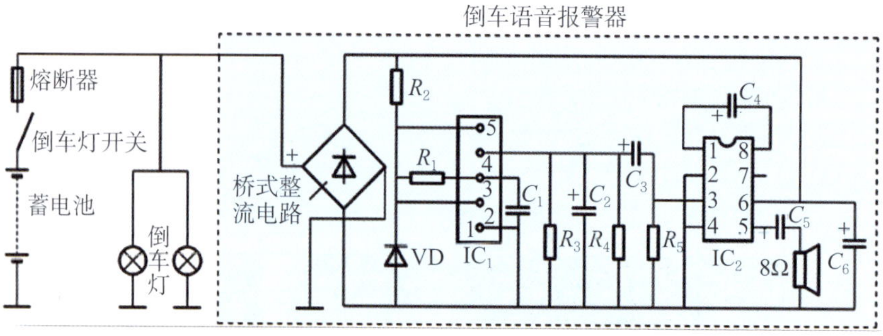

图 4-2-8　倒车语音报警器电路

2. 倒车雷达装置

倒车雷达如图4-2-9所示,一般采用超声波测距原理,当驾驶员挂倒挡进行倒车时,在倒车雷达ECU的控制下,由安装在后保险杠上的测距传感器发射超声波信号,当遇到障碍物时,产生回波信号,传感器接收到回波信号后经控制器进行数据处理、判断出障碍物的位置,若达到报警位置,倒车雷达ECU就控制倒车蜂鸣器发出警示信号,而且距离障碍物越近,蜂鸣器发出报警声音的频率越快,以提醒驾驶员注意。

图 4-2-9　倒车雷达装置

① 作用：在倒车时起到辅助报警作用,提高安全性。
② 组成：由倒车雷达侦测器、控制器、蜂鸣器等组成。
③ 工作原理：控制器接收从侦测器传来的信号,经计算判断障碍物离车尾的距离。如达到报警位置,就传送信号给蜂鸣器。

倒车雷达系统利用声呐原理工作,如图4-2-10所示。发射的超声波频率达到40 kHz。当超声波遇到障碍物时,会有反射波产生,被传感器接收后,控制器就会利用发射波与反射波之间的延迟时间计算出障碍物与雷达发射器的距离,并据此采取相应的报警提示。

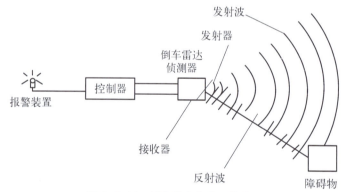

图 4-2-10　倒车雷达装置工作原理

四、汽车制动信号灯电路

制动灯电路由制动开关、制动信号灯、电源等组成,如图4-2-11所示。制动开关有气压式(用于气压式制动系统)、液压式(用于液压式制动系统)、机械式(多用于轿车)。

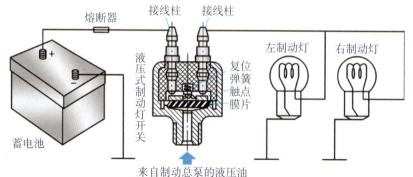

图 4-2-11　制动信号灯电路

单元四 汽车照明与信号系统

笔记

一、任务准备

（1）工作场景：多媒体教室、卡罗拉轿车。

（2）主要设备：教学用车、成套组合工具车、多层零件车、工作台、世达工具、多媒体设备、白板、教学三角架。

（3）辅助材料：翼子板布和前格栅布、三件套、抹布、手套、车轮挡块、挂历白纸、白板笔、卡片纸、喷胶。

二、实施步骤

作业内容	图解	具体操作方法及要求	完成确认
（1）准备车辆		**技术要求**： ①将车辆停放在实训车间，拉起手刹 ②打开引擎盖 **安全警告**： ①不要忘记拉起手刹 ②换挡杆置于空挡	
（2）拆卸蓄电池负极线	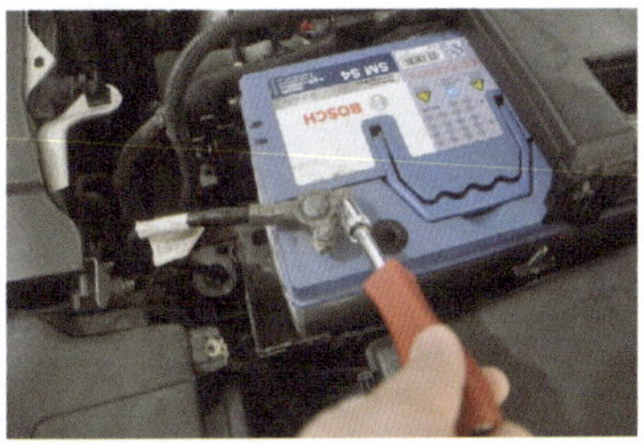	**技术要求**： 用开口扳手旋松负极螺栓，拆卸负极线 **安全警告**： 不要忘记拆卸负极线	
（3）取下密封条		**技术要求**： 取下转向灯下边缘塑料密封条 **安全警告**： 塑料扣板不要折断 **易发问题**： 塑料扣板折断	
（4）取下大灯	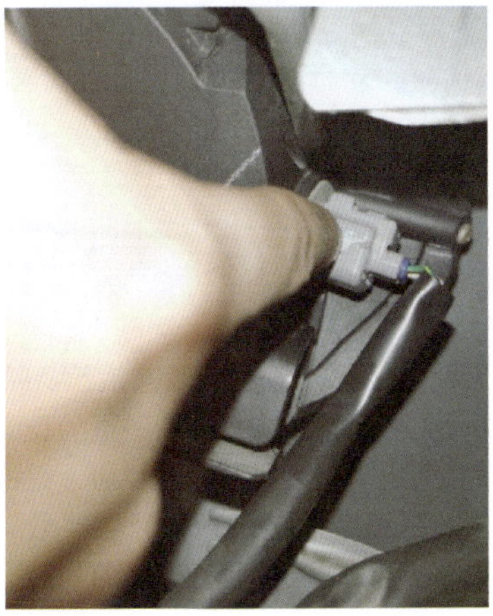	**技术要求**： 双手晃动大灯，小心取下大灯 **安全警告**： 小心大灯脱落 **易发问题**： 没有拿稳，使大灯落到地面而损坏	

125

续表

作业内容	图解	具体操作方法及要求	完成确认
（5）取出灯泡		技术要求： 打开后盖，旋转灯泡底座，取出灯泡 安全警告： ① 直接用力往外拔灯泡，造成灯泡损坏 ② 不要接触灯泡表面	
（6）拔下灯泡		技术要求： ① 将灯泡与插接器分离 ② 手指不要碰到灯泡表面	
（7）检查更换灯泡	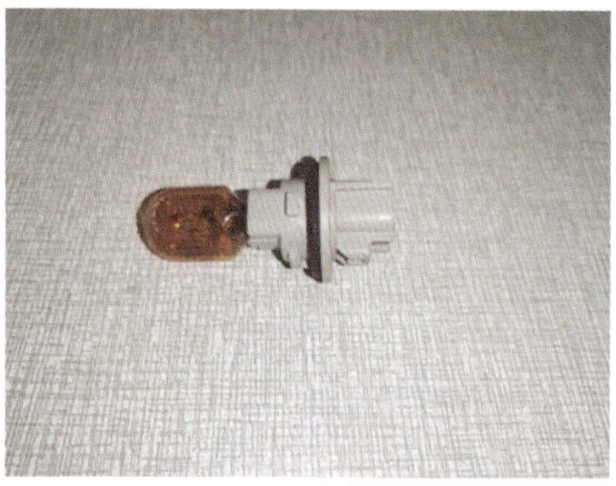	更换灯泡	
（8）安装灯泡		技术要求： 对准位置，安装灯泡 安全警告： 安装一定要到位、不要接触灯泡表面	
（9）清洁工具	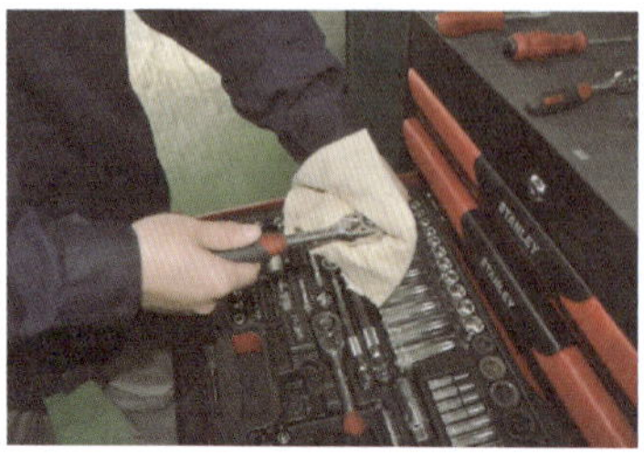	技术要求： 及时清洁工具 易发问题： 忘记清洁工具，直接放回工具箱	

续表

作业内容	图解	具体操作方法及要求	完成确认
（10）整理工具		**技术要求：** 工具归位，轻拿轻放 **易发问题：** 工具摆放位置出现错误	
（11）7S 工作		**技术要求：** 将翼子板布、前格栅布收起，并叠放整齐，归位 **易发问题：** 翼子板布前格栅布随处乱放，没叠放整齐	

任务评价

任务评价表

评价内容	赋分	序号	具体指标	分值	得分 自评	得分 组评	得分 师评
仪容仪表	15	1	工作服、鞋、胸卡穿戴整洁	5			
		2	发型、指甲等符合工作要求	5			
		3	不佩戴首饰、钥匙、手表等	5			
教学过程	60	4	无人员受伤及设备损伤事故	5			
		5	断开蓄电池负极	5			
		6	转向灯连接线的拆卸	5			
		7	转向灯的拆卸	5			
		8	取下密封条	5			
		9	取下转向灯	5			
		10	取出灯泡	5			
		11	灯泡的拆卸	5			
		12	更换灯泡	5			
		13	转向灯的安装	5			
		14	大灯的调节	5			
		15	工具的正确使用	5			

续表

评价内容	赋分	序号	具体指标	分值	得分 自评	得分 组评	得分 师评
职业素养	25	16	坚持出勤，遵守规章制度	5			
		17	服从安排，积极参加组内活动	5			
		18	在规定时间完成，认真填写工单	5			
		19	节约用水用电用气，注意环保	5			
		20	认真执行7S工作	5			
			综合得分	100			

一、填空题

1. 转向信号灯一般有_____，它有前、后、侧转向信号灯之分，光色一般为_____色。

2. 转向信号灯的闪烁频率国标中规定为_____次／min，日本转向闪光灯的闪烁频率规定为_____次／min，而且要求信号效果要好，亮暗时间比（通电率）在3∶2为最佳。

3. 转向信号灯的频闪由闪光器控制，闪光器按结构和工作原理可分为_____等多种。

4. 将前照灯、雾灯和_____等组合在一起称为组合前灯。

5. 制动灯多采用组合式灯具，一般与_____共用灯泡（双丝灯），但制动灯功率较小，为20W左右。

二、选择题

1. 倒车灯的光色为（ ）色。

　A. 红　　　　　　　B. 黄　　　　　　　C. 白　　　　　　　D. 琥珀

2. 前照灯的远光灯丝位于（ ）。

　A. 焦点处　　　　　　　　　　　B. 焦点上方
　C. 焦点下方　　　　　　　　　　D. 焦点前下方

3. 转向灯的闪烁频率一般为（ ）次／min。

　A. 45～60　　　　　　　　　　　B. 65～120
　C. 100～120　　　　　　　　　　D. 90～130

任务二　汽车喇叭检修

知识目标：
1. 了解汽车喇叭的功用、类型及结构。
2. 掌握汽车喇叭的故障分析与诊断方法。

单元四 汽车照明与信号系统

能力目标：
1. 会进行汽车喇叭的拆装与更换。
2. 会进行汽车喇叭的检测与调整。

笔记

一辆卡罗拉汽车经过一菜场时，按下汽车喇叭，发现汽车喇叭没声音。请您为其电路进行检测，查出故障原因并进行修复。工作过程中要求记录检测数据，撰写工作报告。

喇叭是汽车的音响信号装置。在汽车行驶过程中，驾驶员根据需要和规定发出必需的音响信号，警告行人和其他车辆，保证交通安全，同时还用于催行与传递信号，如图4-2-12所示。

喇叭的检查与更换

（a）

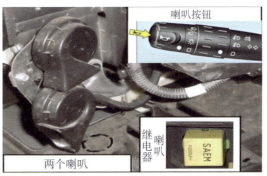

（b）

图4-2-12 汽车喇叭

一、汽车喇叭的作用与分类

1. 喇叭的作用

目前汽车上所装用的喇叭多为电喇叭，电喇叭具有能源方便、结构简单、体积小、质量小、噪声小、保修容易、声音洪亮及音质悦耳等优点。主要用于警告行人和其他车辆，以引起注意，保证行车安全。

2. 喇叭的分类

喇叭按发音动力有气喇叭和电喇叭之分；按外形有螺旋形、筒形、盆形之分；按声频有高音和低音之分；按接线方式有单线制和双线制之分，图4-2-13为气喇叭的外形，图4-2-14为电喇叭的外形。

图4-2-13 气喇叭外形

图4-2-14 电喇叭外形

二、汽车电喇叭的工作原理与结构

气喇叭的工作原理是利用压缩空气的气流使金属膜片振动而发出声音，因此必须在带有空气压缩机

129

的汽车上方能使用。一般在大客车和重型货车上都装有气喇叭,特别是长途运输车在山区或弯道等地段行驶时,用气喇叭鸣叫,能有效地提醒行人和对方来车的驾驶员。气喇叭音量大、余音好、声音悦耳且传播较远。气喇叭一般采用筒形,并可使用高音与低音两个喇叭联合工作。

电喇叭的工作原理是利用电磁吸力使金属膜片振动而发出声音。它是汽车上广泛应用的一种喇叭,一般多制成螺旋形或盆形。

螺旋形电喇叭通过膜片不断振动发出一定音调的音波,声音通过共鸣板和扬声筒加强后传出。共鸣板与膜片刚性连接,在振动时发出伴音,加强音量和改善音色,使声音悦耳动听。触点间并联电容器,可起熄弧、保护触点、改善音色等作用,如图4-2-15(a)所示。

盆形电喇叭的工作原理与螺旋形电喇叭相同,结构上也基本一致,只是没有扬声筒,声音靠共鸣板产生共鸣后传出。另外,磁路采用螺管式电磁铁,而不是E形铁芯,螺管式较E形电磁铁体积更小、电磁吸力更强,如图4-2-15(b)所示。

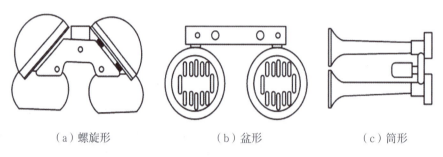

(a)螺旋形　　　　(b)盆形　　　　(c)筒形

图4-2-15　喇叭外形

通常使用的电喇叭根据其工作方式可以分为机械式和电子式两种。其中电子喇叭又分为触点式和无触点式两种。触点式电喇叭利用触点的闭合与断开控制电磁线圈中励磁电流的通断,从而使铁芯(或衔铁)以一定频率进行上下移动,并带动金属膜片振动而产生声音。无触点电喇叭利用电子线路来控制电磁线圈中励磁电流的通断,使铁芯以一定频率移动,并带动金属膜片振动而产生声音。

无触点电喇叭因克服了触点式电喇叭触点烧蚀、氧化而使喇叭变音的缺点,从而更加耐用。而且它的音色和音量比触点式的要容易调整,因此它是汽车喇叭的发展方向。

汽车上装用单只电喇叭时,一般直接用喇叭按钮控制。但大多数汽车为了得到音色更好的音响效果,常常装用高、低音两种喇叭,甚至高、中、低三种不同音调的电喇叭,两个电喇叭同时工作时,电流可达15A或20A以上。如果用喇叭按钮直接控制,大电流将很快把喇叭按钮烧坏,因此需采用喇叭继电器。

通过按钮控制继电器线圈中电流的通断,再通过继电器触点控制喇叭。12V电系的汽车上所用喇叭继电器,一般要求闭合电压不大于6V,释放电压不小于3V;继电器线圈通常为1000匝,20℃时的电阻为26Ω;继电器的额定电流一般选用20A以上。盆形电喇叭工作额定电流通常为3～4A,电流虽不大,但为了提高按钮的使用寿命,不少车上还是配置了喇叭继电器,其电路如图4-2-16所示。

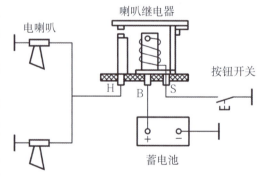

图4-2-16　双音喇叭继电器电路

喇叭的型号如下所示。

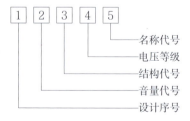

第1部分表示名称代号:DL——有触点,DLD——无触点。
第2部分表示电压等级:1——12V,2——24V,6——6V。
第3部分表示结构代号:1——长筒形,2——盆形,6——螺旋形。

第 4 部分表示音量代号：G——高音，D——低音。
第 5 部分表示设计序号。

三、电喇叭的维护和调整

不同形式的电喇叭其构造不完全相同，所以调整方法也不一致。为了保证喇叭声音正常，不应刚性安装，在喇叭与固定架之间应装有片状弹簧或橡胶垫。

技术参数良好的喇叭，发音响亮清晰而无沙哑声，喇叭触点应保持清洁且接触良好。电喇叭的调整包括音调和音量的调整。

（1）音调调整　音调的高低取决于膜片的振动频率。减小喇叭上、下铁芯间的间隙，则音调提高；增大间隙，则音调降低。调整方法：松开锁紧螺母，如图 4-2-17 所示，转动下铁芯，将上、下铁芯间的间隙调至合适量，通常为 0.5～1.5mm，间隙太小会发生碰撞，太大则会吸不动衔铁。调整时铁芯要平整，铁芯与衔铁四周的间隙要均匀，否则会产生杂音。调整完毕后拧紧螺母。

（2）音量调整　音量的强弱取决于通过喇叭线圈的电流大小，电流大则音量强。线圈电流可通过调整螺钉，改变喇叭触点的接触压力来调整，如图 4-2-17 所示。若触点的接触压力增大，喇叭的音量则变大。

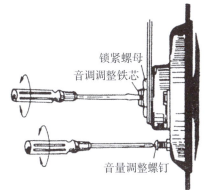

图 4-2-17　盆形电喇叭的调整

四、汽车信号系统常见故障的诊断与排除

1. 转向信号灯常见故障

转向信号灯常见故障及诊断方法见表 4-2-1。

表 4-2-1　转向信号灯常见故障及诊断方法

常见故障	故障原因	故障排除
所有转向灯都不亮	转向信号灯电路熔断器烧断	更换熔断器
	蓄电池至转向开关之间有断路或接触不良	检修转向灯线路
	转向灯开关接触不良	拆修或更换转向灯开关
	闪光器损坏	更换闪光器
左或右转向灯不亮	导线接头脱落或接地不良	检修转向灯线路
	闪光器接线松脱或断路	检修转向灯线路
转向灯闪烁频率过高或过低	灯泡功率不当	更换灯泡
	闪光器故障	更换闪光器
	电源电压过高或过低	检修蓄电池和发电机
转向指示灯不亮	闪光器不匹配	更换规定型号的闪光器
	转向指示灯损坏，接线不良	更换指示灯，检修线路
转向灯常亮	闪光器故障	更换闪光器
	发电机输出电压过高	调整或更换发电机调节器
	转向灯开关故障	检修或更换转向灯开关
	转向灯线路接错或短路	检修转向灯线路
转向灯有时亮，有时不亮	闪光器工作不良	检修或更换闪光器
	导线接触不良	检修转向灯线路
转向灯电路的熔断器反复熔断	转向灯电路的火线短路	拔下转向灯熔断器，将一试灯短路串在该熔断器处，然后查找短路故障点，并排除故障
	灯泡或灯座短路	
	转向开关短路	
	闪光器内部短路	

笔记

2. 倒车灯常见故障

倒车灯常见故障及诊断方法见表4-2-2。

表4-2-2 倒车灯常见故障及诊断方法

常见故障	诊断方法
倒车灯不亮	先查看倒车灯熔断器是否烧断；若熔断器完好，可将倒车灯开关用导线短接；短接后若灯变亮，说明倒车灯开关有故障；短接后若灯仍不亮，可查倒车灯灯丝是否烧断、灯座是否接触不良；最后用试灯在蓄电池→倒车灯熔断器→倒车灯开关→倒车灯之间逐段查找线路是否存在断路故障点
挂不进倒挡	遇此故障，可旋出倒车灯开关再重挂，挂进了说明倒车灯开关钢球卡死、漏装垫圈或垫圈太薄；重挂挂不进，说明变速器有故障，应检修变速器
仅倒挡时灯不亮，其余挡位倒车灯全亮	倒车灯开关型号选错，若将常开式倒车灯开关用在常闭式倒车灯开关电路中，应更换规定型号的倒车灯开关

3. 制动灯常见故障

制动灯常见故障及诊断方法见表4-2-3。

表4-2-3 制动灯常见故障及诊断方法

常见故障	诊断方法
全部制动灯不亮	可先查制动灯熔断器是否烧断，再查制动灯丝是否烧断、制动灯座是否接触不良。若上述情况正常，可用导线短接制动灯开关，若灯变亮，则说明制动灯开关有故障；若灯仍不亮，用试灯在蓄电池→制动灯熔断器→制动灯开关→制动灯之间逐段查找线路是否存在断路故障点
单边制动灯不亮	检查不亮的制动灯是否烧断、灯座是否接触不良，该侧线是否断路
制动灯常亮	松开制动踏板，制动灯常亮，这种故障一般出在踏板控制式制动灯开关上。应检查制动踏板能否回位，制动灯开关内部是否短路

4. 电喇叭常见故障

电喇叭常见故障及诊断方法见表4-2-4。

表4-2-4 电喇叭常见故障及诊断方法

常见故障	诊断方法
喇叭不响	按下喇叭按钮，喇叭不响，可能原因有熔断器烧断、喇叭继电器损坏、喇叭电路断路、喇叭调整不当或喇叭损坏；应先检查熔断器、喇叭继电器，并调整和检查喇叭，当三者正常时，再去查找喇叭电路中的断路点
喇叭长鸣	喇叭长鸣主要是喇叭按钮卡死不能回位、喇叭继电器触点烧结、喇叭继电器与喇叭按钮之间导线绝缘层破损搭铁引起。应先检查喇叭按钮是否能正常回位，再用一新的喇叭长鸣 喇叭继电器替换原继电器检查喇叭继电器触点是否正常；若上述检查正常，再拆下喇叭继电器S接线柱上的导线，若喇叭长鸣现象消失，说明喇叭继电器与喇叭按钮之间有搭铁故障
喇叭变音	喇叭变音多由喇叭膜片破裂、膜片锁紧螺母松动、铁芯间隙失调、喇叭触点烧蚀和各紧固螺钉松动等引起；声音沙哑是膜片破裂、锁紧螺母松动所致；声音变低沉多是铁芯间隙变大的结果；喇叭触点烧蚀常会使喇叭先响后哑。喇叭变音应先对喇叭进行调整，若调整无效，应更换喇叭
喇叭音量小	若喇叭音调正常，蓄电池电压正常，喇叭音量小的原因多是触点表面烧蚀、氧化和触点压力过小等造成；应先对喇叭进行调整，若调整无效，应更换喇叭
喇叭有时响，有时不响	喇叭时响时不响主要是由于喇叭继电器、喇叭按钮、喇叭等处导线松脱、接触不良所引起，应将它们逐个检查排除
喇叭触点经常烧坏	喇叭触点经常烧坏主要是因为发电机调节器调整电压过高，烧坏喇叭触点，应检修发电机调节器

一、任务准备

（1）工作场景：多媒体教室、卡罗拉轿车。

（2）主要设备：教学用车、成套组合工具车、多层零件车、工作台、世达工具、多媒体设备、白板、教学三角架。

（3）辅助材料：翼子板布和前格栅布、三件套、抹布、手套、车轮挡块、挂历白纸、白板笔、卡片纸、喷胶。

二、实施步骤

作业内容	图解	具体操作方法及要求	完成确认
（1）准备车辆		技术要求： ①将车辆停放在实训车间，拉起手刹 ②打开引擎盖，铺好翼子板布 安全警告： ①不要忘记拉起手刹 ②换挡杆置于空挡	
（2）拆卸蓄电池负极线		技术要求： 用开口扳手旋松负极螺栓，拆卸负极线 安全警告： 不要忘记拆卸负极线	
（3）确定喇叭位置		技术要求： 检查喇叭的线路是否松动或断开 安全警告： 不要忘记拆卸负极线	
（4）拔下汽车喇叭插头		技术要求： 用手压下电插头上的弹性夹，然后拉出电插头 安全警告： 严禁在拔下电插头时，直接拉拔线束，以免造成线束折断损伤	

续表

作业内容	图解	具体操作方法及要求	完成确认
（5）将拆下的电喇叭摆放工具车上	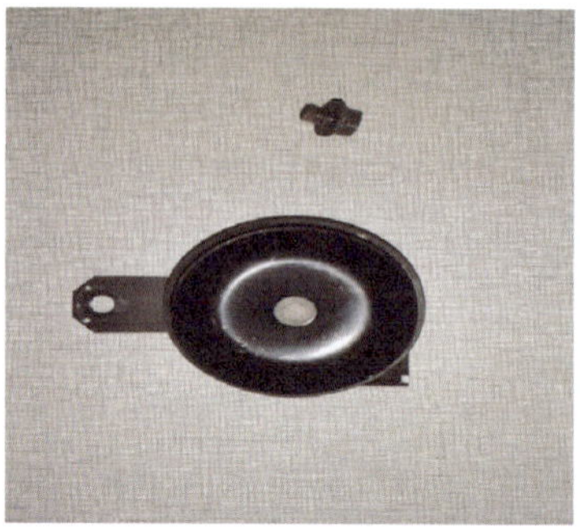	**技术要求：** 使用12～13mm梅花扳手，拧松喇叭支架的一个固定螺栓	
（6）安装汽车喇叭		**技术要求：** 将汽车喇叭安装位置调整适当后，固定螺栓拧紧到适当力矩 **安全警告：** 电插头要插到位且可靠	
（7）清洁工具	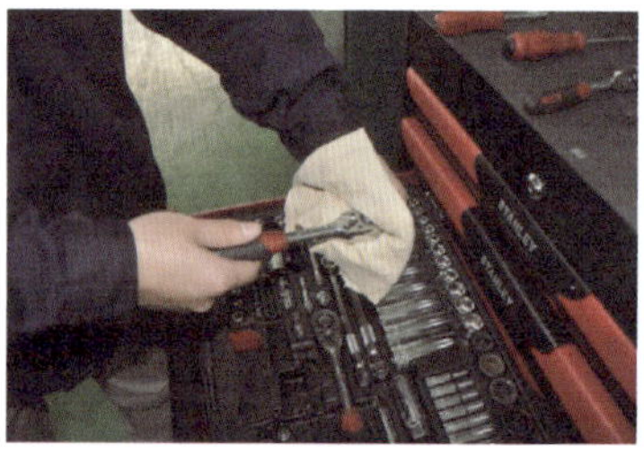	**技术要求：** 及时清洁工具 **易发问题：** 忘记清洁工具，直接放回工具箱	
（8）整理工具		**技术要求：** 工具归位，轻拿轻放 **易发问题：** 工具摆放位置出现错误	
（9）7S工作		**技术要求：** 将翼子板布、前格栅布收起，并叠放整齐，归位 **易发问题：** 翼子板布、前格栅布随处乱放，没叠放整齐	

任务评价表

评价内容	赋分	序号	具体指标	分值	得分		
					自评	组评	师评
仪容仪表	15	1	工作服、鞋、胸卡穿戴整洁	5			
		2	发型、指甲等符合工作要求	5			
		3	不佩戴首饰、钥匙、手表等	5			
教学过程	60	4	无人员受伤及设备损伤事故	5			
		5	断开蓄电池负极	5			
		6	转向灯连接线的拆卸	5			
		7	转向灯的拆卸	5			
		8	取下密封条	5			
		9	取下汽车喇叭	5			
		10	取出汽车喇叭	5			
		11	汽车喇叭的拆卸	5			
		12	更换汽车喇叭	5			
		13	汽车喇叭的安装	5			
		14	汽车喇叭的调节	5			
		15	工具的正确使用	5			
职业素养	25	16	坚持出勤，遵守规章制度	5			
		17	服从安排，积极参加组内活动	5			
		18	在规定时间完成，认真填写工单	5			
		19	节约用水用电用气，注意环保	5			
		20	认真执行7S工作	5			
			综合得分	100			

一、填空题

1. 喇叭按发音动力有_____和_____之分；按外形有_____、_____和_____之分；按声频有高音和低音之分；按接线方式有_____和_____之分。

2. _____的工作原理是利用压缩空气的气流使金属膜片振动而发出声音，因此必须在带有_____的汽车上方能使用。

3. 12V电系的汽车上所用喇叭继电器，一般要求闭合电压不大于_____，释放电压不小于_____。

4. 音量的强弱取决于通过喇叭线圈的_____大小，电流大则_____强。

二、问答题

1. 简述汽车喇叭不响的诊断方法。

2. 单边制动灯不亮的诊断方法有哪些？

单元五 汽车仪表与报警系统

项目一 汽车仪表系统

项目导入

不同汽车仪表板的仪表不尽相同,但是一般汽车的常规仪表有车速里程表、转速表、机油压力表、水温表、燃油表、充电表等。现代汽车上,汽车仪表还需要装置稳压器,专门用来稳定仪表电源的电压,抑制波动幅度,以保证汽车仪表的精确性。另外,大部分仪表显示的数据来自传感器,传感装置根据被监测对象的状态变化而改变其电阻值,通过仪表显示出来,为驾驶员提供所需的汽车运行参数信息。

任务一 发动机转速表检修

知识目标:
1. 了解发动机转速表的组成和作用。
2. 熟悉发动机转速表在车上的位置。

能力目标:
1. 能识读发动机转速表。
2. 正确选择和使用工具。
3. 能正确拆装发动机转速表,操作规范。

发动机转速的高低关系到单位时间内做功次数的多少或发动机有效功率的大小,即发动机的有效功率随转速的不同而改变。因此,在描述发动机有效功率的大小时,必须同时指明其相应的转速。对发动机转速表进行认知,并能识记。会规范、正确地拆装发动机转速表,熟悉拆装的具体工作过程。

为了检查调整发动机,并监视发动机及其他电器的工作情况以更好地掌握换挡情况,在汽车的仪表板上还应安装可直观反映发动机转速的仪表,即发动机转速表。

发动机转速表有机械式和电子式两种。电子式转速表具有指示平稳、结构简单、安装方便等优点，所以被广泛采用。

电子式转速表获取转速信号的方式有三种，即取自点火系、发动机的转速传感器和发电机。

电子转速表的型号较多，现介绍两种汽油机常用的电子转速表。

一、电容放电式转速表

电容放电式转速表如图5-1-1所示，为桑塔纳轿车取自点火系的转速表电路原理图。

当初级电路导通时，三极管VT截止，电容C_2被充电，充电电流由蓄电池正极→点火开关→电阻R_3→电容C_2→二极管VD_2→蓄电池负极。当初级电路截止时，三极管VT导通，电容器C_2放电，放电电流通过三极管VT→电流表→二极管VD_1。当发动机工作时，点火系初级电路不停地导通与截止，电容C_2不停地充放电。因为初级电路通断的次数与发动机转速成正比，所以电流表中电流平均值与发动机转速成正比，从而可用电流平均值标定发动机的转速。

二、单稳态触发器转速表

单稳态触发器转速表电路原理图如图5-1-2所示。

当点火系统初级电路的触点K断开时，VT_1基极得到正向脉冲信号，VT_1导通，转速表n通过一定的电流，VT导通时集电极的负跳变信号经电容C_1耦合到VT_2的基极，使VT_2截止，集电极的正跳变电压经R_9耦合到VT_1的基极、使VT_1进一步导通。保持VT_1导通的时间，由电源通过电阻R_7、R_6、R_{10}向C_1充电至规定电压值所需的时间来决定。当C_1上的充电电压升至VT_2的导通电压时，VT_2导通并把VT_2集电极的负跳变信号经R_9耦合到VT_1的基极，则VT_1截止，电路又恢复原始状态、把发动机工作时触点K周期开闭，经过转速表的一系列方波脉冲电流，其平均值均与发动机的转速成正比。VT_1导通，VT_2截止的暂稳态时间，应能阻止火花放电高频电磁振荡信号的影响，避免误触发转速电路，造成测量误差。

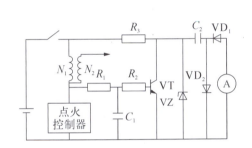

图5-1-1 桑塔纳轿车电容放电式转速表电路原理图

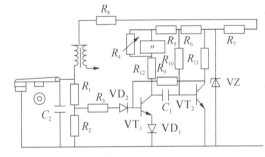

图5-1-2 单稳态触发器转速表电路原理图

一、任务准备

（1）工作场景：实训工厂、桑塔纳。

（2）主要设备：汽车的仪表板、一字起、十字起、工具车、工作台、世达工具、多媒体设备。

（3）辅助材料：抹布、挂历白纸、白板笔、卡片纸、喷胶。

二、实施步骤

作业内容	图解	具体操作方法及要求	完成确认
（1）找出发动机转速表的位置		能观察仪表盘并独立找出相应仪表	

续表

作业内容	图解	具体操作方法及要求	完成确认
（2）拆下发动机转速表		能对对应仪表拆卸相应导线 **注意：** 在拆卸连接导线时不要用力拉扯，防止导线损坏	
（3）掌握发动机转速表的组成部分		观察表盘上相应仪表的组成部分，并根据维修手册认识各部分所起的作用	
（4）了解发动机转速表的作用		能结合发动机转速传感器说出发动机转速表的原理	
（5）将发动机转速表装回仪表盘		能严格按照拆卸的相反顺序进行装配	

任务评价

任务评价表

评价内容	赋分	序号	具体指标	分值	得分		
					自评	组评	师评
仪容仪表	15	1	工作服、鞋、胸卡穿戴整洁	5			
		2	发型、指甲等符合工作要求	5			
		3	不佩戴首饰、钥匙、手表等	5			
教学过程	60	4	找出发动机转速表的位置	15			
		5	拆下发动机转速表	15			
		6	了解发动机转速表的作用	15			
		7	将发动机转速表装回仪表盘	15			
职业素养	25	8	出勤情况	10			
		9	服从安排，积极参加组内活动	5			
		10	认真执行7S工作	10			
			综合得分	100			

 任务测评

一、填空题

1. 发动机转速表有_____式和_____式两种。

2. 电子式转速表获取转速信号的方式有三种，即_____、_____和_____。

3. 对于电容放电式转速表，当初级电路导通时，三极管 VT_____，电容 C_2 被_____。

二、判断题（参见图 5-1-1）

1. 当初级电路导通时，三极管 VT 截止，电容 C_2 被充电。（　　）

2. 充电电流流向：蓄电池正极→点火开关→电容 C_2→电阻 R_3→二极管 VD_2→蓄电池负极。（　　）

3. 当初级电路截止时，三极管 VT 导通，电容器 C_2 充电。（　　）

4. 当发动机工作时，点火系初级电路不停地导通与截止，电容 C_2 不停地充放电，因为初级电路通断的次数与发动机转速成反比。（　　）

任务二　车速里程表检修

 学习目标

知识目标：
1. 了解车速里程表的组成和作用。
2. 熟悉车速里程表在车上的位置。

能力目标：
1. 能识读车速里程表。
2. 正确选择和使用工具。
3. 能正确拆装转速里程表，操作规范。

 任务描述

对车速里程表进行认知，并能识记。会规范、正确地拆装车速里程表，熟悉拆装的具体工作过程。

 知识链接

车速里程表是用来指示汽车行车速度和累计汽车行驶里程数的仪表，它由车速表和里程表两部分组成，由汽车变速器或分动器通过转轴带动。车速里程表按结构分为磁感应式、电子式两种。

1. 磁感应式车速里程表

磁感应式车速里程表由变速器（或分动器）内的蜗轮蜗杆经软轴驱动，其基本结构如图 5-1-3 所示。

车速表是由与主动轴紧固在一起的永久磁铁1，带有轴及指针6的铝碗2，磁屏3和紧固在车速里程表外壳上的刻度盘5等组成。里程表由蜗轮蜗杆机构和六位数字的十进位数字轮组成。

（1）车速表工作原理　车速表不工作时，铝碗2在盘形弹簧4的作用下，使指针指在刻度盘的零位。

当汽车行驶时，主动轴带着永久磁铁1旋转，永久磁铁的磁力线穿过铝碗2，在铝碗2上感应出涡流，铝碗在电磁转矩作用下克服盘形弹簧的弹力，向永久磁铁1转动的方向旋转，直至与盘形弹簧弹力相平衡。由于涡流的强弱与车速成正比，指针转过角度与车速成正比，指针便在刻度盘上指示出相应的车速。

（2）里程表工作原理　汽车行驶时，软轴带动主动轴，主动轴经三对蜗轮蜗杆（或一套蜗轮蜗杆和一套减速齿轮系）驱动里程表最右边的第一数字轮。第一数字轮经盘形弹簧4、刻度盘5、指针轮6上的数字为1/10 km，每两个相邻的数字轮之间的传动比为1∶10。即当第一数字轮转动一周，数字由9翻转到0时，便使相邻的左面第二数字轮转动1/10周，成十进位递增。这样，汽车行驶时就可累计出其行驶里程数，最大读数为99999.9km。

2. 电子式车速里程表

电子式车速里程表主要由车速传感器、电子电路、车速表和里程表四部分组成。图5-1-4所示为奥迪100型轿车的电子式车速里程表。

（1）车速传感器　车速传感器的作用是产生正比于车速的电信号。它由一个舌簧开关和一个含有4对磁极的转子组成。变速器驱动转子旋转，转子每转一周，舌簧开关中的触点闭合、打开8次，产生8个脉冲信号，该脉冲信号频率与车速成正比。

（2）电子电路　电子电路的作用是将车速传感器送来的电信号整形、触发，输出一个与车速成正比的电流信号。电子电路如图5-1-4（b）所示，其基本组成主要包括稳压电路、单稳态触发电路、恒流源驱动电路、64分频电路和功率放大电路。

（3）车速表　车速表是一个电磁式电流表，当汽车以不同车速行驶时，从电子电路接线端输出的与车速成正比的电流信号便驱动车速表指针偏转，即可指示相应的车速。

（4）里程表　里程表由一个步进电动机和六位数字的十进位数字轮组成。车速传感器输出的信号，经64分频后，再经功率放大器放大到足够的功率，驱动步进电动机，带动数字轮转动，从而记录行驶的里程。

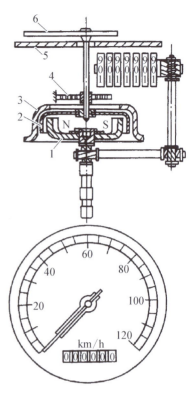

图 5-1-3　磁感应式车速里程表
1- 永久磁铁；2- 铝碗；3- 磁屏；
4- 盘形弹簧；5- 刻度盘；6- 指针轮

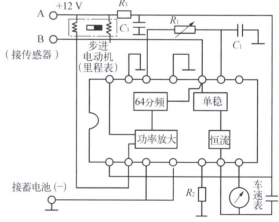

（b）电子电路

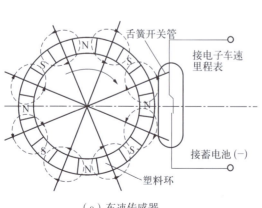

（a）车速传感器

（c）里程表实物

图 5-1-4　奥迪100型轿车电子式车速里程表

单元五 汽车仪表与报警系统

笔记

一、任务准备

（1）工作场景：实训工厂、丰田 COROLLA 1.6。
（2）主要设备：汽车的仪表板、一字起、十字起、工具车、工作台、世达工具、多媒体设备。
（3）辅助材料：抹布、挂历白纸、白板笔、卡片纸、喷胶。

二、实施步骤

作业内容	图解	具体操作方法及要求	完成确认
（1）找出车速里程表在车上的位置		能正确观察仪表盘并独立找出相应仪表	
（2）识读车速里程表的示数		能正确识读车速里程表的示数	
（3）掌握车速里程表的各组成部分		能观察表盘上相应仪表的组成部分，并根据维修手册认识各部分所起的作用	
（4）了解车速里程表的作用		能实际操作并结合车速里程表各部分的作用总结它在仪表系统中的地位	
（5）将车速里程表装回仪表盘		能严格按照拆卸的相反顺序进行装配	

141

任务评价表

评价内容	赋分	序号	具体指标	分值	得分 自评	得分 组评	得分 师评
仪容仪表	15	1	工作服、鞋、胸卡穿戴整洁	5			
		2	发型、指甲等符合工作要求	5			
		3	不佩戴首饰、钥匙、手表等	5			
教学过程	60	4	车速里程表装在车上的位置	15			
		5	学会识读车速里程表的示数	15			
		6	掌握车速里程表的各组成部分	15			
		7	正确拆装车速里程表	15			
职业素养	25	8	出勤情况	10			
		9	服从安排,积极参加组内活动	5			
		10	认真执行7S工作	10			
			综合得分	100			

一、填空题

1. 车速里程表是用来指示汽车_____和累计_____的仪表,它由_____和_____两部分组成。

2. 车速里程表按结构分为_____、_____两种。

3. 电子式车速里程表主要由_____、_____、_____和_____四部分组成。

二、判断题

1. 车速传感器的作用是产生反比于车速的电信号。（ ）

2. 电子电路其作用是将车速传感器送来的电信号整形、触发,输出一个与车速成正比的电流信号。（ ）

3. 磁感应式车速里程表由变速器（或分动器）内的蜗轮蜗杆经软轴驱动。（ ）

任务三　机油压力表检修

知识目标:

1. 了解机油压力表的组成和作用。
2. 熟悉机油压力表在车上的位置。

能力目标：
1. 能识读机油压力表。
2. 正确选择和使用工具。
3. 能正确拆装机油压力表，操作规范。

发动机运转时润滑系主油道的润滑油压力是由机油压力表显示的，因此要对机油压力表进行认知，并能识记。会规范、正确地拆装机油压力表，熟悉分析拆装的具体工作过程。

机油压力表用来检测和显示发动机主油道的机油压力大小，以防因缺机油而造成拉缸、烧瓦等重大故障发生。它由机油压力传感器和机油压力指示表两部分组成。

机油压力指示表可分为电热式、电磁式和弹簧式三种。机油压力传感器可分为双金属片式和可变电阻式两种。常用的是电热式机油压力指示表配双金属片式机油压力传感器，电磁式机油压力指示表配可变电阻式机油压力传感器。

1. 电热式机油压力表与电热式机油压力传感器

（1）结构　电热式机油压力表也称双金属片式机油压力表，其与电热式传感器的基本结构如图5-1-5所示。

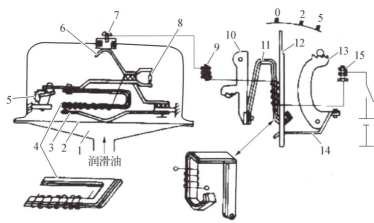

机油压力表

图 5-1-5　电热式机油压力表与电热式传感器

1-油腔；2-膜片；3,14-弹簧片；4-双金属片；5-调节齿轮；6-接触片；7-传感器接线柱；8-校正电阻；
9-机油压力表传感器接线柱；10,13-调节齿扇；11-双金属片；12-指针；15-机油压力表电源接线柱

（2）原理　当点火开关置ON时，电流流过双金属片4的加热线圈，双金属片4受热变形，使触点分开；随后双金属片4又冷却伸直，触点重又闭合。如此反复，电路中形成一个脉冲电流，其波形如图5-1-6所示。

（a）油压为0，f=15次/min，I=0.06A

（b）油压为0.2MPa，f=70次/min，I=0.17A

（c）油压为0.5MPa，f=125次/min，I=0.24A

图 5-1-6　电热式机油压力表加热线圈中电流的波形

当油压降低时，传感器膜片2变形小，触点压力小，闭合时间短，打开时间长，变化频率低，电路中平均电流小，双金属片11弯曲变形小，指针偏摆角度小，指向低油压；反之，当油压升高时，指针偏摆角度大，指向高油压。

（3）使用　在安装传感器时，必须使传感器外壳上的箭头（安装记号）向上，不应偏出垂直位置30°。发动机低速运转时，机油压力不应小于0.15MPa，发动机高速运转时，机油压力不应超过0.5MPa。正常压力应为0.2～0.4MPa。

2. 电磁式机油压力表与可变电阻式机油压力传感器

（1）结构　电磁式机油压力表与可变电阻式机油压力传感器的基本结构如图5-1-7所示。

（2）原理　当油压降低时，传感器5的电阻值增大，线圈L_1中的电流减小，线圈L_2中的电流增大，转子2带动指针3随合成磁场的方向逆时针转动，指向低油压；当油压升高时，传感器5的电阻值减小，线圈L_1中的电流增大，线圈L_2中的电流减小，转子2带动指针3随合成磁场的方向顺时针转动，指向高油压。

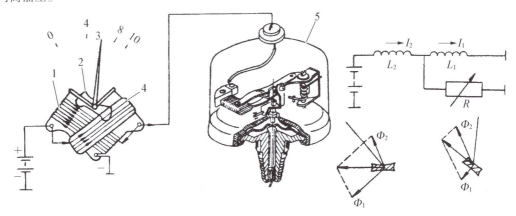

图5-1-7　电磁式机油压力表与可变电阻式机油压力传感器
1-L_1线圈；2-铁磁转子；3-指针；4-L_2线圈；5-可变电阻式机油压力传感器

一、任务准备

（1）工作场景：实训工厂、丰田COROLLA。
（2）主要设备：汽车的仪表板、一字起、十字起、工具车、工作台、世达工具、多媒体设备。
（3）辅助材料：抹布、挂历白纸、白板笔、卡片纸、喷胶。

二、实施步骤

作业内容	图解	具体操作方法及要求	完成确认
（1）找出机油压力表的位置		能观察仪表盘并独立找出相应仪表	
（2）拆下机油压力表		能对对应仪表拆卸相应导线 注意： 能在拆卸连接导线时不要用力拉扯，防止导线损坏	

续表

作业内容	图解	具体操作方法及要求	完成确认
（3）掌握机油压力表的组成部分		能观察表盘上相应仪表的组成部分，并根据维修手册认识各部分所起的作用	
（4）了解机油压力表的作用	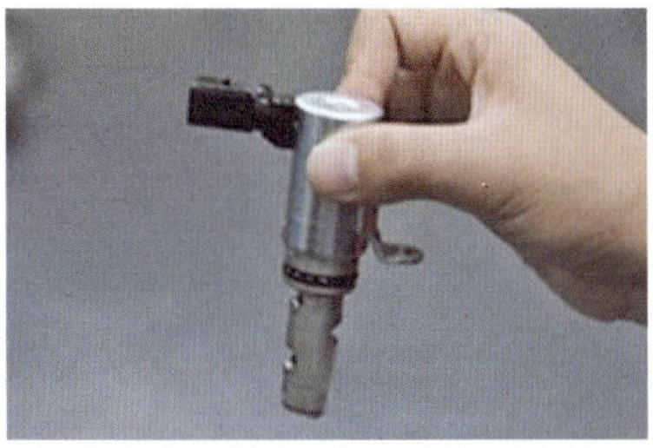	能正确实际操作并结合车速里程表各部分的作用总结它在仪表中的地位	
（5）将机油压力表装回仪表盘		能严格按照拆卸的相反顺序进行装配	

任务评价表

评价内容	赋分	序号	具体指标	分值	得分		
					自评	组评	师评
仪容仪表	15	1	工作服、鞋、胸卡穿戴整洁	5			
		2	发型、指甲等符合工作要求	5			
		3	不佩戴首饰、钥匙、手表等	5			
教学过程	60	4	找出机油压力表装在车上的位置	15			
		5	掌握机油压力表的各组成部分	15			
		6	了解机油压力表的作用	15			
		7	能正确拆装机油压力表	15			
职业素养	25	8	出勤情况	10			
		9	服从安排，积极参加组内活动	5			
		10	认真执行 7S 工作	10			
综合得分				100			

一、填空题

1. 机油压力表由_____和_____两部分组成。
2. 机油压力指示表可分为_____、_____和_____三种。
3. 机油压力传感器可分为_____和_____两种。

二、判断题

1. 在安装传感器时,必须使传感器外壳上的箭头(安装记号)向上,应该偏出垂直位置30°。（　　）
2. 发动机低速运转时,机油压力不应大于0.15MPa。（　　）
3. 发动机高速运转时,机油压力不应超过0.5MPa,正常压力应为0.2～0.4MPa。（　　）

任务四　冷却液温度表检修

知识目标:
1. 了解冷却液温度表的组成和作用。
2. 熟悉冷却液温度表在车上的位置。

能力目标:
1. 能识读冷却液温度表。
2. 正确选择和使用工具。
3. 能正确拆装冷却液温度表,操作规范。

冷却液温度表显示冷却液的温度,它也可提示发动机的温度,冷却液是用来给发动机降温的,水温过高发动机就不能正常工作了。能对冷却液温度表进行认知,并能识记。会规范、正确地拆装冷却液温度表件,熟悉拆装的具体工作过程。

冷却液温度表用来检测和显示发动机水套中冷却液的工作温度,以防因冷却液温度过高而使发动机过热。

冷却液温度指示表可分为电热式、电磁式和动磁式三种,冷却液温度传感器可分为双金属片式和热敏电阻式两种。常用的是电热式冷却液温度指示表配双金属片式传感器、电热式冷却液温度指示表配热敏电阻式传感器和电磁式冷却液温度指示表配热敏电阻式传感器三种。

1. 电热式冷却液温度表与双金属片式传感器

（1）结构　电热式冷却液温度表与双金属片式传感器的基本结构如图5-1-8所示。

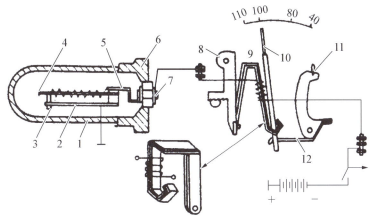

图 5-1-8　电热式冷却液温度表与双金属片式传感器

1- 铜壳；2- 底板；3- 固定触点；4- 双金属片；5- 接触片；6- 壳；7- 接线柱；
8，11- 调整齿扇；9- 温度表双金属片；10- 指针；12- 弹簧片

（2）原理　当点火开关置ON时，电流流过加热线圈，双金属片4受热变形使触点分离，切断电路；随后双金属片冷却伸直，触点重又闭合，电路又被接通，如此反复，电路中形成一脉冲电流。

当冷却液温度较低时，底板2变形小，触点压力大，闭合时间长，打开时间短，电路中电流的平均值大，该电流流过指示表加热线圈，指示表的双金属片9变形大，指针偏摆角度大，指向低温。反之，当水温较高时，传感器中底板2向上翘曲变形大，触点压力小，闭合时间短，打开时间长，电路中电流的平均值小，指示表的双金属片9变形小，指针偏摆角度小，指向高温。

2. 电热式冷却液温度表与热敏电阻式传感器

（1）结构　其基本结构如图5-1-9所示。热敏电阻式传感器的主要元件为负温度系数的热敏电阻。

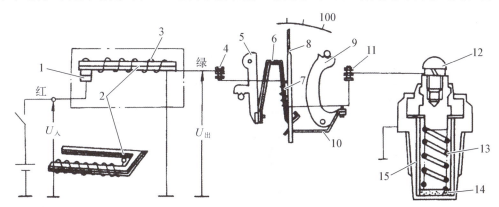

图 5-1-9　电热式冷却液温度表、热敏电阻式传感器与稳压器

1- 触点；2- 双金属片；3- 加热线圈；4，11，12- 接线柱；5，9- 调解齿扇；6- 温度表双金属片；
7- 加热线圈；8- 指针；10，13- 弹簧；14- 热敏电阻；15- 外壳

（2）原理　当点火开关置ON时，电流流向：蓄电池正极→点火开关→电源稳压器→温度表双金属片6的加热线圈7→传感器接线柱12→热敏电阻14→传感器外壳15→搭铁→蓄电池负极。

当发动机冷却液温度较低时，传感器的热敏电阻阻值大，电路中电流的平均值小，温度表的双金属片弯曲变形小，指针指向低温。反之，当冷却液温度升高时，热敏电阻阻值小，电路中电流的平均值大，温度表的双金属片弯曲变形大，指针指向高温。

3. 电磁式冷却液温度表与热敏电阻式温度传感器

（1）结构　结构如图5-1-10所示。

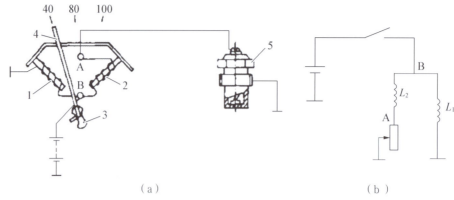

图 5-1-10 电磁式冷却液温度表与热敏电阻式温度传感器
1、2-电磁线圈；3-转子；4-指针；5-热敏电阻

（2）原理 当点火开关置 ON 时，左、右两线圈通电，各形成一个磁场，同时作用于软铁转子，转子 3 便在合成磁场的作用下转动，使指针指在某一刻度上。

当冷却液温度降低时，传感器热敏电阻阻值增大，线圈 2 中电流变小，合成磁场逆时针转动，使指针指在低温处；反之，当冷却液温度升高时，传感器热敏电阻阻值减小，线圈 2 中电流增大，合成磁场顺时针转动，使指针指在高温处。

一、任务准备

（1）工作场景：实训工厂、丰田 COROLLA 1.6。
（2）主要设备：汽车的仪表板、一字起、十字起、工具车、工作台、世达工具、多媒体设备。
（3）辅助材料：抹布、挂历白纸、白板笔、卡片纸、喷胶。

二、实施步骤

作业内容	图解	具体操作方法及要求	完成确认
（1）找出冷却液温度表装在车上的位置		能观察仪表盘并独立找出相应仪表	
（2）识读冷却液温度表的示数		能正确识读冷却液温度表的示数	
（3）掌握冷却液温度表的各组成部分		能观察表盘上相应仪表的组成部分，并根据维修手册认识各部分所起的作用	

续表

作业内容	图解	具体操作方法及要求	完成确认
（4）了解冷却液温度表的作用		能正确实际操作并结合冷却液温度表各部分的作用总结它在仪表中的地位	
（5）将冷却液温度表装回仪表盘		能严格按照拆卸的相反顺序进行装配	

任务评价表

评价内容	赋分	序号	具体指标	分值	得分 自评	得分 组评	得分 师评
仪容仪表	15	1	工作服、鞋、胸卡穿戴整洁	5			
		2	发型、指甲等符合工作要求	5			
		3	不佩戴首饰、钥匙、手表等	5			
教学过程	60	4	找出冷却液温度表装在车上的位置	15			
		5	掌握冷却液温度表的各组成部分	15			
		6	了解冷却液温度表的作用	15			
		7	正确拆装冷却液温度表	15			
职业素养	25	8	出勤情况	10			
		9	服从安排，积极参加组内活动	5			
		10	认真执行7S工作	10			
			综合得分	100			

一、填空题

1. 冷却液温度表用来检测和显示发动机水套中＿＿＿＿＿＿＿＿＿＿的工作温度，以防因＿＿＿＿＿＿＿＿＿温度过高而使发动机过热。

2. 冷却液温度指示表可分为＿＿＿＿＿＿、＿＿＿＿＿＿和＿＿＿＿＿＿三种。

3. 冷却液温度传感器可分为＿＿＿＿＿＿和＿＿＿＿＿＿两种。

二、判断题

1. 当发动机冷却液温度较低时，传感器的热敏电阻阻值大，电路中电流的平均值小，温度表的双金属片弯曲变形小，指针指向低温。（　　）

2. 电热式冷却液温度指示表配双金属片式传感器。（　　）

3. 电磁式冷却液温度指示表配热敏电阻式传感器。（　　）

任务五　燃油表检修

知识目标：
1. 了解燃油表的组成和作用。
2. 熟悉燃油表在车上的位置。

能力目标：
1. 能识读燃油表。
2. 正确选择和使用工具。
3. 能正确拆装燃油表，操作规范。

能对燃油表进行认知，并能识记。会规范、正确地拆装燃油表原件，熟悉拆装的具体工作过程。

燃油表

知识链接

燃油表用来指示燃油箱内燃油的储存量，由装在仪表板上的燃油指示表和装在燃油箱内的传感器两部分组成。

燃油表有电磁式、动磁式和电热式三种，传感器均为可变电阻式。

1. 电磁式燃油表与可变电阻式传感器

（1）结构　电磁式燃油表结构如图5-1-11所示，在燃油指示器中，左、右两个线圈1和2中间有转子3和指针4（与转子相连）。其燃油指示表刻度盘从左至右标明0、1/2、1，分别表示油箱内无油、半箱油、满油。可变电阻式传感器由电阻、滑片、浮子等组成。浮子漂浮在油面上，随油面的高低而起落，从而带动滑片使电阻的阻值随之改变。

150

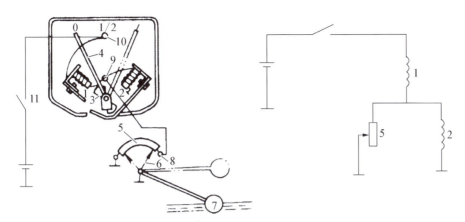

图 5-1-11　电磁式燃油表与可变电阻式燃油量传感器

1、2- 电磁线圈；3- 转子；4- 指针；5- 电阻；6- 滑片；7- 浮子；8、9、10- 接线柱；11- 点火开关

（2）原理　当点火开关置 ON 时，电流流向：蓄电池正极→点火开关 11→燃油表接线柱→10→左线圈 1→接线柱 9→右线圈 2→搭铁→蓄电池负极。同时电流由接线柱 9→传感器接线柱 8→可变电阻 5→滑片 6→搭铁→蓄电池负极。左线圈 1 和右线圈 2 形成合成磁场，转子 3 就在合成磁场的作用下转动，使指针指在某一刻度上。

当油箱无油时，浮子下沉，可变电阻 5 上的滑片 6 移至最右端，可变电阻 5 被短路，右线圈 2 也被短路，左线圈 1 的电流达最大值，产生的电磁吸力最强，吸引转子 3，使指针停在最左面的 "0" 位上。

随着油箱中油量的增加，浮子上浮，带动滑片 6 沿可变电阻滑动。可变电阻 5 部分接入电路，左线圈 1 电流相应减小，而右线圈 2 中电流增大。转子 3 在合成磁场的作用下向右偏转，带动指针指示油箱中的燃油量。如果油箱半满，指针指在 "1/2" 位；当油箱全满时，指针指在 "1" 位。

2. 动磁式燃油表与可变电阻式燃油量传感器

（1）结构　如图 5-1-12 所示，磁化线圈 1 和 2 互相垂直地绕在一个矩形塑料架上，塑料套筒轴承和金属轴穿过交叉线圈，金属轴上装有永磁铁转子 3，转子上连有指针 4。

（2）原理　工作原理与电磁式燃油表基本相同。

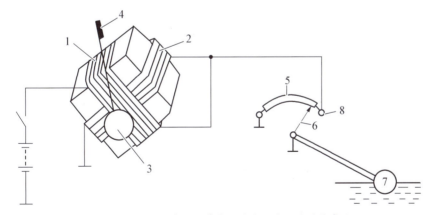

图 5-1-12　动磁式燃油表与可变电阻式燃油量传感器

1- 左线圈；2- 右线圈；3- 永久磁铁转子；4- 指针；5- 可变电阻；6- 滑片；7- 浮子；8- 接线柱

3. 电热式燃油表与可变电阻式燃油量传感器

（1）结构　电热式燃油表的基本结构和工作原理与电热式燃油表相同，仅表盘刻度不同。电热式燃油表配用可变电阻式传感器，需串联一个稳压器。其基本结构如图 5-1-13 所示。

（2）原理　当油箱无油时，浮子下沉，滑片 6 处于可变电阻 5 的最右端，传感器的电阻全部串入电路中，此时电路中电流最小，燃油表加热线圈 2 发热量小，双金属片 3 变形小，带动指针 4 指在 "0" 位。

当油箱内油量增加时，浮子上升，滑片向左移动，串入电路中的电阻减小，电路中的电流增大。燃油表加热线圈 2 发热量大，双金属片 3 变形增大，带动指针 4 向右偏转。

当油箱充满时，滑片移至最左端，将可变电阻短路，此时电路中电流最大，指针偏到最右边，指在 "1" 处。

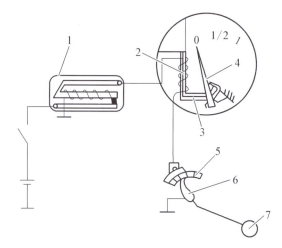

图 5-1-13 电热式燃油表与可变电阻式燃油量传感器
1- 稳压器；2- 加热线圈；3- 双金属片；4- 指针；5- 可变电阻；6- 滑片；7- 浮子

一、任务准备

（1）工作场景：实训工厂、丰田 COROLLA 1.6。
（2）主要设备：汽车的仪表板、一字起、十字起、工具车、工作台、世达工具、多媒体设备。
（3）辅助材料：抹布、挂历白纸、白板笔、卡片纸、喷胶。

二、实施步骤

作业内容	图解	具体操作方法及要求	完成确认
（1）找出燃油表的位置		能观察仪表盘并独立找出相应仪表	
（2）拆下燃油表		能拆下仪表盘上面的螺丝，可以从外面拉仪表盘出来 **注意：** 在拆卸连接导线时不要用力拉扯，防止导线损坏	
（3）掌握燃油表的组成部分		能观察表盘上相应仪表的组成部分，并根据维修手册认识各部分所起的作用	

续表

作业内容	图解	具体操作方法及要求	完成确认
（4）了解燃油表的作用		能正确实际操作并结合燃油表各部分的作用总结它在仪表中的地位	
（5）将燃油表装回仪表盘		能严格按照拆卸的相反顺序进行装配	

任务评价表

评价内容	赋分	序号	具体指标	分值	得分 自评	得分 组评	得分 师评
仪容仪表	15	1	工作服、鞋、胸卡穿戴整洁	5			
		2	发型、指甲等符合工作要求	5			
		3	不佩戴首饰、钥匙、手表等	5			
教学过程	60	4	找出燃油表装在车上的位置	15			
		5	掌握燃油表的各组成部分	15			
		6	了解燃油表的作用	15			
		7	正确拆装燃油表	15			
职业素养	25	8	出勤情况	10			
		9	服从安排，积极参加组内活动	5			
		10	认真执行7S工作	10			
			综合得分	100			

一、填空题

1. 燃油表用来指示燃油箱内燃油的储存量。它由装在仪表板上的_____和装在燃油箱内的_____两部分组成。

2. 燃油表有_____、_____和_____三种，传感器均为_____。

3. 电热式燃油表配用_____传感器，需串联一个_____。

二、问答题

1. 动磁式燃油表与可变电阻式燃油量传感器的部件都有哪些？

2. 你认为在拆装燃油表的过程中应该有哪些注意事项？

笔记

项目二 汽车报警系统

项目导入

报警信号系统通常由报警灯和自动开关组成,当被测系统不正常时,开关自动接通,报警灯亮,提醒驾驶员注意。报警灯一般安装在驾驶内仪表盘上,在灯泡前有滤光片,以使灯泡发红光或黄光,滤光片上一般有报警符号,以示报警项目。如何根据报警内容正确判断汽车故障部位,就是接下来我们要学习的内容。

任务 汽车仪表报警系统检修

学习目标

知识目标:
1. 了解汽车报警系统的组成和作用。
2. 熟悉各种报警灯在车上的位置。

能力目标:
1. 能识读各种报警灯。
2. 正确选择和使用工具。
3. 能正确拆装汽车报警灯,操作规范。

任务描述

对汽车仪表报警系统具体的元器件进行认知,并能识记。会规范、正确地拆装各种报警灯,学会分析该元器件的具体工作过程。

知识链接

一、报警装置的作用

为了便于驾驶员随时了解汽车各个主要系统的工作情况,及时发现问题、采取措施,防止发生人身和机械事故,保证汽车可靠而安全地行驶,汽车上安装了一些报警信号装置,如图5-2-1、图5-2-2所示,用来监测和反映汽车及发动机的一些重要系统的工作情况。

二、报警装置的组成

报警信号装置包括报警装置和信号装置。报警装置是在被监测的系统或总成工作状态不正常时工作,以提醒驾驶员注意,如水温报警灯、燃油液面报警灯等;信号装置是在被监测的系统或总成工作时工作,以提醒驾驶员注意,如远光指示灯、转向指示灯等。报警信号装置有灯光报警信号装置和音响报警信号装置两种。报警灯、指示灯的符号含义如表5-2-1所示。

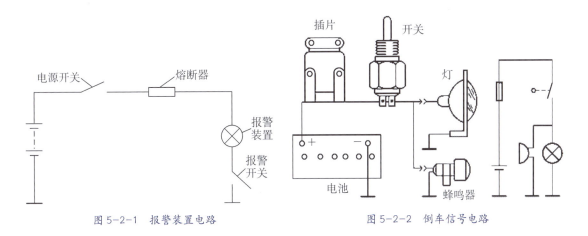

图 5-2-1 报警装置电路　　　　图 5-2-2 倒车信号电路

表 5-2-1 报警灯、指示灯的符号含义

符号	名称	符号	名称	符号	名称	符号	名称	符号	名称	符号	名称
	燃油		（水）温度		油压		充电指示		转向指示灯		远光
	近光		雾灯		手制动		制动失效		安全带		油温
	示廓（宽）灯		真空度		驱动指示		发动机室		行李室		停车灯
	危急报警		风窗除霜		风机		刮水/喷水器		刮水器		喷水器
	车灯开关		阻风门		喇叭		点烟器		后刮水器		后喷水器

1. 机油压力过低报警灯

（1）弹簧式机油压力过低报警灯　图 5-2-3 所示为弹簧管式机油压力过低报警开关，有一对常闭触点。点火开关接通，在发动机未起动时，油压开关是接通的，报警灯亮。在发动机起动后，主油道压力升高，开关的触点断开，报警灯熄灭，表示润滑系统工作正常。运行中若主油道堵塞、泄漏等原因使机油压力过低时，开关接通，报警灯亮。

（2）膜片式机油压力过低报警灯　膜片式机油压力过低报警灯电路如图 5-2-4 所示。当机油压力低于一定值时，油压报警传感器中的动触点下降与静触点相接触，接通油压报警灯电路，报警灯发亮。

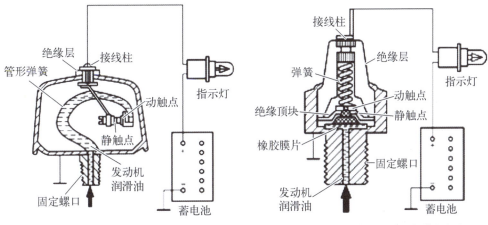

图 5-2-3 弹簧管式机油压力报警灯电路　　　图 5-2-4 膜片式机油压力报警灯电路

2. 燃油量不足报警

燃油量不足报警灯电路如图5-2-5所示。其报警开关为热敏电阻式，装在油箱内。当油箱内燃油量多时，负温度系数的热敏电阻元件浸没在燃油中散热快，温度较低，电阻值较大。因此电路中几乎没有电流，报警灯不亮。而当燃油量减少到规定值以下时，热敏电阻元件露出油面，散热较慢，温度升高，电阻值减小，电路中电流增大，于是报警灯发亮，提醒驾驶员应及时加注燃油。

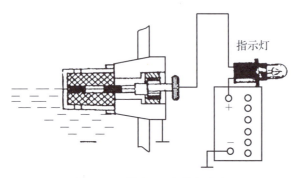

图5-2-5 燃油不足报警灯电路

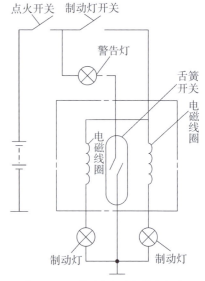

图5-2-6 制动灯断线报警灯电路

3. 制动灯断线报警

制动灯断线报警灯电路如图5-2-6所示。在正常情况下制动时，踩下制动踏板，制动开关接通，电流分别流经左右两电磁线圈，使左右制动信号灯亮。此时，两线圈所产生的磁场相互抵消，舌簧开关触点断开，报警灯不亮。若左（或右）制动信号灯线断路或灯丝烧断时进行制动，则左（或右）电磁线圈无电流通过，而通电的线圈所产生的电磁吸力吸动舌簧开关触点闭合，报警灯发亮，表示制动灯电路有断路故障。

4. 冷却水、制动液、挡风玻璃清洗液液面过低报警

液面过低报警装置适用于发动机冷却水、制动液、挡风玻璃清洗液等液面过低的报警，其电路如图5-2-7所示。其工作原理：当浮子随液面下降到规定值以下时，永久磁铁吸动舌簧开关使之闭合，接通电路，使报警灯发亮，以示告警。当液面在规定值以上时，浮子上升，磁铁吸力不足，舌簧开关在自身弹力作用下，使电路断开，报警灯熄灭。

5. 蓄电池液面过低报警

如图5-2-8所示，为蓄电池电解液液面过低报警装置电路。其报警开关是一个电子开关，由传感器和放大器组成，传感器为一铅棒，通常安装在由正极柱算起第三个单格内。当蓄电池电解液面高度正常时，传感器铅棒上的电位为8V，从而使VT_1导通，VT_2截止，报警灯不亮。当电解液液面在最低限位以下时，铅棒无法与电解液接触，也就无正电位，从而使VT_1截止，VT_2导通，报警灯发亮。

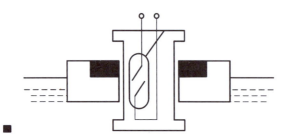

图5-2-7 液面过低报警灯电路

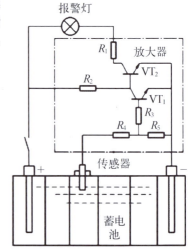

图5-2-8 蓄电池液面过低报警灯电路

6. 水温过高报警

水温过高报警灯电路如图5-2-9所示，其报警开关为双金属片式温度开关。当冷却水温正常时，双

金属片几乎不变形,触点分开,报警灯不亮。如果冷却水温升高到95～105℃时,双金属片由于温度升高而弯曲变形,使触点闭合,红色报警灯便通电发亮,提醒驾驶员采取适当降温措施。

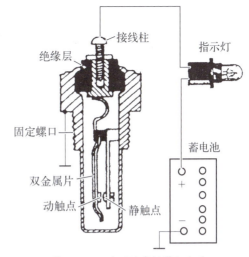

图5-2-9 水温过高报警灯电路

 任务实施

一、任务准备

(1) 工作场景:实训工厂、桑塔纳、举升机。

(2) 主要设备:汽车仪表、一字起、十字起、工具车、工作台、世达工具、多媒体设备。

(3) 辅助材料:抹布、挂历白纸、白板笔、卡片纸、喷胶。

二、实施步骤

作业内容	图解	技术规范	完成确认
(1) 按顺序找出各报警装置		按顺序依次将各个报警仪表找出	
(2) 认知各个报警仪表及其作用		结合资料掌握各个仪表的作用	
(3) 拆装报警仪表装置		有规律地将各连接导线拆下 **注意:** 在拆卸连接导线时不要用力拉扯,防止导线损坏	
(4) 拆装机油压力过低报警器		将拆下的零部件按顺序放在规定部位 **注意:** 在拆卸连接导线时不要用力拉扯,防止导线损坏	

续表

作业内容	图解	技术规范	完成确认
（5）找出燃油量不足报警线路	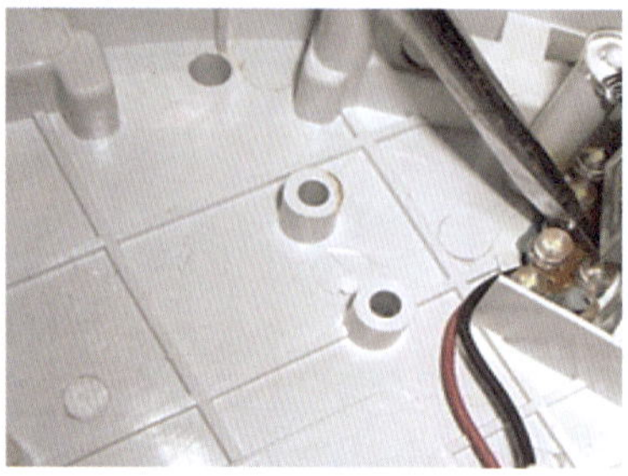	先观察后动手，选择合适的工具 **注意**： 在拆卸连接导线时不要用力拉扯，防止导线损坏	
（6）找出制动灯断线报警电路		在拆卸连接导线时不要用力拉扯，防止导线损坏	
（7）熟知各清洗液液面过低报警器	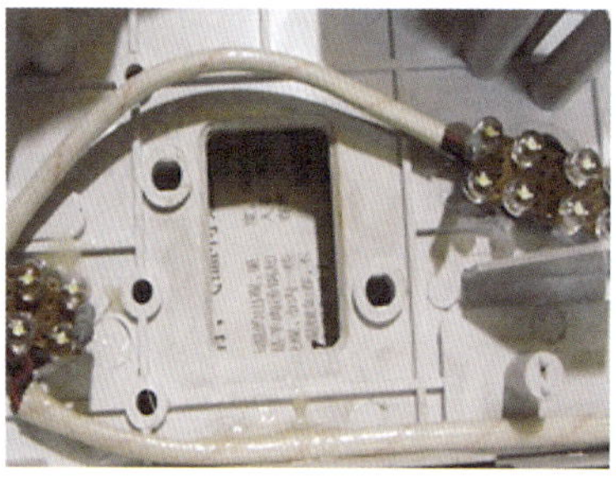	对对应仪表拆卸相应的导线 **注意**： 在拆卸连接导线时不要用力拉扯，防止导线损坏	
（8）拆装蓄电池液面过低报警器		拆装过程中注意观察相应传感器，了解其原理 **注意**： 在拆卸连接导线时不要用力拉扯，防止导线损坏	
（9）拆装水温过高报警器		在拆卸连接导线时不要用力拉扯，防止导线损坏	

任务评价表

评价内容	赋分	序号	具体指标	分值	得分 自评	得分 组评	得分 师评
仪容仪表	15	1	工作服、鞋、胸卡穿戴整洁	5			
		2	发型、指甲等符合工作要求	5			
		3	不佩戴首饰、钥匙、手表等	5			
教学过程	60	4	熟练使用各种工量具	15			
		5	正确拆卸各类报警装置	15			
		6	正确找出各类报警器连接线路	15			
		7	正确安装各类报警装置	15			
职业素养	25	8	出勤情况	10			
		9	服从安排，积极参加组内活动	5			
		10	认真执行7S工作	10			
			综合得分	100			

 笔记

任务测评

一、填空题

1. 对于燃油量不足警示灯，当燃油量减少到_____以下时，热敏电阻元件露出油面，散热_____，温度_____，电阻值_____，电路中电流_____，于是报警灯发亮。

2. 报警信号装置包括_____和_____。

二、选择题

1. 汽车防盗报警系统一般以灯光闪烁与发声报警声形式发出，报警发生后持续时间约为（　　）。

   A. 10s　　　B. 30s　　　C. 1min　　　D. 5min

2. 发动机冷却液温度报警灯的颜色是（　　）。

   A. 白色　　　B. 黄色　　　C. 橙色　　　D. 红色

3. 当机油压力低于一定值时，油压报警传感器中的动触点（　　）与静触点相接触，接通油压报警灯电路，报警灯发亮。

   A. 上升　　　B. 下降　　　C. 先上升后下降　　　D. 先下降后上升

4. 在正常情况下制动时，踩下（　　），制动灯开关接通，电流分别流经左右两电磁线圈，使左右制动信号灯亮。

   A. 离合器　　　B. 制动踏板　　　C. 油门踏板

5. 弹簧管式机油压力过低报警开关，有一对（　　）触点。

   A. 常开　　　B. 常闭　　　C. 电动　　　D. 机械

单元六　汽车舒适系统与安全系统

项目一　汽车舒适系统

任务一　风窗刮水、清洗和除霜装置检修

早上王先生开车上班，因路上有雨就打开刮水器开关，发现刮水器其他挡位都正常工作，只有高速挡不工作，王先生的车是丰田卡罗拉轿车。现在请作为未来维修技师的你来帮助王先生排除故障。在解决问题之前，你需要掌握风窗刮水器的结构、工作原理及控制电路。

知识目标：
1. 掌握风窗刮水器的作用、结构及工作原理。
2. 了解风窗清洗器的结构和工作原理。
3. 掌握风窗除霜装置的结构和工作原理。

能力目标：
1. 通过学习，能够知道风窗刮水器各个挡位的含义及使用情况。
2. 通过合作探究的学习方法，能够分析风窗刮水、清洗和除霜装置的控制电路，并能通过电路分析进行故障诊断。

对风窗刮水、清洗和除霜装置进行认知，讲述其结构和基本工作原理，知道这些装置在汽车上的作用。

一、风窗刮水器

1. 风窗刮水器的作用

为了保证驾驶员在雨天、雪天和雾天有良好的视线，轿车都安装有电动挡风玻璃刮水器，它具有一

个或两个以上的橡胶刷，由驱动装置带着来回摆动，以除去玻璃上的水、雪等。

2. 刮水器的分类

根据安装位置不同分为前风窗刮水器和后风窗刮水器。

根据驱动装置不同分为由真空泵驱动的真空式、具有空气气源的气动式和电动式，其中电动式结构简单，控制效果好，应用广泛。

3. 风窗刮水器的常见挡位

风窗刮水器的常见挡位如图6-1-1所示。

① OFF：关闭挡
② INT：间歇挡
③ LO：低速挡
④ HI：高速挡
⑤ MIST：点动挡

图 6-1-1　风窗刮水器挡位开关

4. 风窗刮水器组成

（1）基本结构　电动刮水器的电动机一般有永磁式和励磁式两种，永磁式电动机结构简单、体积小、可靠性好，被广泛采用。

如图6-1-2所示，电动刮水器由电动机、传动机构和刮水片三部分组成。电动机轴端的蜗杆驱动蜗轮4，蜗轮4带动摇臂6旋转，摇臂6使拉杆7往复运动，从而带动刮水片左右摆动。

图6-1-3所示为美国福特公司采用的永磁式电动刮水器的电动机结构。

（2）工作原理　电动机动旋转，带动蜗杆、蜗轮，使与蜗轮相连的拉杆和摆杆带左右两刮片架作往复运动，橡皮刷便刷去风窗玻璃上的雨水、雪或灰尘。

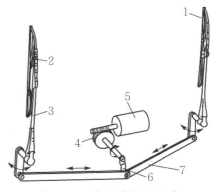

图 6-1-2　电动刮水器的组成

1- 刮水片；2- 刮水片架；3- 雨刮臂；
4- 蜗轮；5- 电动机；6- 摇臂；7- 拉杆

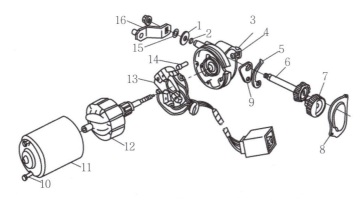

图 6-1-3　福特公司采用的永磁式电动机

1- 平垫圈；2-O形圈；3- 减速器壳；4- 弹簧；5- 复位开关顶杆；6- 输出齿轮和轴；7- 惰轮和蜗轮；
8- 减速器盖；9- 复位开关顶杆的定位板；10- 长螺钉；11- 电动机外壳和磁铁总成；12- 电枢；
13- 三个电刷的安装位置和复位开关总成；14- 复位开关顶杆及其与开关联动的销子；15- 弹簧垫圈；16- 输出臂

5. 风窗刮水器工作原理

（1）永磁式电动刮水器变速与自动复位原理　永磁式电动机由蜗杆、蜗轮、永久磁铁、电枢等组成。

① 永磁式电动刮水器变速原理　刮水片一般都有两种摆动刮水速度，通过控制驱动电动机的变速实现。永磁式电动机是利用三个电刷来改变正负电刷之间串联的线圈数来实现变速的。

其控制原理：直流电动机工作时，在电枢内的所有线圈中同时产生反电动势，每个小线圈产生相等的反电动势。

当开关拨到低速挡 L 时，在两个电刷 B_1、B_3 之间有两条并联支路，各有 3 个线圈，反电动势方向如图 6-1-4 所示。当开关拨到高速挡 H 时，在两个电刷 B_2、B_3 之间也有两条并联支路，一个支路有 2 个线圈串联，另一个支路有 4 个线圈串联，但其中一个线圈的反电动势方向与另三个线圈的反电动势方向相反。由于反电动势的减小，使电枢的转速上升，重新达到电压平衡，这样永磁式电动刮水器就得到了高、低速不同的工作挡位。

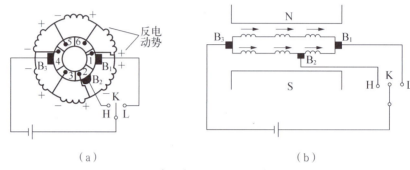

图 6-1-4　永磁式电动刮水器变速原理

② 永磁式电动刮水器复位原理　为了不影响驾驶员的视线，要求刮水器能自动复位，即不论在什么时候关闭刮水器开关，刮水片都能自动停在风窗玻璃的下部。图 6-1-5 为刮水器自动复位装置的原理图，其工作原理如下。

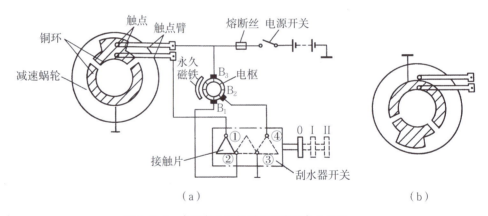

图 6-1-5　永磁式电动机刮水器自动复位原理

当电源开关接通时，把刮水器开关拉到"Ⅰ"挡时，电流流向：蓄电池的正极→电源开关→熔丝→电刷 B_3→电枢绕组→电刷 B_1→刮水器"Ⅰ"挡→搭铁，刮水器电动机低速运转。

当刮水器开关拉到"Ⅱ"挡时，电流流向：蓄电池的正极→电源开关→熔丝→电刷 B_3→电枢绕组→电刷 B_2→刮水器"Ⅱ"挡→搭铁，刮水器电动机高速运转。

把刮水开关推到"0"挡时，如果刮水器的刮水片没有停在规定的位置，则电流流向：蓄电池正极→电源开关→熔丝→电刷 B3→电枢绕组→电刷 B1→刮水器"0"挡→触点臂→铜环→搭铁，这时电动机将继续转，当刮水器的刮水片到规定位置时，触点臂和铜环接触，使电动机短路。与此同时，电动机电枢由于惯性而不能立刻停下来，电枢绕组通过触点臂与铜环接触而构成回路，电枢绕组产生感应电流，因而产生制动扭矩，电动机迅速停止转动，使刮水器的刮水片停止在规定的位置。

（2）刮水片的间歇摆动　间歇控制是采用间歇控制继电器而实现的。一般采用的是多谐振荡电路，和电容式闪光器电路图类似。

（3）典型电动刮水器与洗涤器电路　典型电动刮水器与洗涤器电路如图 6-1-6 所示。

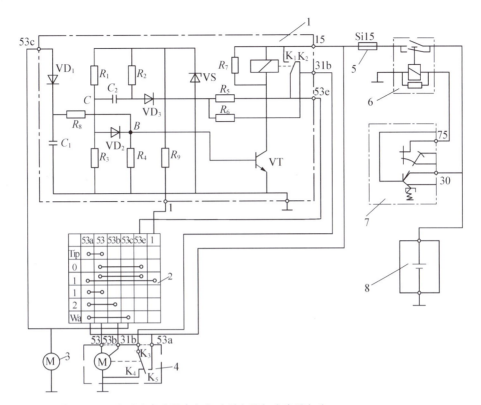

图 6-1-6 典型（奥迪轿车）电动刮水器与洗涤器电路

1- 刮水器间歇控制器；2- 刮水器与洗涤器控制开关（TiP：点动状态，0：空挡，I：间歇挡，1：低速挡，2：高速挡，Wa：洗涤挡）；3- 洗涤器电动机；4- 刮水器电动机；5- 熔丝；6- 卸荷继电器；7- 点火开关；8- 蓄电池

① 低速挡。当刮水器开关位于挡位"1"时，电流流向：蓄电池正极→卸荷继电器→熔断丝→刮水器开关 53a 和 53→刮水器电动机 53→搭铁，此时刮水器电动机以低速挡工作。

② 高速挡。当刮水器开关位于挡位"2"时，电流流向：蓄电池正极→卸荷继电器→熔断丝→刮水器开关 53a 和 53→刮水器电动机 53b→搭铁，此时刮水器电动机以高速挡工作。

③ 自动停机复位。当刮水器开关位于挡位"0"时，若此时刮水片没有回到规定位置，则刮水器电动机自动复位开关触点 S_3 与 S_5 相接，电流流向：蓄电池正极→卸荷继电器→熔断丝→刮水器电动机 53a、S_5 和 31b 间歇控制器的 31b、常闭触点 S2 和 53e→刮水器开关 53e 和 53→刮水电动机 53→搭铁，电动机仍继续旋转，直到刮水片到达规定位置时，复位开关中的触点 S_3 与 S_5 断开而与 S_4 接通，电动机被短路，产生制动转矩，刮水器回到规定的位置。

④ 间歇挡。当刮水器开关位于挡位"I"时，三极管 VT 导通，间歇控制器中的触点 S_2 打开、S_1 闭合，电流流向：蓄电池正极→卸荷继电器→间歇控制器接线柱 15、触点 S_1、接线柱 53e→刮水器开关 53e 和 53→刮水器电动机 53→搭铁，此时刮水器以低速挡工作。

当刮水器到达规定位置时，复位开关中触点 S_3 与 S_4 接通，即 S_3 搭铁，使间歇控制器中 31b 为低电位，C 点电位下降，三极管 VT 截止，间歇控制器触点 K_1 断开，刮水器电动机停止工作。此时 C_2 处于放电状态，随着放电过程的进行，C 点电位升高，三极管 VT 又导通，刮水器电动机再次以低速工作。

可见，C_2 的不断充电、放电，三极管 VT 就会导通截止反复翻转，如此形成间歇刮水过程。刮洗时间为 2～4s，间歇时间为 4～6s。

⑤ 点动挡。当刮水器开关位于挡位"TiP"时，刮水器电动机低速工作，松开刮水器开关手柄，开关自动跳回"0"挡，刮水器在复位开关的作用下回到规定的位置。

6. 风窗刮水器的新技术

（1）柔性齿条传动刮水器 近年来在有些车辆上采用了柔性齿条传动刮水器，其结构如图 6-1-7 所示，柔性齿条传动机构具有占用空间小、噪声低、便于刮水电动机布置等优点。可以将电动机装在维修空间比较大的地方，便于修护。柔性齿条由套管、芯轴、钢丝三部分组成。钢丝以一定的螺距绕在柔性的芯轴上，使芯轴表面形成"齿形"，与齿轮啮合带动刮水片做住复摆动刮水。

（2）雨滴感知型间歇雨刮系统 电动刮水器虽然能够实现间歇控制，但不能随雨量大小的变化及时调整刮水片的刮水频率。雨滴感知型刮水器则能根据雨量的大小自动调节刮水频率，使驾驶员始终保持良好的视线。

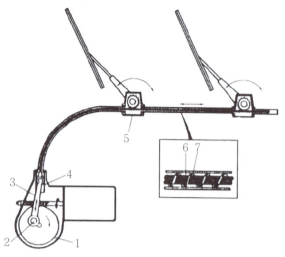

图6-1-7 柔性齿条传动刮水器
1-蜗轮；2-曲柄销；3-连杆；
4-滑块；5-齿轮箱；6-芯轴；7-钢丝

图6-1-8 雨滴感知型间歇雨刮系统（白框内）

雨滴感知型刮水装置主要由雨滴传感器、间歇控制电路、刮水电机三大部分组成。其中雨滴传感器有压电型和电阻阻值改变型两种。压电型传感器是利用雨滴下落撞击传感器的振动片，将振动能量传给压电元件，从而将雨量的大小转变为与之相对应的电信号，如图6-1-8所示。电阻阻值改变型是利用雨滴流量检测电极，雨水落在两电极之间，使它们的电阻值明显变化，将雨量的大小转变为与之相对应的电信号。

二、风窗清洗器

1. 风窗清洗器的作用

汽车在灰尘较多的环境中行驶时，会造成一些灰尘飘落在风窗上影响驾驶员的视线。为此许多汽车的刮水系统中增设了清洗装置，必要时向风窗表面喷洒专用清洗液或水，在刮水片配合工作下，保持风窗表面洁净。

2. 风窗清洗器的组成

风窗清洗器的结构如图6-1-9所示。

（1）洗涤液罐　洗涤液=水+添加剂(防冻剂、去垢剂、缓蚀剂等)。洗涤液罐的位置如图6-1-10所示。

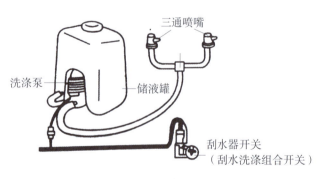

图6-1-9 风窗清洗器

图6-1-10 洗涤液罐的位置

（2）洗涤泵　由永磁直流电机和离心式液压泵（吸油、压油）组成一体。

（3）软管

（4）三通喷嘴　喷嘴的喷射压力为70～80kPa，在风窗玻璃下面，其方向可调整。喷嘴位置如图6-1-11和图6-1-12所示。

图 6-1-11　丰田卡罗拉的风窗洗涤器喷嘴

图 6-1-12　雪佛兰科鲁兹的风窗洗涤器喷嘴

（5）刮水器开关（图 6-1-1）

3. 风窗清洗器的工作原理

风窗清洗器的工作原理如图 6-1-6 所示。风窗清洗装置电路比较简单，一般和电动刮水器共用一个保险丝。有的车上清洗开关单独设置安装，有的则和刮水器开关组合在一起，便于操作。

当刮水器开关位于"Wa"挡时，风窗洗涤器和刮水器同时工作。洗涤器电机的电路：蓄电池正极→卸荷继电器→熔断丝→刮水器开关 53a 和 53c →洗涤器电动机→搭铁，于是洗涤器电动机带动水泵运转，将洗涤液喷洒到风窗玻璃上。与此同时，通过间歇控制器 53c 接柱，使得间歇控制器工作，刮水器电动机间歇挡工作。

在此挡位工作，当松开刮水器开关手柄时，刮水器开关自动回到"0"挡。

三、风窗玻璃除霜系统

1. 风窗玻璃除霜系统的作用

在较冷的季节，有雨、雪或雾的天气，空气中的水分会在冷的风窗玻璃上凝结成细小的水滴甚至结冰，从而影响驾驶员的视线。为了防止水蒸气在风窗玻璃上凝结，设置风窗除霜装置，需要时可以对风窗玻璃加热。

2. 除霜的方法

① 前风窗玻璃：在汽车空调系统的风道中加设除霜器风门。
② 后风窗玻璃：采用除霜热线，利用电阻丝组成的电栅加热除霜。

3. 风窗玻璃除霜的工作原理

因除霜系统耗电很大（30A 以上），所以系统采用了定时电路。图 6-1-13 所示为 LS400 轿车风窗除霜系统电路图，其工作过程如下。

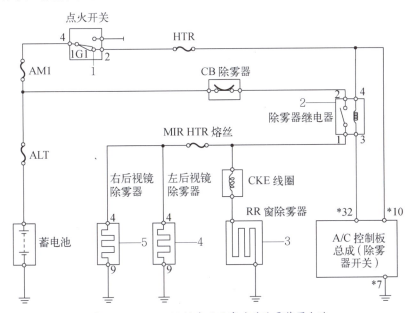
图 6-1-13　LS400 轿车后风窗玻璃除霜装置电路
1- 点火开关；2- 继电器；3- 后窗除雾器；4- 右后视镜除雾器；5- 左后视镜除雾器

笔记

风窗洗涤系统喷头角度的调整

当接通除霜器开关后，除霜器开关使除霜继电器的磁化线圈搭铁，继电器触点闭合，风窗玻璃及后视镜上的电热丝通电发热，使冰霜受热蒸发。除霜器开关中的时间继电器维持除霜继电器导通10～20min，然后自动切断除霜继电器的电路，使电热丝断电。若想继续除霜，可再次接通除霜开关。

四、常见故障诊断与排除

1. 刮水器常见故障诊断与排除

刮水器常见故障有刮水器各挡位都不工作、个别挡位不工作、不能自动停位等。

（1）各挡位都不工作

① 故障现象：接通点火开关后，刮水器开关置于各挡位，刮水器均不工作。

雨刮电机的电气性能检查

② 主要原因：熔断器断路；刮水电动机或开关有故障；机械传动部分锈蚀或与电动机脱开；连接线路断路或插接件松脱。

③ 诊断与排除：可参照下列步骤进行诊断检查并酌情维修。首先检查熔断器，应无断路，线路应无松脱；然后检查刮水器电动机及开关的电源线和搭铁线，应接触良好，没有断路；再检查开关各个接线柱在相应挡位能否正常接通；最后检查电动机和机械连接情况。

（2）个别挡位不工作

① 故障现象：接通点火开关后，刮水器个别挡位（低速、高速或间歇挡）不工作。

② 主要原因：刮水电动机或开关有故障；间歇继电器有故障；连接线路断路或插接件松脱。

雨刮电机的拆卸、更换和安装

③ 诊断与排除：如果刮水器是高速挡或低速挡不工作，可参照下列步骤进行诊断检查并酌情维修：首先检查刮水器电动机及开关对应故障挡位的线路是否正常；检查开关接线柱在相应挡位能否正常接通；最后检查电动机是否个别电刷接触不良。

如果刮水器在间歇挡不工作，应顺序检查间歇开关（或刮水器开关的间歇挡）、线路和间歇继电器。

（3）不能自动停位

① 故障现象：刮水器开关断开或在间歇挡工作时，刮水器不能自动停止在设定位置。

② 主要原因：刮水电动机自动停位机构损坏；刮水器开关损坏；刮水臂调整不当；线路连接错误。

③ 诊断与排除：可参照下列步骤进行诊断检查并酌情维修：首先检查刮水臂的安装及刮水器开关线路连接是否正确；再检查刮水器开关在相应挡位的接线柱能否正常接通；最后检查电动机自动停位机构触点能否正常闭合和接触良好。

2. 风窗玻璃清洗器常见故障诊断与排除

风窗清洗装置常见故障有所有喷嘴都不工作和个别喷嘴不工作。

（1）主要故障原因　清洗电动机或开关损坏；线路断路；清洗液液面过低或连接管脱落；喷嘴堵塞。

（2）诊断步骤　如果所有喷嘴都不工作，先检查清洗液液面和连接管是否正常；然后检查清洗电机搭铁线和电源线有无断路、松脱；开关和电机是否正常。如果个别喷嘴不工作，一般是喷嘴堵塞所致。

有些轿车还有前照灯清洗装置，原理和常见故障及诊断方法与风窗清洗装置相同。

3. 风窗玻璃除霜装置常见故障诊断与排除

（1）主要故障原因　熔断器或控制线路断路；加热丝或开关损坏。

（2）诊断步骤　首先检查熔断器是否正常，然后将开关接通后检查加热丝火线端电压是否正常，如果电压为零，应检查开关和电源线路；否则检查电热丝是否断路。若电热丝断路，可用润滑脂清理加热丝端部，并用蜡和硅脱膜剂清理加热丝断头，再用专用修理剂进行修补，将断点处连接起来，保持适当时间后方可使用。

一、任务准备

（1）工作场景：多媒体教室、丰田卡罗拉轿车。

（2）主要设备：教学用车、成套组合工具车、工作台、多媒体设备。

（3）辅助材料：翼子板布和前格栅布、三件套、抹布、车轮挡块、手套、白板笔。

二、实施步骤

作业内容	图解	具体操作方法及要求	完成确认
（1）将车辆停放在举升机位		技术要求： ① 车辆位于举升机位的正常位置 ② 车辆中心轴线应和举升机对称面在同一平面内，车辆不允许偏向任一侧或一端 安全警告： ① 移动车辆时要注意检查车辆周围有无障碍物 ② 必须由具有驾驶证并有驾驶经验的人员移动车辆	
（2）放置车轮挡块		技术要求： ① 车轮挡块可放置在任意车轮的前后 ② 车轮挡块要与轮胎外边沿平齐 ③ 挡块斜面应与轮胎紧密接触 ④ 挡块放置要周正，不能歪斜 安全警告： ① 挡块要拿稳，避免跌落砸伤脚 ② 避免撞击车身、轮胎或轮毂，以免对车身或车轮造成损伤	
（3）安装尾排		技术要求： ① 拉下尾排 ② 安装尾排 安全警告： 尾排安装的时候小心，避免伤到自己	
（4）安装三件套		技术要求： ① 放置车轮挡块 ② 放置驾驶室三件套（脚垫、座椅套和方向盘套） ③ 确认换挡杆置于P挡，拉起驻车制动器	
（5）拉紧驻车制动器		技术要求： ① 驻车制动器行程标准值6～9棘轮响 ② 拉紧驻车制动器 安全警告： 禁止拉紧手柄时用力过猛 易发问题： 忘记拉紧驻车制动器	

续表

作业内容	图解	具体操作方法及要求	完成确认
（6）起动发动机	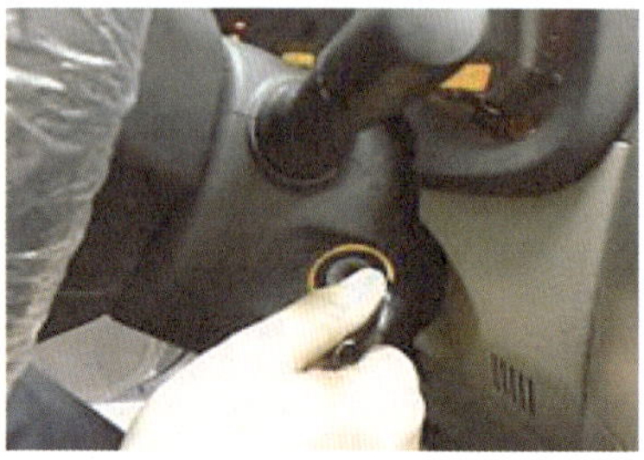	**技术要求：** ① 发动机起动前，要再次确认挡杆置于P挡，拉起驻车制动器 ② 起动发动机 **安全警告：** 起动发动机前一定要大声提醒周围人注意，并确认发动机舱处无人，再进行其他操作	
（7）将雨刮组合开关向上方提一次		**技术要求：** 将雨刮组合开关向上方提一次 **安全警告：** 上提力度要适中，避免用力过猛损坏雨刮组合开关	
（8）检查挡风玻璃喷洗器喷洒压力是否足够		**技术要求：** ① 挡风玻璃喷洗器喷洒喷射应有一定压力 ② 如果刮水器开动时无喷洗液喷出，则刮水器电动机有可能被烧坏 **安全警告：** 如果发现刮水器开动时无喷洗液喷出，应立即停止作业，以免刮水器电动机被烧坏	
（9）检查刮水器是否协同工作	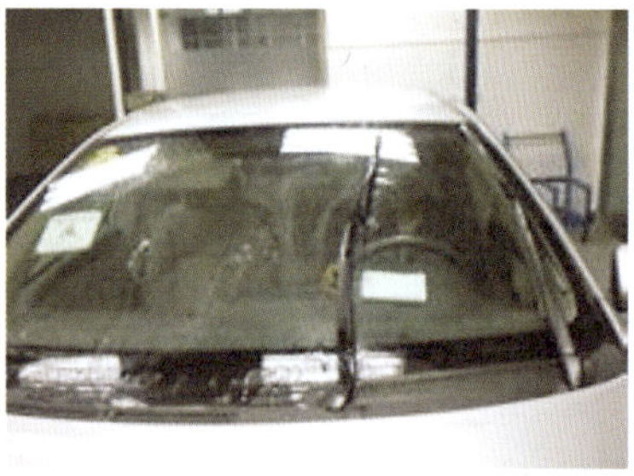	**技术要求：** 刮水器应协同工作，停止时在最低位置 **安全警告：** 检查雨刮时发动机应处于怠速状态 **易发问题：** 打开雨刮开关，无法正确检查协同工作情况	
（10）检查洗涤液喷射位置是否正确	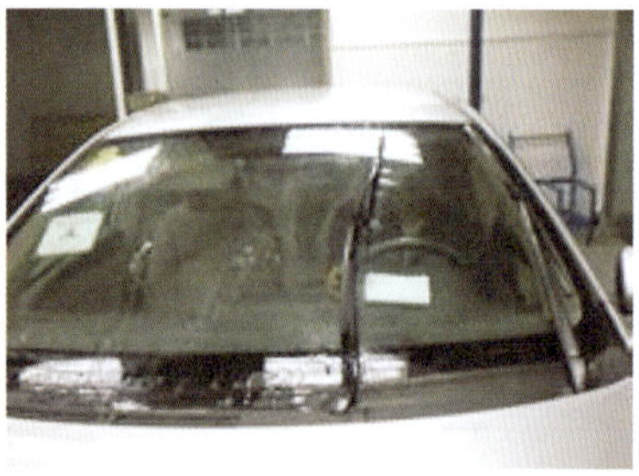	**技术要求：** 洗涤液喷射位置应集中在刮水器工作范围内 **安全警告：** 若洗涤液喷射位置不正确，必须调整 **易发问题：** 未检查洗涤液喷射位置或洗涤液喷射位置检查不仔细	

续表

作业内容	图解	具体操作方法及要求	完成确认
(11) 调节喷射方向		**技术要求：** ① 在喷嘴内插入一根与挡风玻璃喷洗器喷嘴的孔相匹配的钢丝 ② 调整喷洒的方向，对准喷嘴以使喷洗器喷洒液落在刮水器的刮水范围内	
(12) 检查刮水器各挡位工作情况		**技术要求：** ① 在发动机怠速运转情况下，操纵刮水器开关，分别打到间歇、低速、高速挡位，检查每个刮水器工作情况 ② 各挡停留时间要适当，不宜过短 **安全警告：** 为防止划破挡风玻璃，在使用刮水器前要喷洒喷洗液 **易发问题：** 各挡位停留时间过短	
(13) 关闭刮水器开关，检查刮水器自动停止位置		**技术要求：** 当刮水器开关关闭时，刮水器自动停止在其停止位置 **安全警告：** 关闭开关时在每个挡位要稍有停顿，禁止快速关闭	
(14) 检查刮水器刮拭状况		**技术要求：** ① 检查刮水器不会产生以下问题：a.条纹式的刮水痕迹；b.刮水效果不好 ② 检查完毕应关闭发动机 **安全警告：** ① 刮水器开动时无喷洗液喷出，则电动机有可能被烧坏 ② 检查完毕后，应及时关闭发动机 **易发问题：** ① 刮水器开动时无喷洗液喷出，若未立即停止，继续操作，会导致电动机被烧坏 ② 检查完毕未关闭发动机	
(15) 熄灭发动机		**技术要求：** 将点火钥匙旋到OFF挡，熄灭发动机 **易发问题：** ① 钥匙拧错方向，应向左旋 ② 取出钥匙的时候应先往里揿再拔出	

刮水器检查与维护

汽车电气设备构造与维修

笔 记

续表

作业内容	图解	具体操作方法及要求	完成确认
（16）检查雨刮片是否损坏		**技术要求：** 检查雨刮片是否磨损严重、老化、损坏等，如果是，则更换；检查是否黏附砂砾、昆虫等杂物，如果是，应清洁 **安全警告：** 如果雨刮片损坏，将导致雨天车辆不能安全行驶，导致事故	
（17）更换雨刮片		**技术要求：** ①卸下旧的雨刮片 ②安装新的雨刮片 ③安装新雨刮片后，要再次检查刮水器的刮拭效果，确保刮水效果良好 **安全警告：** 在更换雨刮片时，应将雨刮器轻轻放下，以防击坏风挡玻璃	
（18）7S工作		**拆卸要求：** ①对工具和设备进行清洁，并放回原位 ②整理场地 ③清扫场地 **注意事项：** 不要用潮湿的抹布清洁电器开关、按钮等 **易发问题：** ①清洁工作马虎，应付差事 ②废弃物未丢弃或未分类丢弃 ③清洁不彻底、漏项	

雨刮片的检查、更换和性能检测

任务评价表

评价内容	赋分	序号	具体指标	分值	得分 自评	得分 组评	得分 师评
仪容仪表	15	1	工作服、鞋、胸卡穿戴整洁	5			
		2	发型、指甲等符合工作要求	5			
		3	不佩戴首饰、钥匙、手表等	5			
教学过程	60	4	无人员受伤及设备损伤事故	5			
		5	车辆前期准备和安全检查	5			
		6	起动发动机	5			
		7	检查挡风玻璃喷洗器喷洒压力	5			
		8	检查刮水器协同工作	5			
		9	检查洗涤液喷射位置	5			
		10	调节喷射方向	5			
		11	检查刮水器各挡位工作情况	5			
		12	关闭刮水器开关，检查刮水器自动停止位置	5			
		13	检查刮水器刮拭状况	5			
		14	检查雨刮片是否损坏	5			
		15	更换雨刮片	5			

续表

评价内容	赋分	序号	具体指标	分值	得分 自评	得分 组评	得分 师评
职业素养	25	16	坚持出勤，遵守规章制度	5			
		17	服从安排，积极参加组内活动	5			
		18	在规定时间完成，认真填写工单	5			
		19	节约用水用电用气，注意环保	5			
		20	认真执行7S工作	5			
			综合得分	100			

任务测评

一、填空题

1. 风窗刮水器由_____，通过联动机构驱动风窗玻璃外表面上的刮水器来回摆动，以清除的挡风玻璃上的雨雪或污物。
2. 风窗刮水器按其安装位置不同分为_____刮水器和_____刮水器。
3. 风窗清洗装置由五部分组成：_____、_____、_____、_____和_____。
4. 前风窗玻璃一般采用_____除霜方法；后风窗玻璃一般采用_____除霜方法。

二、判断题

1. 永磁式电动刮水器的变速是通过变速电阻的串入或隔除来实现的。（　）
2. 使用风窗玻璃洗涤器时，应先开动刮水器，然后再开动洗涤液泵。（　）
3. 为防止洗涤液冻结，可在洗涤液中加入去垢剂。（　）

三、问答题

1. 说出风窗刮水器各个挡位的含义，并说明各挡位在什么情况下使用？
2. 简述永磁式刮水电动机的工作原理。
3. 简述后窗自动控制除霜系统的工作过程。
4. 写出电动刮水器操作机构的拆装步骤及注意事项。

任务二　电动车窗检修

任务导入

据一位丰田卡罗拉轿车的车主反映：在使用电动车窗时主控开关无法控制各车窗升降，但各分控开关功能正常。作为未来的维修技师，你如果要解决此类故障，需要深入认识电动车窗的结构、原理及控制电路。

学习目标

知识目标：
1. 了解电动车窗的作用和特点。
2. 了解电动车窗的分类和组成。
3. 了解电动车窗的基本结构。

能力目标：
1. 能够分析电动车窗的工作原理。
2. 能够分析电动车窗的控制电路。
3. 能够在实车上找到电动车窗的各组成部分。
4. 能够结合电路图进行电动车窗的故障诊断。

本任务主要讲述电动车窗的作用、特点、分类、组成，分析其工作原理和控制电路，理清其工作过程，为电动车窗的故障诊断奠定基础。

一、电动车窗的作用

电动车窗，是指以电为动力使车窗玻璃自动升降的门窗。它是由驾驶员或乘员操纵开关接通车窗升降电动机的电路，电动机产生动力后，通过一系列的机械传动使车窗玻璃按要求进行升降。

二、电动车窗的特点

电动车窗具有以下特点。
① 具有单按系统。
② 能够在车外关闭门窗。
③ 具有安全控制。

三、电动车窗的分类

电动车窗按结构形式可分为如下几种。

1. 交叉臂式

交叉臂式电动车窗在各种汽车上广泛应用，但在豪华和高速型轿车上很少使用。

2. 绳轮式

绳轮式电动车窗主要应用于轿车，其他车上很少使用，如图 6-1-14 所示。

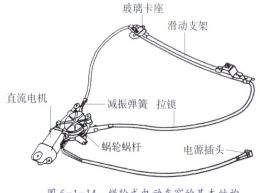

图 6-1-14　绳轮式电动车窗的基本结构

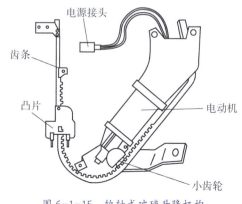

图 6-1-15　软轴式玻璃升降机构

3. 软轴式

软轴式电动车窗应用于各种汽车，如图6-1-15所示。

四、电动车窗的组成

电动车窗主要由升降控制开关、电动机（双向转动永磁电动机）、升降器等组成，其中电动机一般采用双向转动永磁电动机，通过控制电流方向，使其正反向转动，实现车窗升降功能。

五、电动车窗的控制电路

以LS400电动车窗控制电路为例进行分析，如图6-1-16所示。

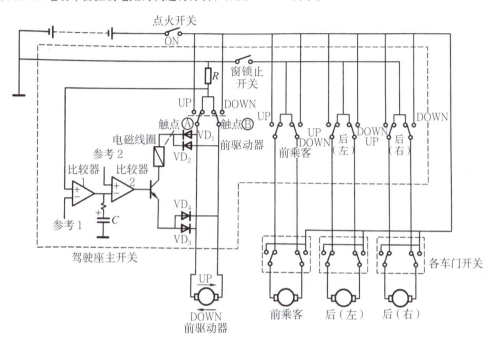

图6-1-16 LS400轿车电动车窗控制电路

1. 电动车窗的控制电路组成

电动车窗的控制电路主要由电源、易熔线、断路器、主继电器、开关、电动机和指示灯组成。

（1）电源 它为电气设备提供电能，以使电气设备工作。汽车的电源主要是发电机和蓄电池。

（2）易熔线 易熔线的作用是防止电流过大而损坏电气设备。

（3）断路器 电路或电动机内装有一个或多个热敏断路器，用以控制电流，防止电动机过载。当车窗完全关闭或由于结冰等原因使车窗玻璃不能自如运动时，即使操纵开关没有断开，热敏开关也会自动断路。其基本原理是，当电动机过载时，其阻抗减小甚至为零，此时，输入的电流过大，引起断路器的双金属片发热变形而断路。当关断开关后其电路中的电流为零，断路器的双金属片因无电流通过，便逐渐冷却，触点又恢复接触状态，以备再次接通门窗的电路。

（4）主继电器 主继电器的作用是接通或断开车窗电路。当接通点火开关电路时，同时也接通了主继电器的线圈电路，主继电器接通车窗的电路。当关断点火开关时，主继电器同时也断开车窗的电路，以防损坏电气组件和发生意外。

（5）开关 开关用来控制车窗玻璃升降。一般电动车窗系统都装有两套控制开关。一套装在仪表板或驾驶员侧车门扶手上（即方便于驾驶员操纵的位置），它为主开关，由驾驶员控制每个车窗的升降；另一套分别装在每一个乘员的车门上，它为分开关，可由乘员操纵。一般在主开关上还装有窗锁开关。如果将其断开，则分开关就不起作用。有的车上还专门装有一个延迟开关，在点火开关断开后约10min内，或在打开车门以前，仍有电源提供，使驾驶员和乘员能有时间关闭车窗。

（6）指示灯 指示灯用来指示门窗电路的工作状态。它主要有电源指示灯、乘员门窗电路指示灯和驾驶员侧门窗升降状态指示灯几种。电源指示灯的点亮或熄灭表示电源电路的通断。即门窗电路导通时，电源指示灯点亮，电源断开时指示灯熄灭。当接通窗锁开关时，乘员门窗电路指示灯点亮，断开时熄灭。

2. 车窗升降器

车窗升降器是一个执行机构，根据驾驶员或乘员的指令使车窗升降。它主要由电动机、传动装置等组成。

（1）电动机　电动机是用来为车窗的升降提供动力的装置。车窗升降电动机为双向转动的电动机。它有永磁型和双绕组型两种。永磁型的电动机是外搭铁，双绕组型的电动机则是各绕组搭铁。这两种电动机都是通过改变电流方向来实现正反转以实现车窗的升降的。

（2）传动装置　按传动方式可分为齿扇式和齿条式两种。

① 齿扇式。齿扇式升降器如图6-1-17所示。齿扇上连有螺旋弹簧，当车窗下降时螺旋弹簧收缩吸收能量；当车窗上升时螺旋弹簧伸展而释放能量，以减轻电动机的负荷。于是无论车窗上升或下降，电动机的负荷基本相同。当电动机传动时，通过蜗轮蜗杆减速并改变旋转方向，使齿扇转动，并带着车窗上下进行升降。

② 齿条式。齿条式的升降器如图6-1-18所示。升降器采用柔性齿条和小齿轮。当电动机转动时，通过蜗轮蜗杆减速机构将动力传给小齿轮，小齿轮又使齿条移动，齿条通过拉绳带着车窗进行升降。

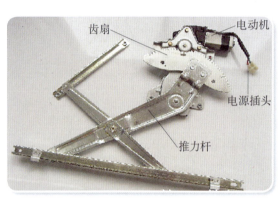

图6-1-17　齿扇式电动车窗升降器

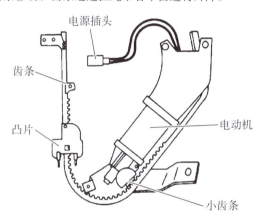

图6-1-18　齿条式电动车窗升降器

3. 工作原理（以日本凌志LS400轿车为例）

当点火开关转至点火挡时，电动门窗主继电器工作，触点闭合，给电动车窗电路提供了电源，此时，电源指示灯点亮。如果将主开关上的窗锁开关闭合，那么所有车窗都可随时进入工作状态，乘员门窗的指示灯点亮。

（1）前右侧车窗升降

① 驾驶员操纵。当驾驶员按下主开关相应的前乘员门窗上升开关时，其电流由蓄电池的正极→易熔线→断路器→主继电器→主开关→前乘员开关左触点→电动机→断路器→乘员开关的右触点→窗锁开关→搭铁→蓄电池的负极，构成闭合回路。该电路中的电动机通电而工作，使车窗上升。当需要车窗下降时，驾驶员按下主开关上的下降开关时，因电动机是永磁双向电动机，其电动机的电流方向相反，电动机通电而反转，使车窗下降。

② 乘员操纵。乘员接通前乘员门窗上升开关时，其电流由蓄电池的正极→易熔线→断路器→乘员开关左触点→电动机→断路器→乘员开关的右触点→窗锁开关→搭铁→蓄电池的负极，构成闭合电路。该电路中的电动机通电而工作，使车窗上升。当需要车窗下降时，乘员按下开关上的下降开关，其电动机的电流方向相反，电动机通电而反转使车窗下降。

（2）驾驶员侧的车窗升降

若主开关上的窗锁开关断开，则只有驾驶员侧车窗具备工作条件。另外，驾驶员侧的车窗开关由点触式电路控制。车窗在下降过程中，如果要使其停止在某一位置，只要再点触一下开关即可。当驾驶员侧的车窗需要下降时，可按下主开关上的下降按钮，其电流由蓄电池的正极→断路器→电动机→驾驶员侧开关的另一触点→窗锁开关→蓄电池的负极，构成闭合电路。与此同时，触点式开关的电路也同时接通，下降指示灯点亮，继电器线圈也通电而产生吸力，保持开关处于下降工作状态直至下降到极限位置。在下降过程中，如果要使车窗停在某一位置，驾驶员可再点触一下开关，则继电器线圈断路，车窗下降停止。

其他后座乘员左、右车窗的升降操纵与前乘员侧的操纵方法相同，在此不再叙述。

六、电动车窗常见故障检修

电动车窗常见故障有所有车窗均不能升降、某车窗不能升降或只能一个方向运动。

1. 所有车窗均不能升降

（1）主要故障原因　熔断器断路；连接导线断路；有关继电器、开关损坏；电动机损坏；搭铁点锈蚀、松动。

（2）诊断步骤　首先检查熔断器是否断路；若熔断器良好，则应将点火开关接通，检查有关继电器和开关火线接线柱上的电压是否正常，电压为零，应检查电源线路；电压正常，则应检查搭铁线是否良好。搭铁不良时，应清洁、紧固搭铁线；若搭铁良好，应对继电器、开关和电动机进行检测。

2. 某车窗不能升降或只能一个方向运动

（1）主要故障原因　该车窗按键开关损坏；该车窗电机损坏；连接导线断路；安全开关故障。

（2）诊断步骤　如果车窗不能升降，首先检查安全开关是否工作，该车窗的按键开关工作是否正常，再通电检查该车窗的电机正反转是否运转稳定。若有故障，应检修或更换新件；若正常，则应检修连接导线。如果车窗只能一个方向运动，一般是按键开关故障或部分线路断路或接错所致，可以先检查线路连接是否正常，再检修开关。

电动车窗开关故障的排除

一、任务准备

（1）工作场景：理实一体教室、教学用车。

（2）主要设备：带举升机的工位、教学用车、尾气抽排装置、多媒体设备。

（3）辅助材料：翼子板布和前格栅布、三件套、车轮挡块、抹布。

二、实施步骤

作业内容	图解	具体操作方法及要求	完成确认
（1）车辆准备		技术要求： ① 放置驾驶室四件套（脚垫、换挡杆套、座椅套和方向盘套） ② 确认换挡杆置于P挡，拉起驻车制动器	
（2）检查驾驶员侧车窗		技术要求： ① 打开点火开关 ② 依次按压各按钮，检查对应车窗是否有状态变化 ③ 轻按或轻拉开关，查看车窗玻璃是否能够实现点动升降 ④ 将开关使劲按到底或者向上拉到底，查看车窗玻璃是否能够实现自动升降 ⑤ 检查车窗在升降过程中有无异响 易发问题： ① 点火钥匙未打到ON位置，车窗没有反应 ② 后部车门没有关闭时，操作开关车窗没有反应 ③ 车窗开关损坏或者车窗升降功能的相关部件有故障	

续表

作业内容	图解	具体操作方法及要求	完成确认
（3）检查后排车窗安全锁止键		**技术要求：** ① 此开关用于避免在行车中乘坐在后排的儿童随意通过后座区的车窗开关打开和关闭车窗而引起事故。在此安全功能接通时，LED 指示灯亮起 ② 此时操作后排车窗的开关，车窗没有反应 **易发问题：** 安全开关损坏或 LED 指示灯不亮	
（4）检查副驾驶侧及后排车窗		**技术要求：** ① 打开点火开关 ② 依次按压各按钮，检查对应车窗是否有状态变化 ③ 轻按或轻拉开关查看车窗玻璃是否能够实现点动升降 ④ 将开关使劲按到底或者向上拉到底，查看车窗玻璃是否能够实现自动升降 ⑤ 检查车窗在升降过程中有无异响	
（5）车窗起动紧急模式		**技术要求：** 为了能够无故障地进行设置，首先要保证车辆停止；存在足够的蓄电池电压，如有必要，连接充电器；点火钥匙处于收音机挡位或 ON 挡位；所有车门都已关闭	
（6）检查电动天窗		**技术要求：** 打开点火钥匙到 ON 挡；在收音机工作状态约 15 min；在取下遥控器或关闭收音机工作状态下约 1 min 内可操作电动天窗 ① 向上按压开关，在活动天窗关闭时它自动升起，同时滑动遮阳板打开一点。在活动天窗打开时它位于自动升起位置。滑动遮阳板保持完全打开状态 ② 向后将开关推到压力作用点，活动天窗和滑动遮阳板同时打开，直至松开开关为止 ③ 将开关推过其压力作用点，活动天窗和滑动遮阳板自动运行打开。再按一次开关，打开过程停止 ④ 将开关向前推过其压力作用点。活动天窗自动运行关闭 在以上 4 个步骤的操作中观察电动天窗的状态，判断故障点和故障原因	

续表

作业内容	图解	具体操作方法及要求	完成确认
（7）天窗的初始化		**技术要求：** 断电后可能会发生活动天窗只能升起的现象。这样必须对该系统进行初始化设置 ① 打开点火钥匙到ON挡，使天窗处在完全关闭的位置 ② 向上顶天窗的开关，使天窗自动升起，同时滑动遮阳板打开一点 ③ 再次向上顶住天窗的开关，等待15～20s，天窗开始自动运行到完全打开，接着继续自动运行到完全关闭的位置 ④ 初始化结束，此时天窗具有自动打开和关闭的功能，还具有防夹功能	
（8）7S工作		**技术要求：** ① 对工具和设备清洁，并放回原位 ② 整理场地 ③ 清扫场地 **注意事项：** 不要用潮湿的抹布清洁电器开关、按钮等 **易发问题：** ① 清洁工作马虎，应付差事 ② 废弃物未丢弃或未分类丢弃 ③ 清洁不彻底、漏项	

任务评价

任务评价表

评价内容	赋分	序号	具体指标	分值	得分 自评	得分 组评	得分 师评
仪容仪表	15	1	工作服、鞋、胸卡穿戴整洁	5			
		2	发型、指甲等符合工作要求	5			
		3	不佩戴首饰、钥匙、手表等	5			
教学过程	60	4	无人员受伤及设备损伤事故	5			
		5	车辆前期准备和安全检查	5			
		6	检查驾驶员侧车窗	10			
		7	检查后排车窗安全锁止键	10			
		8	检查副驾驶侧及后排车窗	5			
		9	车窗起动紧急模式和车窗初始化	10			
		10	检查电动天窗	5			
		11	天窗的初始化	10			
职业素养	25	12	坚持出勤，遵守规章制度	5			
		13	服从安排，积极参加组内活动	5			
		14	在规定时间内完成，认真填写工单	5			
		15	节约用水用电用气，注意环保	5			
		16	认真执行7S工作	5			
			综合得分	100			

一、填空题

1. 电动玻璃升降器传动机构常见的有_____和_____两种。
2. 电动车窗主要由_____、_____和_____三部分组成。

二、判断题

1. 电动车窗一般装有两套开关，分别为总开关和分开关，这两个开关之间是互相独立的。（　　）
2. 汽车左后门玻璃不能正常升降是因为总保险丝损坏。（　　）

三、问答题

1. 结合电路图，分析左后车窗不能升降的故障原因。
2. 写出电动车窗功能检查的操作内容及注意事项。
3. 结合实车进行电动车窗的功能检查。

任务三　电动座椅检修

据丰田卡罗拉轿车的一位车主王先生反映，他在上车前调整电动座椅时发现：座椅前后无法调整，其他方向功能正常。作为未来的维修技师，你如果要顺利排除该故障，必须掌握关于电动座椅的结构、原理并能读懂电路图。

知识目标：

1. 了解电动座椅的作用和组成。
2. 了解电动座椅的基本工作原理。
3. 了解带记忆功能的电动座椅的工作原理。

能力目标：

1. 能够分析电动座椅的控制电路。
2. 能够结合电路图分析电动座椅的常见故障。

本任务主要讲述电动座椅的结构原理，需要知道电动座椅的作用、组成及基本工作原理，能够分析电动座椅的控制电路，并能依据此电路进行故障诊断。

一、电动座椅的作用

为了提高驾驶员和乘客的舒适性,许多轿车安装了电动座椅,即用电动机操作的座椅。它可以满足驾驶员多种姿势情况下的操作和安全的要求,当然也包括对乘客的舒适性和安全性的要求。本节主要介绍自动座椅的电子控制。

活动:请学生根据平时坐车的感受,谈谈自己对座椅的要求。

二、对电动座椅的要求

① 在车箱内布置要合适,尤其是驾驶员的座椅,必须处于最佳的驾驶位置。

② 按人体工程学的要求,必须具有良好的静态与动态的舒适性。其外形必须符合人体生理功能,在不影响舒适性的前提下,力求美观大方。座椅应成凹形,以防止汽车转弯时驾驶员及乘员横向滑动而滑出座椅,同时座椅的前部可适当高于后部,这样汽车制动时可阻碍驾驶员及乘员向前滑动。另外,座椅的面料应有适当的粗糙度,以增大驾驶员及乘员与座椅之间的摩擦阻力,增强乘坐的稳定性。

③ 采用最经济的结构,尽可能地减轻质量。

④ 必须十分安全可靠,应具有充分的强度、刚度与耐久性。对可调的座椅,要有可靠的锁止机构,以保证安全。

⑤ 应有良好的振动特性,能吸收从车厢传来的振动。

⑥ 应具有各种调节结构,可使不同驾驶员、乘员在不同条件下能够获得最佳位置,以提高乘坐舒适性。

三、六向电动座椅

1. 六向电动座椅的构造

六向电动座椅结构如图 6-1-19 所示。六向电动座椅可通过三个电动机在六个不同方向移动:座椅的整体上、下高度调节和前、后滑动调节,以及前倾、后倾的调节。电动座椅前后方调节量一般为 100～160mm,座位前部与后部的调节量约 30～50mm。全程移动所需时间约为 8～10s。电动座椅一般由控制装置和执行机构组成。

(1)控制装置 控制装置接收驾驶员或乘员输入的命令,控制执行机构完成电动座椅的调整。电动座椅组合开关包括前倾开关、后倾开关和四向开关(即上下和前后),如图 6-1-20 所示。有的汽车的电动座椅组合控制开关安装在车门上,有的汽车安装在座椅旁边,驾驶员或乘员操纵方便。

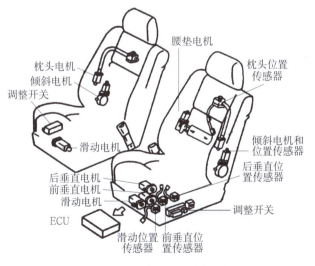

图 6-1-19 六向电动座椅结构图

图 6-1-20 电动座椅组合控制开关

(2)执行机构 执行机构用来完成驾驶员的指令,在传动装置提供动力前提下完成座椅的调整,以实现座椅的调节。其主要由电动机、传动及调节装置等组成。

① 电动机。电动机的作用是为电动座椅的调节机构提供动力。此类电动机多采用双向电动机,即电枢的旋转方向随电流的方向改变而改变,使电动机按不同的电流方向进行正转或反转,以达到座椅调节

的目的。电动机的数量取决于电动座椅的类型,通常六向调节的电动座椅装有三个电动机。为防止电动机过载,电动机内装有熔断丝,以确保电气设备的安全。

② 传动及调节装置。传动装置的作用是将电动机的动力传给座椅调节装置,使其完成座椅的调整。它主要由联轴器、软轴、减速器与螺纹千斤顶或齿轮传动机构等组成。电动座椅动力传递过程:电动机的动力→软传动轴→减速器→螺纹千斤顶或齿轮传动机构,使座椅按驾驶员或乘员的理想位置进行调节。

2. 电动座椅的工作过程

电动座椅的控制电路如图 6-1-21 所示,主要由蓄电池、组合控制开关和三个电动机等组成。组合控制开关内部有四套开关触点。驾驶员或乘员通过控制开关上的按钮来调节座椅的位置。

(1) 电动座椅前倾的调节　电动座椅前倾的调节实际上就是座椅前部的垂直上下调节。

① 前部上升电路。如需要电动座椅前部垂直上升时,可接通调节组合控制开关 3 中的前倾开关。此时电路中电流的流动方向如图 6-1-22 所示。电流由蓄电池 1 的正极→熔断器 2→组合控制开关中①左侧触点→前倾电动机 6→熔断丝→组合控制开关中①右侧触点→组合控制开关中③右侧触点→搭铁→蓄电池的负极,构成闭合回路,电动机 6 转动,座椅前部垂直上升。

② 前部下降电路。电流由蓄电池 1 的正极→熔断器 2→组合控制开关中①右侧触点→熔断丝→前倾电动机 6→组合控制开关中①左侧触点→组合控制开关中③左侧触点→搭铁→蓄电池的负极,构成闭合回路,电动机 6 反转,座椅前部垂直下降。

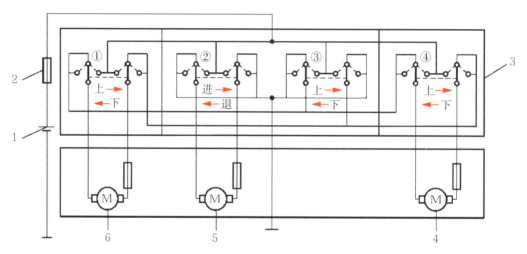

图 6-1-21　电动座椅电路图

1- 蓄电池;2- 熔断器;3- 控制开关;4- 后高度调节电机;5- 前进 / 后退调节电机;6- 前高度调节电机

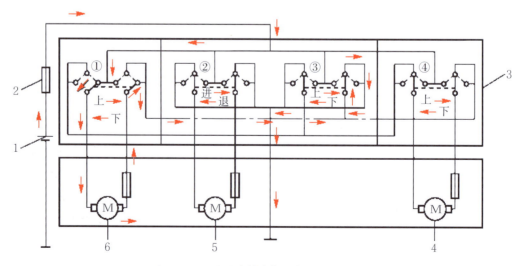

图 6-1-22　电动座椅前部上升时的电流方向

1- 蓄电池;2- 熔断器;3- 控制开关;4- 后高度调节电机;5- 前进 / 后退调节电机;6- 前高度调节电机

(2) 电动座椅后倾的调节　电动座椅后倾的调节实际上就是座椅后部垂直的上下调节。

① 后部上升电路。如需要电动座椅后部垂直上升时，可接通调节组合控制开关3中的后倾开关，这时，电流由蓄电池1的正极→熔断器2→组合控制开关中④左侧触点→后倾电动机4→熔断丝→组合控制开关中④右侧触点→组合控制开关中③右侧触点→搭铁→蓄电池的负极，构成闭合回路，电动机4转动，座椅后部垂直上升。

② 后部下降电路。蓄电池1的正极→熔断器2→组合控制开关中④右侧触点→熔断丝→后倾电动机4→组合控制开关中④左侧触点→组合控制开关中③左侧触点→搭铁→蓄电池的负极，构成闭合回路，电动机4反转，座椅后部垂直下降。

（3）电动座椅的上／下调节　当需要调节座椅的高度时，驾驶员接通座椅的上升（或下降）的开关③，电动机4和6同时通电且同向转动，实现座椅的上下调节。

① 座椅的上升电路。电机6电路：蓄电池1正极→熔断器2→③左侧触点→①左侧触点→电动机6→电动机熔断器→①右侧触点→③右侧触点→搭铁→蓄电池的负极，电动机6正转。电机4电路：蓄电池1正极→熔断器2→③左侧触点→④左侧触点→电动机4→电动机熔断器→④右侧触点→③右侧触点→搭铁→蓄电池的负极，电动机4正转。

② 座椅的下降电路。座椅的下降电路同上面类似，只是电动机6和4同时反转。

（4）座椅前进／后退的调节

① 前进电路：蓄电池1正极→熔断器2→②左侧触点→电动机5→电动机熔断器→②右侧触点→搭铁→蓄电池的负极，电动机5正转，座椅前进。

② 后退电路：蓄电池1正极→熔断器2→②右侧触点→电动机熔断器→电动机5→②左侧触点→搭铁→蓄电池的负极，电动机5反转，座椅后退。

四、自动调节电动座椅

带记忆功能电动座椅电子控制电路示意图，如图6-1-23所示。这种电动座椅带有记忆功能，它能够将调节后的位置记录下来，作为以后自动调节的基准。驾驶员需要调节时，只要一按开关就可自动调节到理想的位置。

1. 电子控制自动调节电动座椅的组成

电子控制自动调节电动座椅主要由电气控制部分和执行机构等组成。

（1）电气控制部分　电气控制部分如图6-1-23所示。它主要由继电器3、保护装置2、控制开关（手动调节开关4、存储复位开关5）、电子控制模块6、位置电位器7等组成。继电器3的作用是接通和断开控制系统的电路。

① 保护装置。保护装置2的作用是防止电气设备过载，保护电气设备的安全。

② 控制开关。控制开关安装在驾驶员座椅的左侧，它的作用是控制座椅的调节。由手动调节开关4和存储复位开关5组成。当需要个别调节时，可按开关上的标志进行操作。存储是通过操纵存储开关，将电位器7输送来的电压信号存储在电子控制模块6中，作为以后调节的依据。复位开关的作用是通过操纵复位开关使座椅根据记忆恢复到原来的位置。

③ 电子模块。电子模块主要是用来自动控制座椅。

④ 位置电位器。位置电位器如图6-1-24所示，它主要由壳体、螺杆、滑块、电阻等组成。它的作用是将座椅的位置转变成电压信号输送给电子模块存储起来。其基本原理是，当调节座椅时，电动机将动力传给螺杆使螺杆转动，螺杆又带动滑块在电阻丝上滑移，于是改变了电阻值。根据欧姆定律，电阻值的变化引起电压的变化，当座椅的位置调定后将电压输送给电子模块，驾驶员只要按下存储按钮，就能将选定的调节位置进行存储作为重新调节基准。使用时只要按指

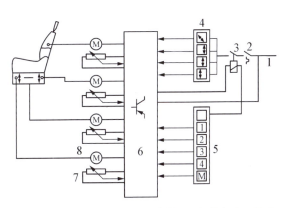

图6-1-23　带记忆功能电动座椅电子控制电路示意图

1-接蓄电池；2-过载保护装置；3-继电器；
4-手动调节开关；5-存储复位开关；
6-电子控制模块；7-位置电位器；8-电动机

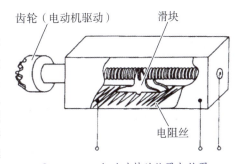

图6-1-24　电动座椅的位置电位器

定的按键，座椅就会调节到预先选定的座椅位置上。

（2）执行机构　执行机构用来执行驾驶员的指令，以实现座椅的调整。它主要由电动机、传动装置和调节机构等组成。

① 电动机。电动机将电能转换为机械能最终产生转矩，通过传动装置驱动调整机构对座椅进行调整。电动机多采用双向式永磁电动机。

② 传动装置。传动装置的作用是将电动机的动力传给调整机构，以使座椅实现调节。它主要由传动轴和联轴器等组成。为了便于布置，有的传动轴是软传动轴。传动轴的一端通过联轴器与电动机连接，另一端与调节机构连接。

③ 调节机构。座椅的调节机构主要由蜗轮蜗杆减速器、螺杆和螺母（千斤顶）以及支承等组成。

2. 工作原理

下面以凌志 LS400 轿车电动座椅为例简介电动座椅的工作原理，如图 6-1-25 所示。驾驶员根据需要操纵开关并接通电动座椅的调节电路，即可完成不同的调节功能。图中 7 为电动座椅组合控制开关，其内部有四套开关触点，从左到右分别是滑动开关、前垂直开关、倾斜开关和后垂直开关。

（1）靠背的倾斜调节

① 座椅前倾调节。按下组合控制开关上的相应位置，倾斜开关中的左触点向左结合，如图 6-1-25 所示。电路为蓄电池 1→熔断丝 2→倾斜开关左触点→倾斜电动机 9→熔断器→倾斜开关右触点→搭铁→蓄电池负极，构成闭合回路。倾斜电动机通电转动，电动机动力→传动装置→蜗轮蜗杆减速机构→链轮→终端的内外齿轮，驱动靠背向前倾斜。

② 座椅后倾调节。如果需要靠背向后倾斜，只需要将开关向与原来相反的方向扳动，其电流就会与原来的方向相反，由于电动机是双向永磁性电动机，所以电流相反时，电动机的旋转方向也相反，则靠背就会向与原来相反的方向倾斜。

（2）电动座椅的前后滑动调节　所谓座椅的前后滑动调节，是指座椅前后移动。

① 座椅向前滑动。按下组合控制开关上的相应位置，滑动开关中的左触点向左结合。电路为：蓄电池正极→熔断丝 2→滑动开关左触点→滑动电动机 11→熔断器→滑动开关的右触点→搭铁→蓄电池的负极。滑动电动机通电工作，座椅水平向前滑动。

② 座椅向后滑动。若需要座椅向后滑动，滑动开关右触点向右闭合，此时流过电动机 11 的电流方向与上述相反，电机反转，座椅后移。

（3）座椅前 / 后垂直调节　前部垂直调节由电动机 10 控制，分为向上与向下两种运动。

① 座椅的前部垂直向上调节。按下组合控制开关上的相应位置，前部垂直开关中的左触点向左结合。电路为蓄电池正极→熔断丝 2→前部垂直开关中的左触点→前垂直电动机 10→熔断器→前部垂直开关中的右触点→倾斜开关左触点→搭铁→蓄电池负极，此时该电路闭合，电动机通电而转动。电动机的动力→蜗轮蜗杆减速机构→蜗轮转动并带动调整机构螺杆旋转，螺杆上的螺母便带着拉杆拉着拐臂绕拐臂的支承销摆动，拐臂的另一端便托着座椅架向上托起，则座椅的前部向上垂直移动。

② 座椅的前部垂直向下调节。按下组合控制开关上的相应位置，前部垂直开关中的右触点向右结合。此时流过电动机 10 的电流方向与上述相反，电机反转，座椅前部垂直向下移动。

（4）座椅后部垂直调节

① 座椅后部垂直向上调节。按下组合控制开关上的相应位置，后部垂直开关中的左触点向左结合。电路为蓄电池正极→熔断丝 2→后部垂直开关中的左触点→后垂直电动机 8→熔断器→后部垂直开关中的右触点→倾斜开关右触点→搭铁→蓄电池负极，此时该电路闭合，电动机通电而转动，座椅后部向上移动。

② 座椅后部垂直向下调节。按下组合控制开关上的相应位置，后部垂直开关中的右触点向右结合。此时流过电动机 8 的电流方向与上述相反，电机反转，座椅后部垂直向下移动。

（5）座椅高度的调节　按下组合控制开关上的相应位置，前、后垂直电动机同时通电运动，座椅便整体向上或向下运动。

（6）腰垫的调节　如图 6-1-25 所示，当腰垫开关 5 上面的触点向上结合时，电路为蓄电池正极→熔断丝 2→熔断丝 3→腰垫开关 5 上面的触点→腰垫电动机 6→腰垫开关 5 下面触点→搭铁→蓄电池的负极，构成闭合电路。此时，腰垫电动机 6 通电转动，腰垫向一个方向运动。

当腰垫开关 5 下面的触点向下结合时，电路为蓄电池正极→熔断丝 2→熔断丝 3→腰垫开关 5 下面的触点→腰垫电动机 6→腰垫开关 5 上面的触点→搭铁→蓄电池的负极，构成闭合电路。此时，腰垫电动机 6 通电，腰垫向另一个方向运动。

有的汽车上还设有枕垫，其电路控制原理同上。

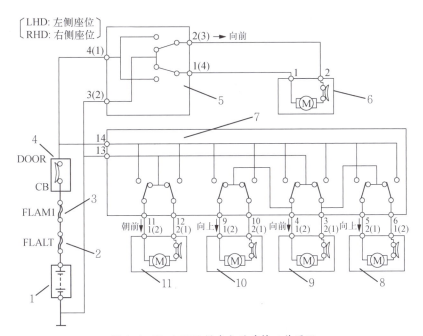

图 6-1-25 LS400轿车电动座椅工作原理

1-蓄电池；2、3-熔断丝；4-开关；5-腰垫电动机开关；6-腰垫电动机；7-电动座椅组合开关；
8-后垂直电动机；9-倾斜电动机；10-前垂直电动机；11-滑动电动机

五、电动座椅常见故障诊断与排除

电动座椅常见故障有完全不动作或某个方向不能工作。

电动座椅完全不动作的主要原因：熔断器断路；线路断路；座椅开关有故障等。可以首先检查熔断器是否断路；若熔断器良好，则应检查线路连接是否正常，最后检查开关。对于有存储功能的电动座椅系统，还应检查控制单元（ECU）的电源电路和搭铁线是否正常，若开关、线路都正常，应检查控制单元。

电动座椅某个方向不能工作的主要原因：该方向对应的电动机损坏、开关、连接导线断路。可以先检查线路是否正常，再检查开关和电动机。

一、任务准备

（1）工作场景：理实一体教室、教学用车。

（2）主要设备：带举升机的工位、教学用车、尾气抽排装置、多媒体设备。

（3）辅助材料：翼子板布和前格栅布、三件套、抹布、手套、车轮挡块。

二、实施步骤

作业内容	图解	具体操作方法及要求	完成确认
（1）车辆准备		技术要求： ① 放置驾驶室四件套（脚垫、换挡杆套、座椅套和方向盘套） ② 确认换挡杆置于P挡，拉起驻车制动器	

续表

作业内容	图解	具体操作方法及要求	完成确认
（2）检查电动座椅有无松动	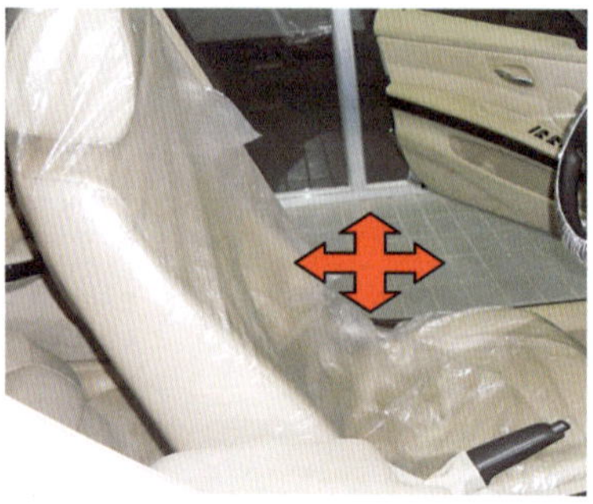	**技术要求：** ① 用手抓紧电动座椅，前后左右轻微地晃动，感觉是否有明显的松动或异响 ② 如果有明显的松动，必须紧固电动座椅螺栓并做进一步的检查 **易发问题：** 用力过大易造成座椅驱动电机的损坏	
（3）检查电动座椅功能	 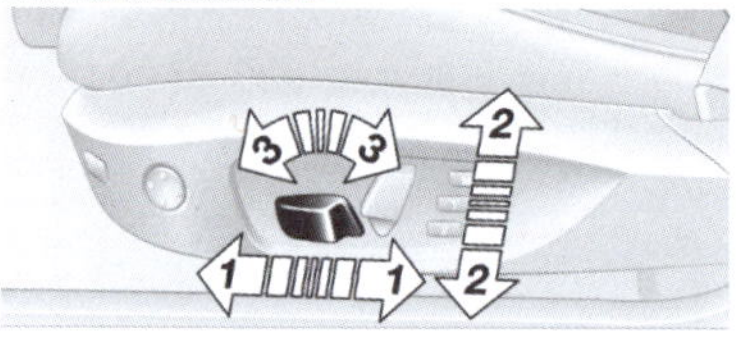	**技术要求：** 按照图示操作按钮，观察座椅变化：1-纵向移动；2-垂直移动；3-倾斜度变化 **安全警告：** 行车期间不要调整驾驶员座椅，否则可能因座椅意外移动而使汽车失控，并引发交通事故	
（4）检查电动座椅功能	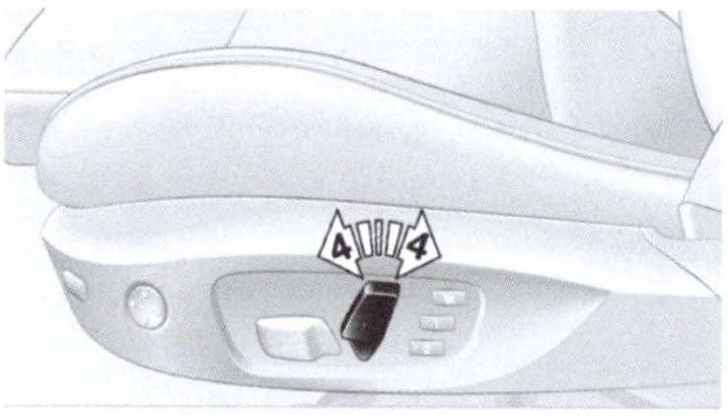	**技术要求：** 按照图示操作按钮，观察座椅靠背的变化 **安全警告：** 在行驶过程中，也不要把前排乘客座椅的靠背过于向后倾斜，否则发生事故时乘客有滑到安全带下面的危险，导致安全带的保护作用不存在	
（5）检查电动座椅位置记忆功能	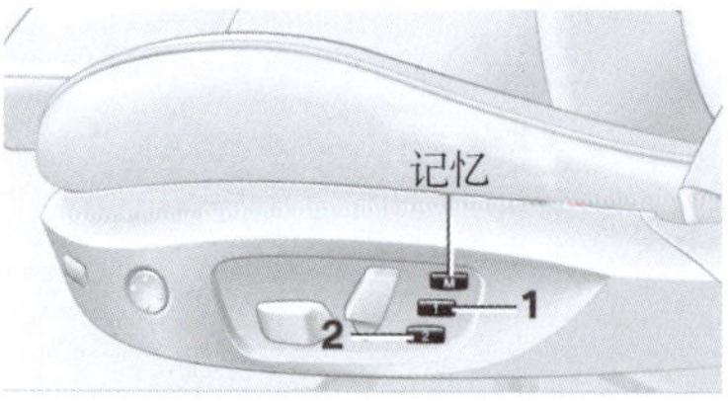	**技术要求：** 可以存储和调用两个不同的驾驶员座椅位置 ① 接通收音机待机状态和点火装置 ② 设置所需要的座椅位置 ③ 按压按钮 M，按钮内的指示灯亮起 ④ 按压希望的存储按钮1或2，指示灯熄灭 ⑤ 关闭并再打开点火开关，按压住1或2看座椅是否按照记忆向目标位置自行调整 **安全警告：** 在行驶期间不要调用记忆设置，否则会因座椅移动而存在发生事故的危险	
（6）检查电动座椅头枕的功能	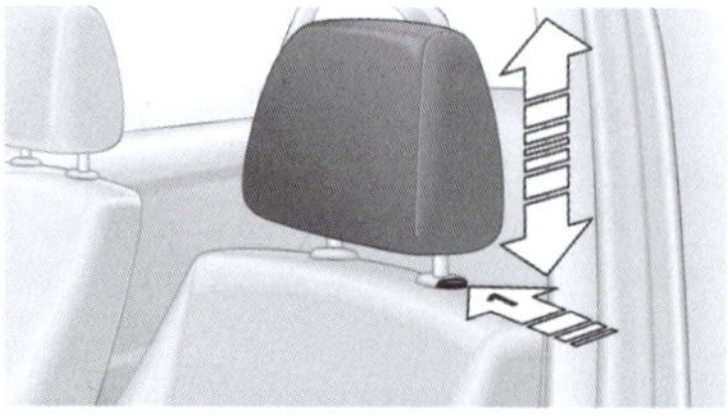	**技术要求：** ① 头枕向上移动：拉 ② 头枕向下移动：按压按钮，然后向下按头枕 ③ 拆卸头枕时，将头枕向上拉至极限位置。按压按钮，按箭头1方向取出头枕 **安全警告：** 正确设置头枕在发生事故时可以减小颈椎受伤的危险。调整头枕，使其中间部位基本与耳朵等高，否则在发生事故时会造成人身伤害	

续表

作业内容	图解	具体操作方法及要求	完成确认
（7）7S 工作		**拆卸要求：** ① 对工具和设备进行清洁，并放回原位 ② 整理场地 ③ 清扫场地 **注意事项：** 不要用潮湿的抹布清洁电器开关、按钮等 **易发问题：** ① 清洁工作马虎，应付差事 ② 废弃物未丢弃或未分类丢弃 ③ 清洁不彻底、漏项	

任务评价

任务评价表

评价内容	赋分	序号	具体指标	分值	得分		
					自评	组评	师评
仪容仪表	15	1	工作服、鞋、胸卡穿戴整洁	5			
		2	发型、指甲等符合工作要求	5			
		3	不佩戴首饰、钥匙、手表等	5			
教学过程	60	4	无人员受伤及设备损伤事故	5			
		5	车辆前期准备和安全检查	5			
		6	检查电动座椅有无松动	10			
		7	检查电动座椅垂直移动	5			
		8	检查电动座椅纵向移动	5			
		9	检查电动座椅靠背调整	5			
		10	检查电动座椅位置记忆功能	10			
		11	检查电动座椅头枕的功能	5			
		12	头枕的拆卸	10			
职业素养	25	13	坚持出勤，遵守规章制度	5			
		14	服从安排，积极参加组内活动	5			
		15	在规定时间完成，认真填写工单	5			
		16	节约用水用电用气，注意环保	5			
		17	认真执行 7S 工作	5			
			综合得分	100			

一、填空题

1. 电动座椅主要由_____和_____等组成。
2. 电动座椅最普通的形式是使用_____个电机实现座椅六个不同方向的位置调整：上、下、前、后、前倾、后倾。

二、选择题

1. 在电动座椅中，一般一个电机可完成座椅的（　　　）。
   A. 1个方向的调整　　B. 2个方向的调整　　C. 3个方向的调整　　D. 4个方向的调整
2. 汽车电动座椅的电动机一般为（　　　）电动机。
   A. 永磁式　　　　　B. 瞬磁式　　　　　C. 线绕式　　　　　D. 双绕组串励式

三、问答题

1. 简述六向电动座椅前部下降的控制原理。
2. 结合电路图，分析电动座椅完全不动作的原因有哪些？
3. 写出电动座椅功能检查的内容。
4. 结合实车进行电动座椅的功能检查。

任务四　电动后视镜检修

据一位丰田卡罗拉轿车的车主反映：他在调整电动后视镜时，左电动后视镜无法调整，右电动后视镜可以正常调整。作为未来的维修技师，你如果要排除该故障，就要对深入认识电动后视镜的结构、工作原理并会熟练阅读相关的电路图。

知识目标：
1. 了解电动后视镜的作用和组成。
2. 掌握电动后视镜的基本工作原理。

能力目标：
1. 通过合作探究的学习方法，能够分析电动后视镜的控制电路。
2. 能够结合电路图分析电动后视镜的常见故障。

对电动后视镜的功能进行检查，熟悉相关操作。

一、电动后视镜的作用

为了便于驾驶员调整后视镜的角度,许多轿车安装了电动后视镜(又称自动后视镜),驾驶员坐在座椅上通过电动机就可以方便快捷地对左右后视镜的后视角度进行调节。

二、后视镜的电动控制内容

1. 后视镜位置调整功能

通过位置的调整让驾驶员能更全面地观察汽车周围的路况。后视镜位置的调整因人而异。

2. 后视镜的电动伸缩功能

后视镜折叠能节省很大的空间,同时也可避免汽车受"断耳"之痛。

3. 后视镜的加热功能

后视镜的加热功能主要用于冬季和雨天。

三、电动后视镜的结构

1. 电动外后视镜

电动后视镜由调整开关、电动机、镜片等组成,如图 6-1-26 所示。电动后视镜的调整开关因车而异,图 6-1-27 和图 6-1-28 所示为两种典型的后视镜调整开关。

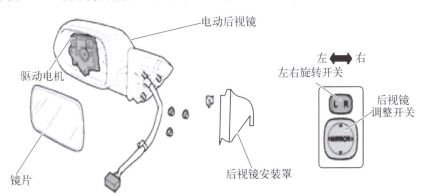

图 6-1-26　电动后视镜的组成

图 6-1-27　丰田威驰电动后视镜控制开关

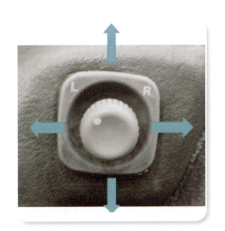

图 6-1-28　桑塔纳2000电动后视镜控制开关

2. 防眩目内后视镜

防眩目内后视镜为一种液晶,其结构概述:在 CH 液晶里面放置偏光板,玻璃板被放置在经过真空镀铝的反光镜后面。当液晶间无电场时,入射光的垂直偏光被液晶染料部分吸收,而反射到反光镜上。反射

电动后视镜的使用

光的直线偏光在液晶晶粒内进一步被染料吸收，透过的光被着色后反射出来。当液晶间加上电场时，则液晶及色素分子在长轴方向整齐排列，不能由染料进行光吸收，透过光量增加，反射率提高35%～42%。

防眩目或非防眩目交替切换不用人工操作，自动进行操作的装置已实用化。反光镜本体的一部分装有光敏二极管的照度传感器，能检测后随车辆的前照度进行切换控制。

液晶防眩目反光镜的主要特点：防眩目或非防眩目时，反射面是同一的，所以视野不偏离；防眩目时不发生双重形象，能够自由选择反射率（非防眩目时反射率：棱镜式约为4%，液晶式约为10%）。

有些汽车的后视镜还带有存储功能，即在该后视镜控制系统装有驱动位置存储器、复位开关和位置传感器等，在进行此功能的操作时，可将后视镜的调整位置存储起来，需要时可以自动回复到原来所调整的位置。

四、电动后视镜的工作原理

1. 普通电动后视镜的控制电路

如图6-1-29所示，为桑塔纳2000轿车电动后视镜控制电路。M_{11}为左或右选择开关，M_{21}为左右调整开关，M_{22}为上下调整开关。

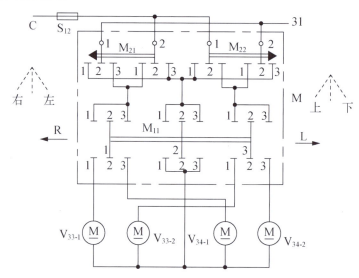

图6-1-29 桑塔纳2000轿车电动后视镜控制电路

工作过程如下。

（1）调整左侧后视镜左转 先将左右选择开关（M_{11}）拨至"L"，再按调整开关（M_{21}）"L"。

电流由蓄电池"+"→点火开关→熔断丝→M_{21}接线柱2（上）→3（右）→M_{11}（图中间）3（上）→M_{11}（图中间）3（下）→左侧左右电机→M_{11}（图左）3（下）→M_{11}（图左）3（上）→M_{21}（中间）3→M_{21}（上）1→搭铁→蓄电池"−"，形成电流回路，使左侧镜面左转动。

（2）调整左侧后视镜右转 先将左右选择开关（M_{11}）拨至"L"，再按调整开关（M_{21}）"R"。

电流由蓄电池"+"→点火开关→熔断丝→M_{21}接线柱2（上）→1（左）→M_{11}（图左）3（上）→M_{11}（图左）3（下）→左侧左右电机→M_{11}（图中）3（下）→M_{11}（图中）3（上）→M_{21}（图左）1→M_{21}（上）1→搭铁→蓄电池"−"，形成电流回路，使左侧镜面右转动。

（3）调整左侧后视镜上转 先将左右选择开关（M_{11}）拨至"L"，再按调整开关（M_{22}）"上"。

电流由蓄电池"+"→点火开关→熔断丝→M_{22}接线柱1（上）→1（右）→M_{11}（图中）3（上）→M_{11}（图中）3（下）→左侧上下电机→M_{11}（图右）3（下）→M_{11}（图右）3（上）→M_{22}（图右）1→M_{22}（图右）2→搭铁→蓄电池"−"，形成电流回路，使左侧镜面上转动。

（4）调整左侧后视镜下转 先将左右选择开关（M_{11}）拨至"L"，再按调整开关（M_{22}）"下"。

电流由蓄电池"+"→点火开关→熔断丝→M_{22}接线柱1（上）→3（右）→M_{11}（图中）3（上）→M_{11}（图中）3（下）→左侧上下电机→M_{11}（图中）3（下）→M_{11}（图中）3（上）→M_{22}（图右）3→M_{22}（图右）2→搭铁→蓄电池"−"，形成电流回路，使左侧镜面下转动。

同理，右侧后视镜的调整与上方法相同，只要将左右选择开关（M_{11}）拨至"R"即可。

2. 带电动伸缩功能的电动后视镜的控制电路

带电动伸缩功能的电动后视镜的控制电路如图6-1-30所示。

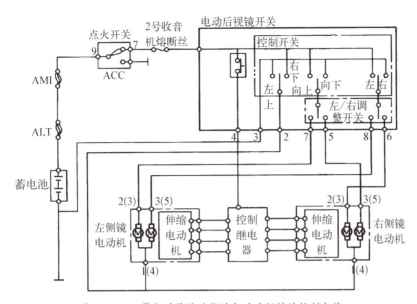

图 6-1-30 带电动伸缩功能的电动后视镜的控制电路

3. 带加热功能的电动后视镜的控制电路

带加热功能的电动后视镜的控制电路如图 6-1-31 所示。

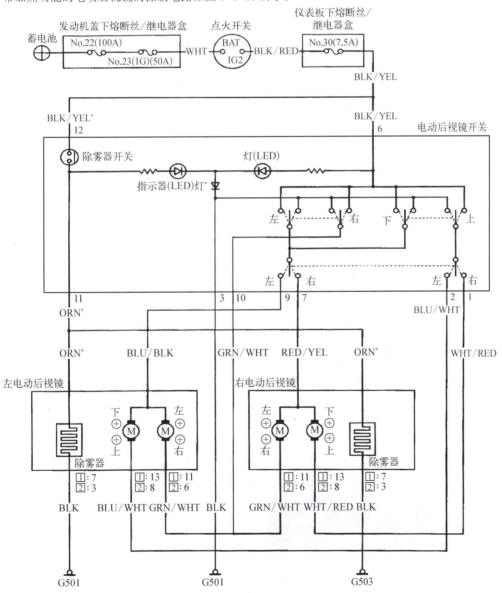

图 6-1-31 带加热功能的电动后视镜的控制电路

五、电动后视镜常见故障诊断与排除

电动后视镜的常见故障有电动后视镜都不工作和电动后视镜部分功能不正常。

故障主要原因有保险装置及线路断路、开关及电动机有故障等。

如果电动后视镜都不工作，往往是由于保险装置或电源线路、搭铁线路断路引起，也可能是控制开关有故障。可以先检查保险装置是否正常，然后检查控制开关线头有无脱落、松动，电源线路或搭铁线路是否正常，最后检修控制开关。

如果电动后视镜部分功能不正常，往往是由于个别电动机及控制开关对应部分有故障，或对应线路断路、接触不良等引起。可以先检查线路连接情况，再检查开关和电动机。

笔记

电动后视镜
保险丝断路
故障排除

任务实施

一、任务准备

（1）工作场景：理实一体教室、教学用车
（2）主要设备：带举升机的工位、教学用车、尾气抽排装置、多媒体设备。
（3）辅助材料：翼子板布和前格栅布、三件套、抹布、手套、车轮挡块。

二、实施步骤

作业内容	图解	具体操作方法及要求	完成确认
（1）车辆准备		技术要求： ① 放置驾驶室四件套（脚垫、换挡杆套、座椅套和方向盘套） ② 确认换挡杆置于P挡，拉起驻车制动器	
（2）电动后视镜结构认知和正确使用		技术要求： ① 指出后视镜组成部件 ② 坐在驾驶侧位置，操作后视镜开关，将镜面调到最佳可视位置	
（3）电动后视镜动作性能测试		技术要求： ① 按照维修手册要求拆下驾驶侧后视镜内饰板 ② 按照知识链接所讲的电动后视镜检测与调试内容，结合维修手册，对电动后视镜进行动作测试	
（4）分析电路图及工作原理		技术要求： 结合电路图，并根据动作测试结果，分析电动后视镜工作原理	

续表

作业内容	图解	具体操作方法及要求	完成确认
（5）7S 工作		拆卸要求： ① 对工具和设备清洁，并放回原位 ② 整理场地 ③ 清扫场地 注意事项： 不要用潮湿的抹布清洁电器开关、按钮等 易发问题： ① 清洁工作马马虎虎，应付差事 ② 废弃物未丢弃或未分类丢弃 ③ 清洁不彻底、漏项	

任务评价表

评价内容	赋分	序号	具体指标	分值	得分 自评	得分 组评	得分 师评
仪容仪表	15	1	工作服、鞋、胸卡穿戴整洁	5			
		2	发型、指甲等符合工作要求	5			
		3	不佩戴首饰、钥匙、手表等	5			
教学过程	60	4	知道电动后视镜的作用	10			
		5	知道电动后视镜的组成	10			
		6	能够分析电动后视镜的基本工作原理	10			
		7	能够分析电动后视镜的控制电路	10			
		8	能够正确操纵电动后视镜	10			
		9	能够结合电路图分析电动后视镜常见故障	10			
职业素养	25	10	坚持出勤，遵守规章制度	5			
		11	服从安排，积极参加组内活动	5			
		12	在规定时间内完成，认真填写工单	5			
		13	节约用水用电用气，注意环保	5			
		14	认真执行7S工作	5			
综合得分				100			

一、填空题

1. 电动后视镜的电动控制内容有_____、_____和_____三个。

2. 电动后视镜由_____、_____、_____等组成。

二、判断题

1. 每个电动后视镜的镜片后面都有4个电动机来实现后视镜的调整。　　　（　　）

2. 市场上有些汽车的后视镜带有存储功能。　　　（　　）

三、问答题

1. 分析桑塔纳轿车电动后视镜的工作原理。

2. 简述电动后视镜的常见故障及原因。

任务五　汽车空调系统检修

炎热的夏天，王先生来店反映他的丰田卡罗拉轿车有如下的问题：空调无法正常工作。作为未来的维修技师的你，在排除该汽车空调系统的故障前，应首先认识汽车空调系统的具体结构，了解其工作原理及控制电路。

学习目标

知识目标：
1. 了解汽车空调系统的组成。
2. 掌握汽车空调系统中元器件的结构、功用。
3. 理解典型的元器件的工作原理。

能力目标：
1. 能正确识记汽车空调系统的元器件。
2. 能正确分析汽车空调系统中元器件工作过程。

对汽车空调系统具体的元器件进行认知，并能识记。分析典型元器件的具体工作过程。

一、汽车空调系统功用及组成

1. 汽车空调系统的功用

① 调节车内温度。汽车空调在冬季利用其采暖装置升高车内温度，夏季利用制冷装置降低车内温度。

② 调节车内湿度。利用制冷装置冷却降温，去除空气中的水分，再由采暖装置升温以降低空气的相对湿度。

③ 调节车内的空气流速。夏季空气流速稍大有利于人体散热降温，冬季气流速度过大影响人体保温，因此夏季舒适风速一般为 0.25m/s，冬季的舒适风速一般为 0.20m/s。

④ 过滤净化车内空气。由于车内空间小，乘员密度大，车内极易出现缺氧，而车外道路上的粉尘等又容易进入车内造成空气污浊，影响乘员的身体健康，因此要求空调必须具有补充车外新鲜空气、过滤和净化车内空气的功能。

2. 汽车空调系统的组成

汽车空调系统是由制冷系统、采暖系统、通风系统、空气净化系统和控制系统等五个子系统组成。不同类型汽车空调系统的组成大同小异，图 6-1-32 所示为桑塔纳 2000GSi 型轿车暖风与空调系统的组成与零部件的安装位置。

① 制冷系统：将车内空气或吸进来的新鲜空气冷却或除湿，使车内空气变得凉爽舒适。

② 采暖系统：主要用于取暖，对车内空气或由外部进入车内的新鲜空气进行加热，达到取暖、除霜的目的。

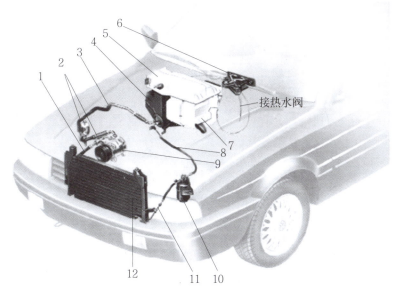

图 6-1-32 桑塔纳 2000GSi 型轿车制冷系统的组成与制冷部件的安装位置
1-"D"管；2-消声器；3-"S"管；4-蒸发器；5-进风罩；6-控制面板；7-暖风水箱；
8-"L"管；9-压缩机；10-储液干燥器；11-"C"管；12-冷凝器

空调滤清器
的更换

③ 通风系统：把车外新鲜空气吸进车内进行换气。同时，通风对防止风窗玻璃起雾也具有良好作用。
④ 空气净化系统：净化空气，除去车内存在的灰尘和气味，使车内空气变得清新。
⑤ 控制系统：对制冷和暖风装置进行控制，使空调正常工作。

二、汽车空调系统的分类

1. 按驱动方式分类

按驱动方式可分为独立式汽车空调系统和非独立式汽车空调系统两种。

① 独立式汽车空调系统。空调制冷压缩机由专用的空调发动机（也称副发动机）驱动，故汽车空调系统的制冷性能不受汽车主动发动机工况的影响，工作稳定，制冷量大，但由于加装了一台发动机，不仅增加了成本，而且体积和重量也增加了。这种类型的汽车空调系统多用于大、中型客车上。

② 非独立式汽车空调系统。空调制冷压缩机由汽车本身的发动机驱动，汽车空调系统的制冷性能受汽车发动机工况的影响较大，工作稳定性较差。尤其是低速时制冷量不足，而在高速时制冷量过剩，并且消耗功率较大，影响发动机动力性。这种类型的汽车空调系统一般多用于制冷量相对较小的中、小型汽车上。

2. 按功能分类

按功能可分为单一功能和组合式两种。

① 单一功能是指冷风、暖风各自独立，自成系统，一般用于大、中型客车上。

② 组合式是指冷、暖风合用一个鼓风机、一套操纵机构。这种结构又分为冷、暖风独立工作和冷、暖风可同时工作两种方式，多用于轿车上。

三、汽车空调制冷系统

1. 压缩机

汽车空调系统的压缩机安装在发动机前部，由发动机曲轴上的驱动轮经驱动带驱动旋转。压缩机是制冷循环系统的动力源，其功用是驱动制冷剂循环流动，将低温（约 0℃）、低压（约 150kPa）的气态制冷剂压缩成高温（约 65℃）、高压（约 1300kPa）的气态制冷剂。

空调压缩机种类繁多，形式各异，容积型制冷压缩机按其运动形式和主要零部件形状的分类如图 6-1-33 所示。

目前，曲柄连杆式压缩机主要用于大、中型客车空调系统，小轿车则普遍采用旋叶式压缩机和斜盘式压缩机。下面我们就旋叶式压缩机和斜盘式压缩机这两种压缩机的结构与原理进行介绍。

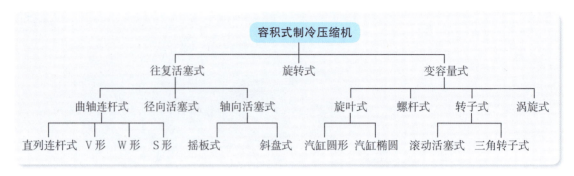

图 6-1-33 汽车空调压缩机分类

（1）旋叶式压缩机　旋叶式压缩机的气缸形状有两种形状，一种是圆形，一种是椭圆形，分别如图 6-1-34 和图 6-1-35 所示。

圆形缸叶片有 2～4 片，椭圆形缸叶片有 4 片或 5 片。旋叶式压缩机的单位压缩机质量具有最大的冷却能力。它没有活塞，仅有一个阀，称为排气阀。排气阀实际上起一个止回阀的作用，防止在循环停止或压缩机不运行时，制冷剂蒸汽通过排气口进入压缩机。

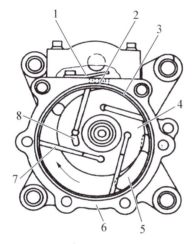

图 6-1-34　四叶片圆形气缸旋叶式压缩机
1- 排气阀；2- 排气孔；
3- 转子和气缸接触点；4- 转子；5- 吸气孔；
6- 气缸；7- 叶片；8- 油孔

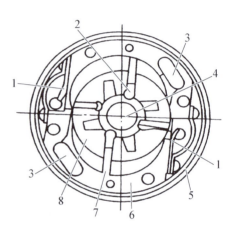

图 6-1-35　四叶片椭圆形气缸旋叶式压缩机
1- 排气簧片；2- 进油孔；3- 吸气腔；
4- 主轴；5- 机壳；6- 缸体；
7- 叶片；8- 转子

在圆形气缸的旋叶式压缩机中，叶轮是偏心安装的，叶轮外圆紧贴气缸内表面的吸、排气孔之间。在圆形气缸中，转子的主轴和椭圆中心重合，转子上的叶片和它们之间的接触线将气缸分成几个空间，当主轴带动转子旋转一周时，这些空间的容积发生"扩大→缩小→几乎为零"的循环变化，制冷剂蒸气在这些空间内也发生"吸气→压缩→排气"的循环。压缩后的气体通过簧片阀排出。

旋叶式压缩机没有吸气阀，因为滑片能完成吸入和压缩制冷剂的任务。对于圆形气缸而言，2 叶片将空间分成 2 个空间，主轴旋转一周，即有 2 次排气过程；4 叶片则有 4 次。叶片越多，压缩机的排气脉冲越小。对于椭圆形气缸，4 叶片将气缸分成 4 个空间，主轴旋转一周，有 4 次排气过程。

（2）斜盘式压缩机　斜盘式压缩机也叫斜板式压缩机，是一种轴向活塞式压缩机，其工作原理如图 6-1-36 所示。主要零件是主轴和斜盘。各气缸以压缩机主轴为中心布置，活塞运动方向与压缩机的主轴平行。

三缸斜盘式为三个活塞等间隔 120°分布，五缸斜盘式为五个活塞等间隔 72°分布。为了使机器受力合理、结构紧凑，通常将活塞制成双头活塞，如果是轴向 6 缸，3 缸在压缩机前部，另外 3 缸在压缩机后部；如果是轴向 10 缸，5 缸在压缩机前部，另外 5 缸在压缩机后部。双头活塞的两活塞各自在相对的气缸（一

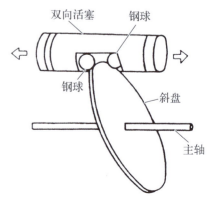

图 6-1-36　斜盘式压缩机工作原理

前一后）中，活塞一头在前缸中压缩制冷剂蒸汽时，活塞的另一头就在后缸中吸入制冷剂蒸汽，反向时互相对调。各缸均备有高低压气阀，另有一根高压管，用于连接前后高压腔。斜盘与压缩机主轴固定在一起，斜盘的边缘装合在活塞中部的槽中，活塞槽与斜盘边缘通过钢球轴承支承在一起。

当主轴旋转时，斜盘也随着旋转，斜盘边缘推动活塞作轴向往复运动。如果斜盘转动一周，前后两个活塞各完成压缩、排气、膨胀、吸气一个循环，相当于两个气缸作用。如果是轴向6缸压缩机，缸体截面上均匀分布3个气缸和3个双头活塞，当主轴旋转一周，相当于6个气缸的作用。

图6-1-37是桑塔纳2000GSi型轿车空调系统用SESH-14型斜盘式压缩机的结构，主要由电磁离合器、传动斜盆、带圆锥齿轮的行星盘、气缸与活塞、吸气阀片与排气阀片以及缸体（壳体）等组成。

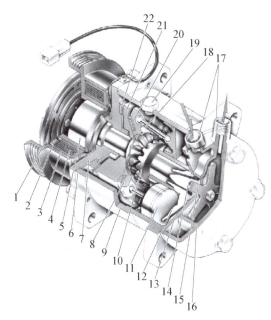

图6-1-37　桑塔纳2000GSi型轿车空调系统用斜盘式压缩机的结构

1-压盘；2-电磁离合器；3-多槽驱动带带轮；4-电磁离合器线圈；5-轴承；6-密封圈；7-驱动端盖；8-带锥齿轮的行星盘；9-缸体；10-固定锥齿轮；11-活塞；12-吸气阀片；13-阀板；14-排气阀片；15-阀片限位板；16-后端盖；17-制冷剂进出接头；18-连杆；19-注油塞；20，22-推力轴承；21-斜盘

2. 冷凝器

冷凝器是一种热交换器，与发动机散热器在形状上非常相近，在汽车空调制冷系统中的作用是将来自压缩机高温高压的制冷剂气体冷却、冷凝成液体，并把热量散发到车外空气中，从而使其凝结为高压制冷剂液体。汽车空调系统冷凝器的结构形式主要有管片式、管带式、鳍片式等几种。

（1）管片式　管片式是汽车空调中早期采用的一种冷凝器，制造工艺简单，由铜质或铝质圆管套上散热片组成，如图6-1-38所示。片与管组装后，经胀管法处理，使散热片胀紧在散热管上。这种冷凝器散热效果较差。一般用在大、中型客车的制冷装置上。

（2）管带式　管带式是由多孔扁管弯成蛇管形，并在其中安置散热带后焊接而成，如图6-1-39所示。管带式冷凝器的散热效果比管片式冷凝器好一些（一般高15%左右），但工艺复杂，焊接难度大，且材料要求高。一般用在小型汽车的制冷装置上。

图6-1-38　管片式冷凝器

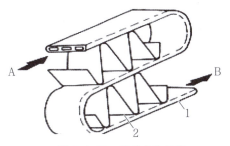

图6-1-39　管带式冷凝器

1-盘管；2-散热片；A-气态制冷剂；B-液态制冷剂

（3）鳍片式　鳍片式是在扁平的多通管道表面直接铣出鳍片状散热片，然后装配成冷凝器，如图 6-1-40 所示。由于散热鳍片与管子为一个整体，因而不存在接触热阻，故散热性能好；另外，管、片之间无需复杂的焊接工艺，加工性好，节省材料，而且抗振性也特别好。所以，鳍片式冷凝器是目前较先进的汽车空调冷凝器。

3. 蒸发器

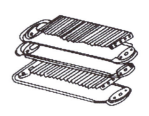

图 6-1-40　鳍片式冷凝器

蒸发器和冷凝器一样，也是一种热交换器，是制冷循环中获得冷气的直接器件。外形近似冷凝器，但比冷凝器窄、小、厚。它的作用是将膨胀阀送来的降温、降压液体，在其大的空间内全部蒸发，同时从周围空气中吸收大量的热量，而使汽车车厢内的温度下降。它一般安装在驾驶室内仪表面板下方。

蒸发器有管片式、管带式和层叠式三种结构。管片式结构简单、加工方便，但换热效率较差。管带式比管片式工艺复杂，效率可提高 10% 左右。层叠式加工难度最大，但其换热效率也最高，结构也最紧凑。

蒸发器工作原理如图 6-1-41 所示。进入蒸发器排管内的低温、低压液态制冷剂，通过管壁吸收穿过蒸发器传热表面空气的热量，使之降温。与此同时，空气中所含的水分由于冷却而凝结在蒸发器表面，经收集排出，使空气减湿，被降温、减湿后的空气由鼓风机吹进车室内，就可使车内获得冷气。

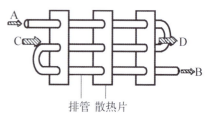

图 6-1-41　蒸发器工作原理
A- 来自膨胀阀的制冷剂；B- 气态制冷剂；
C- 车内热空气；D- 吹出的冷风

4. 储液干燥器和积累器

（1）储液干燥器　储液干燥器简称储液器，其作用是：① 临时储存液态制冷剂，根据制冷量的需要随时提供给蒸发器；② 除去系统中的水分，混有少量水分的制冷剂在与金属材料接触过程中会产生强烈的腐蚀，水分还会在膨胀阀或节流管中结冰形成冰堵；③ 过滤制冷剂中的杂质，制冷剂对系统内壁面各部件的作用，会产生相应的杂质如锈蚀物，或者制冷剂本身所带微量杂物，或是系统内部在制造、修理过程中带入一些污物。这些都必须过滤掉，以免堵塞系统。

储液干燥器用于以膨胀阀为节流装置的系统中，安装在冷凝器和膨胀阀之间，当含有蒸汽的液态制冷剂进入储液器后，使液态和气态的制冷剂分离。液态制冷剂通过膨胀阀进入蒸发箱（吸热箱），多余制冷剂可暂时储存在储液罐中。在制冷负荷变动时，及时补充和调整供给热力膨胀阀的液态制冷剂量，以保证制冷剂流动的连续性和稳定性。同时，由于水分与制冷剂结合会生成酸或结冰，因此储液器中的干燥剂可用来吸收制冷剂中的水分，防止机件腐蚀或冰块堵塞膨胀阀。滤网用于过滤制冷剂中的杂质，防止膨胀阀堵塞。

储液干燥器主要由储液器、干燥器、管接头、滤网、观察窗和安全易熔塞等几部分组成，如图 6-1-42 所示。储液器是个钢质或铝质的压力容器，它能以一定的流量向膨胀阀输送液态制冷剂。储液器的容量一般约为系统体积的 1/3。

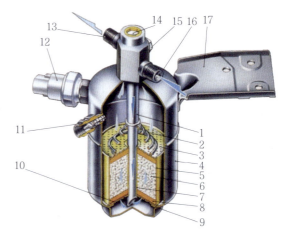

图 6-1-42　储液干燥器
1- 引出管；2- 弹簧；3- 多孔盖板；4- 储液器；5- 杯壳；6- 干燥器；
7- 连接管；8- 过滤布；9- 胶垫；10- 滤网；11- 制冷剂充注阀；
12- 高低压开关；13- 出口；14- 观察窗；15- 易熔塞；16- 进口；17- 支架

干燥器实际上就是干燥剂包，内装化学干燥剂，能够保持少量的水分。常用的干燥剂有硅胶和分子筛。分子筛是一种白色球状或条状吸附剂，对含水量低、流速大的液体或气体有极高的干燥能力。它具有寿命长、重复使用的优点，但价格相对比较昂贵。

观察窗能够指示系统中是否有足够的制冷剂以及制冷剂中是否有水分。观察窗安装在液管通路中或储液罐的出口处。当系统正常运行时，从观察窗中可以看到没有气泡、稳定流动的液体。假如出现气泡或泡沫，则说明系统工作不正常或制冷剂不足。

储液器出口管旁边装有一只安全熔塞，也称易熔螺塞，它是制冷系统的一种安全保护装置。其中心有一轴向通孔，孔内装填有焊锡之类的易熔材料，这些易熔材料的熔点一般为85～95℃。当冷凝器因通风不良或冷气负荷过大而冷却不够时，冷凝器和储液器内的制冷剂温度和压力将会异常升高。当压力达到3MPa左右时，温度超过易熔材料的熔点，此时，安全熔塞中心孔内的易熔材料便会熔化，使制冷剂通过安全熔塞的中心孔逸出散发到大气中去，从而可避免系统的其它部件因压力过高而被胀坏。

（2）积累器　积累器是节流孔管空调系统的重要部件。用节流孔管代替膨胀阀时，汽车空调制冷系统要在低压侧安装积累器，以取代储液干燥器，其结构如图6-1-43所示。

积累器装于蒸发器出口和压缩机进口之间，其功能是将蒸发器出来的制冷剂中的液态部分收集起来，防止进入压缩机。从蒸发器流入积累器的制冷剂，液体落到积累器底部，上部是气体，有一根U形管，使气体能够离开积累器而进入压缩机。留在积累器内的液体从U形管底部的一根节流管进入吸气管，并且设计确保液体经节流全部汽化。

积累器还装有化学干燥剂，可吸附、吸收并滞留因不当操作而进入系统的湿气、水分。干燥剂不能维修，若有迹象表明需更换干燥剂时，积累器必须整体更换。

5.膨胀阀

膨胀阀也称节流阀，是一种感压和感温阀，是汽车空调制冷系统中的一个主要部件。目前膨胀阀主要有H形膨胀阀、节流孔管两种结构形式。

（1）H形膨胀阀　H形膨胀阀如图6-1-44所示，因其内部通道呈H形而得名。它取消了外平衡膨胀阀的外平衡管和感温包，直接与蒸发器进出口相连。它有四个接口通往空调系统，其中两个接口和普通膨胀阀一样，一个接干燥过滤器出口，一个接蒸发器入口。另外两个接口，一个接蒸发器出口，一个接压缩机进口。

感温元件处在进入压缩机的制冷剂气流中。H形膨胀阀无感温包，它的温度信号用更为直接的方法获取，从蒸发器出来的制冷剂气体进入膨胀阀，阀内驱动阀门开度的顶杆充当感温元件，提高了灵敏度。又因为没有感温包、连接细管和外平衡接管，使阀门抗震性提高，非常适用于汽车空调系统。

（2）节流孔管　节流孔管是用于许多轿车制冷系统的一种固定孔口的节流装置。有人称它为孔管、固定孔管。节流孔管直接安装在冷凝器出口和蒸发器进口之间，用于将液态制冷剂节流降压。由于不能调节流量，液体制冷剂很可能流出蒸发器而进入压缩机，造成压缩机液击。所以装有节流孔管的系统，必须同时在蒸发器出口和压缩机进口之间，安装一个积累器，实行气液分离，避免压缩机发生液击。

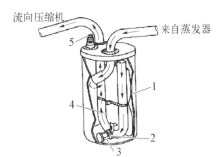

图6-1-43　积累器

1-气管；2-节流孔；3-滤网；
4-干燥剂；5-测试口

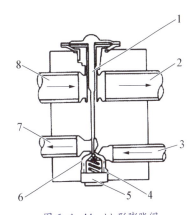

图6-1-44　H形膨胀阀

1-感温包；2-至压缩机；
3-从储液干燥器来；4-弹簧；
5-调整螺栓；6-球阀；
7-至蒸发器；8-从蒸发器来

空调制冷系统装上了节流孔管，就必定是循环离合器孔管系统。节流孔管的结构如图6-1-45所示，由一段套在塑料管内的小铜管构成，在塑料管外面套有O形密封圈，O形圈将从冷凝器过来的制冷剂隔开，液态制冷剂经此装置输入蒸发器，调节蒸发器内制冷剂的量，保持制冷系统高、低压侧间的压力差，并对制冷剂进行减压和降温。不同制冷量要求（即不同的汽车）采用不同尺寸的节流管。与膨胀阀相比，节流孔管没有运动部件，结构简单，成本低，可靠性高，同时节省能耗，很多高级轿车都采用这种方式。缺点是制冷剂流量不能根据工况变化进行调节。正是由于流量的不可变性，整个系统的控制相应有所改变，用离合器方式控制压缩机作周期性工作，从而控制流量。节流孔管两端都装有滤网，以防止系统堵塞。节流孔管不能维修，坏了只能更换。

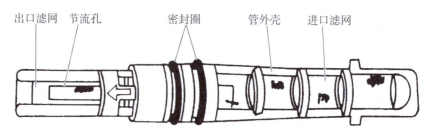

图 6-1-45 膨胀节流管

6. 风机

汽车空调制冷系统采用的风机按气体流向与风机主轴的相互关系，可分为离心式风机和轴流式风机两种。

（1）离心式风机　离心式风机的空气流向与风机主轴成直角，它的特点是风压高、风量小、噪音小。蒸发器采用这种风机，因为风压高可将冷空气吹到车室内每个乘员身上，使乘员有冷风感；噪音小使乘员不至于感到不适而过早疲劳。

离心式风机主要由电机、风机轴（与电机同轴）、风机叶片、风机壳体等组成，如图 6-1-46 所示。风机叶片有直叶片、前弯片、后弯片等形状，叶轮叶片形状不同，所产生的风量和风压也不同。

（2）轴流式风机　轴流式风机的空气流向与风机主轴平行，它的特点是风量大、风压小、耗电省、噪音大。冷凝器采用这种风机，因为风量大可将冷凝器四周的热空气全部吹走；风压小不影响冷凝器正常工作；另外，冷凝器安装在车室外面，风机噪音大也不影响车内。

轴流式风机主要由电机、风机轴、风机叶片、键等组成，如图 6-1-47 所示。叶片固定在骨架上，叶片常做成 3、4、5 片不等，叶片骨架穿在电机轴上，由键带动旋转。

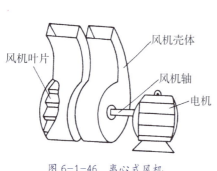

图 6-1-46　离心式风机

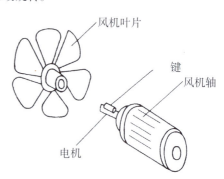

图 6-1-47　轴流式风机

四、汽车空调暖风系统

1. 暖风系统的作用

① 冬季天气寒冷，在开动的汽车内人们感觉更寒冷。这时，汽车空调可以向车内提供暖风，提高车室内的温度，使乘坐人员不再感觉到寒冷。

② 冬季或者初春，室内外温差较大，车窗玻璃会结霜或起雾，影响司机和乘客的视线，不利于安全行车，这时可以用暖风来除霜和除雾。

2. 暖风系统的分类

对车内空气或进入车内的外部空气进行加热的装置，称为汽车暖风装置。

近代汽车空调是全年性的冷暖一体化的装置。通过冷热风的混合，人为设定冷热风量的比例，通过风门开闭和调节，满足人们对舒适性的要求。因此，暖风是汽车空调的重要组成部分。

暖风系统按所使用的热源不同可分为如下几种。

① 水暖式：利用发动机的冷却液热量，多用于轿车。
② 独立热源式：装有专门的暖风装置，多用于客车和载货车。
③ 综合预热式：既利用发动机的冷却液热量，又装有燃烧预热的综合加热装置暖风，多用于大客车。

3. 暖风系统的结构原理

（1）水暖式暖风系统　水暖式暖风系统一般由控制开关、鼓风机、暖风水箱、循环水控制开关及相应的管路组成，这种暖风装置结构简单、耗能少、成本低、操作维修方便，目前在轿车、轻型货车上应用最广泛，其工作原理如图6-1-48所示。当需要取暖时，手动开关置于暖风位置，此时便打开了水阀开关，发动机机体的热水便经水管进入汽车室内的交换器，同时，鼓风机也组织空气（车厢内或车厢外）流经热交换器，吸热后的空气通过风道和阀门的调节，从不同的风口吹向车内，使温度升高。经过热交换器的水降温后被发动机的水泵吸入机体，再从汽缸周围吸热进行循环。

汽车车厢内的温度，可通过水阀的开关和鼓风机的转速人为进行调节。

（2）独立燃烧式取暖系统　发动机余热式取暖装置普遍受发动机功率和工况影响较大，车速低，下坡时采暖效果不佳。目前大客车普遍采用独立燃烧式取暖装置，其热容量大，热效率可达80%，一般可使用煤油、轻柴油作燃料。

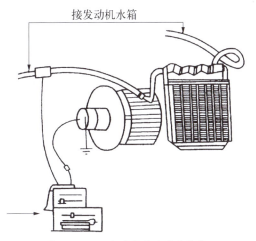

图6-1-48　水暖式暖风系统结构

图6-1-49所示为独立燃烧式（空气加热式）暖气装置结构图。这种装置通常由燃烧室、热交换器、供给系统和控制系统四部分组成。燃烧室由火花塞4和燃料分布器3组成，燃料分布器直接装在暖房空气送风机17的电动机轴上，在工作时，由其内部出来的燃油在离心力作用下易于雾化。热交换器位于燃烧室后端，由双层腔室组成，内腔通过的是燃烧的高温气体，外腔通过的是新鲜空气，便于冷热交换。供给系统包括燃料供给系统、助燃空气供给系统和被加热空气供给系统三个部分。其中燃料供给系统由燃料泵、电动机、燃油电磁阀、油箱和输油管组成。助燃空气供给系统和被加热空气供给系统共用一台电动机，电动机两端各装一台风机供两个系统使用。控制系统有手动和自动两种方式，用来控制电动机、电磁阀、点火装置及自动控制元件的工作。

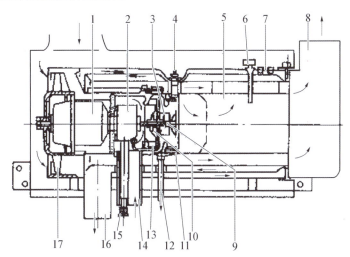

图6-1-49　空气加热独立燃烧式暖气装置

1-电动机；2-燃料泵；3-燃料分布器；4-火花塞；5-燃烧室；6-燃烧指示器；7-热熔丝；8-暖气排出口；9-分布器帽；10-油分布器管；11-燃烧环；12-排气管；13-燃烧室空气送风机；14-燃烧室空气吸入管；15-燃料吸入；16-排气管；17-暖房空气送风机

该暖气装置工作时，燃油由电路电磁阀和液压泵来控制。当打开暖气开关时电磁阀打开，电动机工作，与其同轴的燃料泵2工作，燃油从油箱经滤清器进入燃料分布器3，在离心力作用下飞散雾化，并与供给燃烧的空气混合进入燃烧室5火花塞4通电点火，使混合气点燃燃烧，燃烧后的高温气体在与新鲜空气换热后，由排气管16排向大气；另一方面，在电动机轴前端安装的暖房空气送风机17向内送入空气，经换热器加热后由暖气排出口8进入车室的管路和送风口。

该装置的优点是取暖快，不受汽车行驶工况的影响。用空气作换热介质提供暖风是高温干热状态，舒适性差；用水作换热介质提供暖风，出风柔和、舒适感好，还可预热发动机、润滑油和蓄电池等。该装置由于燃烧时温度高，因此对其安全保护就相当重要：暖风出口温度过高时，过热保护器就开始动作，断开电磁阀的电源，停止燃油供应。另外，燃烧终止或停机时，供油中断，不再燃烧，送风机应继续运行一段时间，直至感测温度指示内部温度装置正常才停止，这样一来可使得燃烧室不会因过热而受损。

五、汽车空调配气系统

汽车空调配气，主要是解决车室内温度、风量控制的自动化和各类通风温调方式，以提高舒适性。汽车空调配气形式很多，但目前最常用的只有空气混合式、全热式及冷暖一体化空调配气系统。

1. 空气混合式

图 6-1-50（a）所示为空气混合式配气流程。从图中可看出其工作过程为：车外空气 + 车内空气→进入风机 3→混合空气进入蒸发器 1 冷却→由风门调节进入加热器加热→进入各吹风口 4、5、7。进入蒸发器 1 后再进入蒸发器 2 的空气量可用风门进行调节。若进入加热器的风量少，也就是冷风量相对较多，这时冷风由冷风吹出口 7 吹出；反之，则吹出的热风较多；热风由除霜吹出口 5 或热风吹出口 4 吹出。

空气混合式配气系统的优点是能节省部分冷量，缺点是冷暖风不能均匀混合，空气处理后的参数不能完全满足要求，亦即被处理的空气参数精度较差一些。

2. 全热式

图 6-1-50（b）所示为全热式配气流程图。从图中也可看出其工作过程为：车外空气 + 车内空气→进入风机 3→混合空气进入蒸发器 1 冷却→出来后的空气全部进入加热器 2 加热后→加热后的空气由各风门调节风量分别进入 4、5、6、8、9 各吹风口。

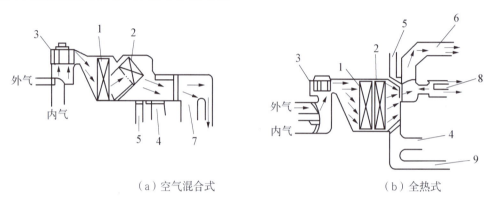

（a）空气混合式　　　　　　（b）全热式

图 6-1-50　汽车空调配气流程

1- 蒸发器；2- 加热器；3- 风机；4- 热风吹出口；5- 除霜吹出口；
6- 中心吹出口；7- 冷气吹出口；8- 侧吹出口；9- 尾部吹出口

全热式与空气混合式的区别在于由蒸发器出来的冷空气全部直接进入加热器，两者之间不设风门进行冷热空气的风量调节，而是将冷空气全都进入加热器再加热。

全热式配气系统的优点是被处理后的空气参数精度较高，缺点是要浪费一部分冷量，即为了达到较高的空气参数精度而不惜牺牲少量冷量。这种配气方式只用在一些高级豪华汽车空调上。

3. 冷暖一体化空调器配气系统

目前市场上带空调的汽车，基本上采用冷暖一体化空调器（可同时制出冷气和暖风）。其配气系统如图 6-1-51 所示。其空气温度调配和输送分配如下：空气的清新度是由风门来调节和控制，循环空气在风扇抽力下进入空调器。风门在 A 位置，则将外来新鲜空气送入空调器；当风门在 B 位置时，则送风机供车内空气自循环使用；有些空调的风门可以在 A 和 B 之间的任意位置，这样可供外来空气和车内空气进行调配。

空气在风扇的输送下，流过蒸发器，发生降温除湿变化。调温门的作用是调节空气的温度。当调温门在 A 位置时，冷空气不经过加热器，这样的空气温度最低，供夏天时用以降低车内温度。当调温门在 B 位置时，有一部分冷空气经过加热器芯，温度升高，一部分空气不经过加热器芯，两部分不同温度的空气混合后，得到某一温度的空气，输送到车内；调温门在 A 至 C 之间的任一位置，可以得到所需调配温度的空气。这样，人们可以根据实际需要，调节调温门位置，可以得到不同温度的空气，来调配车内的温度。当调温门在 C 位置时，则全部冷空气进入加热器芯，得到较高温度的空调风。显然，经过蒸发器降温除湿和不经过的两种 C 位置的空气状态是不同的，最大的区别是相对湿度不同，其次温度也有所差别。

调节温度后的空调气，需要经过除霜门、中风门和下风门输送到车内。当车前挡风玻璃有霜和雾时，可以打开除霜门，让外来空气经蒸发器除湿后，再全部通过加热器芯加热后的热空气从上风口吹向挡风玻璃，进行除霜。冬天，乘员脚下较易感觉寒冷，这时可以打开下风门，让热空气从下风口吹向脚部。一般情况下，空调风从中风口吹向乘员的前上部。调节中、侧风口上的栅格，可以将空气导向头部和前胸各部分。

空气温度的调配值除了与调温门有关外,还取决于风扇的转速和外来空气口的位置。当车内空气循环使用时,在没有外来空气的条件下,车内的空气温度波动较小。在夏天需要快速降低车内温度时,便需要使用车内循环空气的方式,让通过蒸发器的气流温度不断下降,然后送入车内,这样才能快速降低空气温度。而当冬天外面空气较冷,需要车内温度尽量高,也反复循环车内已经升温的空气。但一般情况下,为了保证车内空气清新,均使用外来空气引进车内的方式,否则车内空气浑浊,令人不舒服,甚至引起呕吐等。

空调器内的风机转速,也能引起人们感觉到空调环境的改变。若用高速空气流输送空调风,虽然此时空调风吸收蒸发器和加热器的能量和低速时差不多,但由于风速快,流量大,则空气流的温度比低速时高,而人的感觉还是觉得高速时温度低。产生这种错误感觉的根本原因是空气流速高,换热量增加,能较快蒸发人的皮肤上的水分。所以,夏天,都采用高速风,而冬天,则采用慢速风。因为夏天,风速越快,人越觉得凉快,而冬天,慢速风会使人觉得暖和。

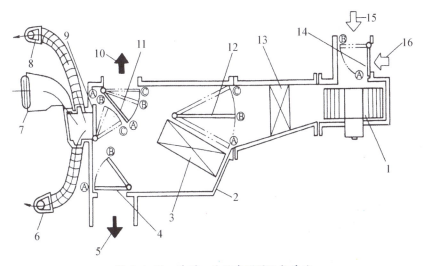

图 6-1-51 冷暖一体化空调器配气系统

1-轴流风扇;2-空调器外壳;3-加热器芯;4-下风门;5-下风口;6、8-两侧风口;9-中风口;10-上风口;
11-除霜门;12-调温门;13-蒸发器;14-外来空气口;15-外来新鲜空气;16-车内循环空气口

一、任务准备

(1)工作场景:实训工厂、丰田 COROLLA 1.6、工作台、废气抽排装置。

(2)主要设备:电子式卤素检漏仪、制冷剂回收加注机、护目镜、车轮挡块、地板垫、座椅套、方向盘套、翼子板布、前格栅布。

(3)辅助材料:抹布、护目镜。

二、实施步骤

作业内容	图解	具体操作方法及要求	完成确认
(1)制冷剂纯度检测		**技术要求:** ① 连接电源后自动开机,预热时间约为 2min ② 管路连接应正确无误	

201

续表

笔 记

汽车空调制冷剂相关操作（专用设备）

作业内容	图解	具体操作方法及要求	完成确认
（1）制冷剂纯度检测	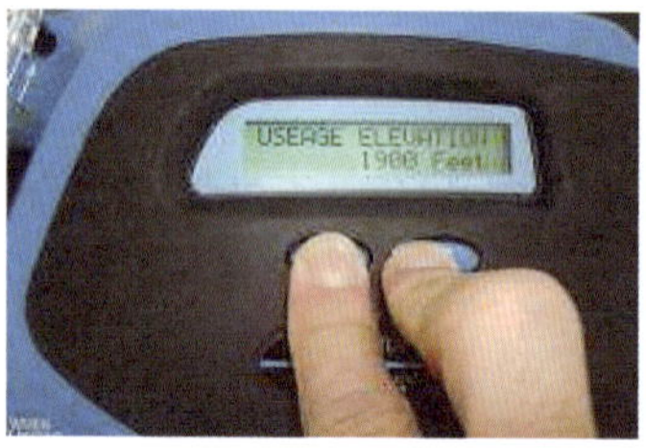	技术要求： ① 在预热的过程中，按住A、B键直到显示屏出现"USAGE ELEVATION，400FEET"（出厂设置，海拔400英尺，相当于120m） ② 使用A键和B键，调节海拔高度	
	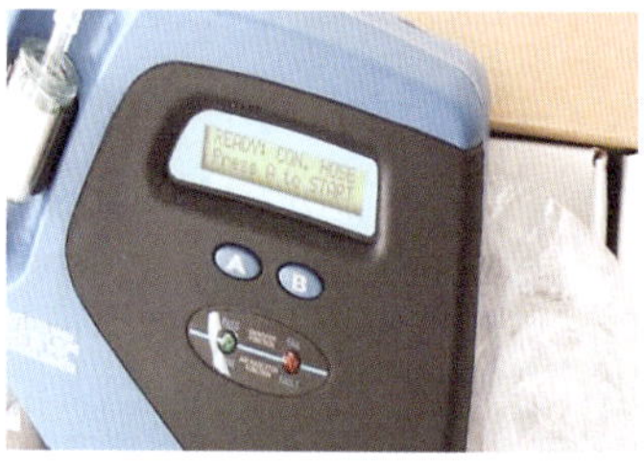	技术要求： 把采样管接到车辆空调系统或制冷剂罐的出口上。按A键开始	
	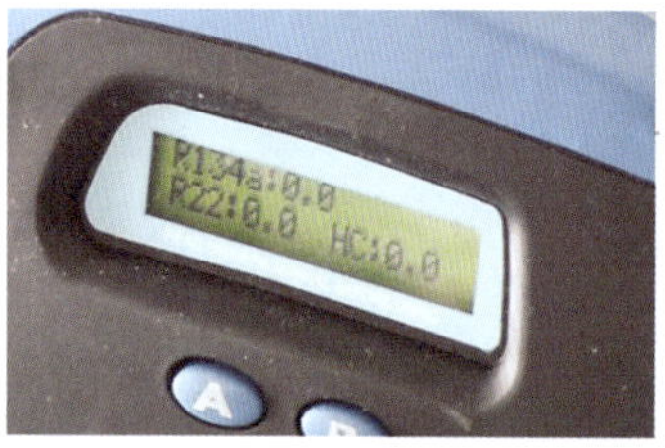 	检验结果说明： PASS：制冷剂纯度达到98%或更高。通过检验，可以回收 FAIL：R12或R134a的混合物，任一种纯度达不到98%，混合物太多 FAIL CONTAMINATED：未知制冷剂，如R22或HC含量4%或更多；不能显示含量 NO REFRIGERANT-CHK HOSE CONN：空气含量达到90%或更高；没有制冷剂	
（2）检漏		技术要求： ① 调节灵敏度 ② 探头保持洁净（不要接触被测部位） ③ 环境空气洁净 安全警告： 在检漏环节中需配合使用护目镜	
（3）制冷剂的回收、抽真空、加注	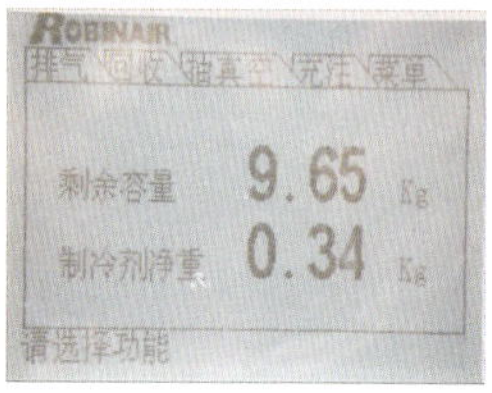	① 开机 技术要求： 连接在220V电源，转动电源开关，显示主菜单，显示储罐重量和储罐内部的制冷剂重量 ② 排气。此步骤是对AC350C自身进行排气、清理，应在30s内完成。操作方法： a.按下排气键，设备进行排气，2s后完成 b.按下确认键	

续表

作业内容	图解	具体操作方法及要求	完成确认
（3）制冷剂的回收、抽真空、加注	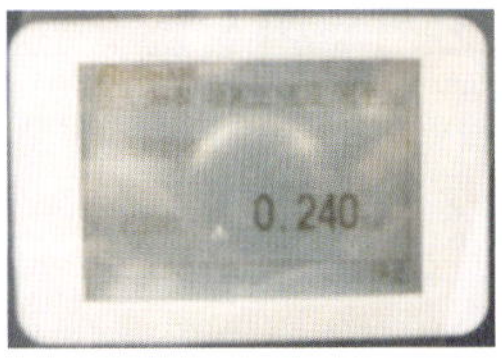	③回收。此步骤是将车辆空调系统的制冷剂回收到AC350C中。操作方法： a. 按下回收键，然后按界面提示接好管路及接头 b. 设定制冷剂的回收量：利用数字键输入制冷剂重量，按下确认键 c. 界面显示"清理管路1min"。设备开始自动进行清理，然后进行回收 **技术要求**： 当界面显示"回收完成"后，按下确认键 ④制冷剂净化作业 a. 化作业准备及开始　在完成制冷剂回收之后，按下AC350C的确认键，AC350C开始进行排油。完成后（约10s），必要时记录排油量 b. 纯度指标检测　使用制冷剂鉴别仪（16910）对加收的制冷剂进行检测。根据检测结果得出结论 c. 净化操作　若制冷剂纯度达不到要求，则继续进行净化 **技术要求**： 制冷剂的纯度大于96%小于98%需净化；制冷剂纯度大于98%无需净化	
		抽真空 **技术要求**： 抽真空时间设定为30min	
		保压 **技术要求**： 保压时间设定为3min	
	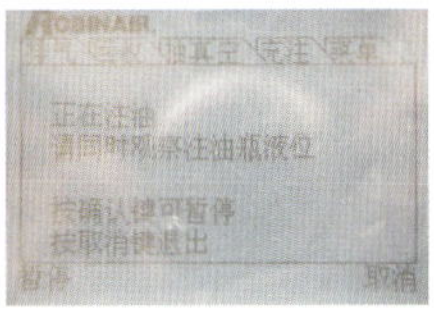	注油 **技术要求**： 设定注油量为排出得油量加20mL，关闭低压阀，进行单管充注	
	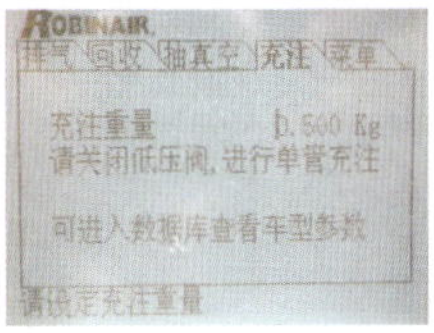	加注制冷剂 **技术要求**： 制冷剂的加注量需对照车辆铭牌信息或查看数据库，并通过数字键输入充注重量；关闭低压阀，进行单管充注；加注结束，关闭阀门	
	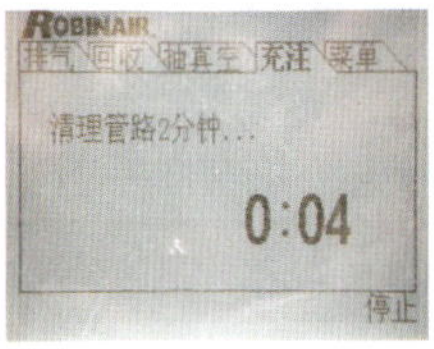	管路清理	

冷媒鉴别仪的使用

续表

作业内容	图解	具体操作方法及要求	完成确认
（4）7S工作		技术要求： ① 对工具和设备进行清洁，并放回原位 ② 整理场地 ③ 清扫场地 安全警告： 不要用潮湿的抹布清洁电器开关、按钮等 易发问题： ① 清洁工作马虎，应付差事 ② 废弃物未丢弃或未分类丢弃 ③ 清洁不彻底、漏项	

任务评价表

评价内容	赋分	序号	具体指标	分值	得分 自评	得分 组评	得分 师评
仪容仪表	15	1	工作服、鞋、胸卡穿戴整洁	5			
		2	发型、指甲等符合工作要求	5			
		3	不佩戴首饰、钥匙、手表等	5			
教学过程	60	4	制冷剂鉴别仪的正确使用	15			
		5	制冷剂回收加注机的正确使用	15			
		6	电子检漏仪的正确使用	15			
		7	制冷剂的回收、抽真空、加注	15			
职业素养	25	8	出勤情况	10			
		9	服从安排，积极参加组内活动	5			
		10	认真执行7S工作	10			
			综合得分	100			

一、填空题

1.汽车空调系统是由_____、_____、通风系统、_____和_____五个子系统组成。

2.汽车空调制冷系统由压缩机、_____、储液干燥器（或积累器）、膨胀阀（或节流孔管）、_____、风机及制冷管道等组成。

3.汽车空调系统按驱动方式分类可分为_____和_____两种。

二、选择题

1.下面观点不正确的是（　　）

A.储液干燥器可保证一定的制冷剂储量，并向膨胀阀提供连续不断的制冷剂

B.集液器的功能是将从蒸发器出来的制冷剂收集起来，并滤下制冷剂液滴，以保护压缩机

C.储液干燥器用于有节流管的空调系统中，集液器则用于有膨胀阀的系统中

D.储液干燥器和集液器都可通过内部的过滤器和干燥剂，保持制冷剂的清洗度和纯度

2.在空调制冷系统，位于驾驶室外的部件是（　　）

A.蒸发器　　　　　　　B.冷凝器　　　　　　　C.储液干燥器　　　　　　　D.空调压缩机

项目二　汽车安全系统

任务一　中央门锁检修

有一位王先生反映他的丰田卡罗拉轿车有如下的问题：左后车门无法上锁。作为未来的维修技师的你，在排除该故障前，应首先认识中央门锁的结构，了解其工作原理及控制电路。

知识目标：
1. 了解中央门锁系统的作用和组成。
2. 掌握中央门锁系统的基本工作原理。

能力目标：
1. 能够分析中央门锁系统的控制电路。
2. 能够结合电路图分析中央门锁的常见故障。

一、中央门锁系统的作用

汽车门锁是保证汽车安全行驶的一项重要措施。门锁的一般要求是门锁能将车门可靠锁紧且不能打开车门。为了提高汽车使用的安全性、方便性，现代轿车大多安装中央门锁控制系统。

活动：结合实车进行中央门锁系统的操纵。

1. 中央控制

当驾驶员锁住其身边的车门时，其他车门也同时锁住，驾驶员可通过门锁开关同时打开各个车门，也可单独打开某个车门。

2. 速度控制

当行车速度达到一定时，各个车门能自行锁上，防止乘员误操作车门把手而导致车门打开。

3. 单独控制

除在驾驶员身边车门以外，还在其他门设置单独的弹簧锁开关，可独立地控制每个车门的解锁和上锁。

二、中央门锁的组成

中央门锁主要由控制电路和执行机构等组成。

1. 控制电路

控制电路主要由门锁开关、定时装置和继电器等组成。

（1）门锁开关　门锁开关实质上是一个电门开关，它是用来控制各车门和行李厢锁筒的锁止和开启。用钥匙来拨动门锁锁芯转过一定的角度，即可接通门锁执行机构的电路，使电磁线圈产生吸力将门锁锁止或开启。

（2）定时装置　接通门锁开关的时间与电动机锁止门锁所需的时间不可能相等，往往开关接通电路时间较长，因此多会使执行机构过载而损坏门锁的机械传动装置或电气设备。于是在此电路中根据其特点设有定时装置，来设定门锁的锁止或开启所需的时间，以防止执行机构过载。定时装置的基本原理是利用电容器的充放电特性，来控制执行机构的通电时间，使执行机构锁止或开启；电容器的电恰好放完，继电器的电流中断而丧失吸力，则触点断开。

（3）继电器　在定时装置的控制作用下，继电器接通或断开执行机构的电路。

2. 中央门锁执行机构

中央门锁执行机构的作用是执行驾驶员的指令，将门锁锁止或开启。门锁执行机构常见的有电磁线圈式、电动机式和永磁型电动机式。

（1）电磁线圈式　如图6-2-1所示，电磁线圈通电后产生电磁力吸动引铁轴向移动，引铁通过连接杆将门锁锁扣锁止。一般电磁线圈式执行机构有两个电磁线圈，其绕制方向相反，以便改变电流方向使执行机构开启或锁止。电磁线圈式执行机构的优点是故障少、使用寿命长，同时还减少了维修费用；缺点是耗电量大。

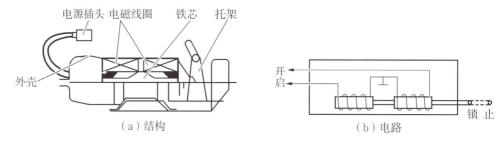

图 6-2-1　电磁式门锁执行机构的结构和电路

（2）电动机式　电动机式执行机构（也称为回转式执行机构）的作用与电磁线圈式相同，如图6-2-2所示。它是通过电动机转动并经传动装置（传动装置有螺杆传动、齿条传动和直齿轮传动）将动力传给门锁锁扣，使门锁锁扣进行开启或锁止。由于电动机能双向转动，所以通过电动机的正反转可实现门锁的锁止或开启。

这种执行机构与电磁式执行机构相比，耗电量较小。虽然电动机式执行机构电路中设有定时装置和断路器，但设定的时间与实际的门锁开启或锁止时所需的时间不一定相等；虽然电路中设有断路器，但断路器需要有一定的加热时间，故短路灵敏度较差，于是会出现传动齿轮轮齿折断的现象等。

（3）永磁型电动机式　永磁型电动机多是指永磁型步进电动机。它的作用与前述相同，但结构差异较大。转子带有凸齿，凸齿与定子磁极径向间隙小而磁通量大。定子上带有轴向均布的多个电磁极，而每个电磁极上的电磁线圈按径向布置。定子周围布有铁芯，每个铁芯上绕有线圈，当电流通过某一相位的线圈时，该线圈的铁芯产生吸力吸动转子上的凸齿对准定子线圈的磁极，转子将转动到最小的磁通处，即是步进位置。要使转子继续转动一个步进角，根据需要的转动方向向下一个相位的定子线圈输入一个脉冲电流，转子即可转动。转子转动时，通过连杆可使门锁锁扣、锁止。

图 6-2-2　电动机式门锁执行机构实物

三、中央门锁的工作过程

中央电动门锁电子控制电路如图6-2-3所示，W_1、W_2 分别为控制门锁开关的控制线圈，其中 W_1 为关闭车门的控制线圈，W_2 为开启车门的控制线圈，它们的存在实现了真正意义上的电子控制。其工作过程如下。

1. 锁止车门

当将钥匙插入锁筒内并旋转一定的角度后，车门门锁开关接通控制电路，通过一系列的控制使继电器 W_1 的电磁线圈通电，吸合 S_1 触点，使门锁电动机的电路导通并构成闭合回路，电动机转动将门锁锁扣锁止。

当接通车门锁止开关时，其电流流向为蓄电池的正极→熔断器→二极管 D_5→三极管 VT_1 发射极→电阻 R_3→二极管 D_1→容电器 C_1→锁止开关→蓄电池的负极。C_1 充电瞬间，VT_1、VT_2 导通，继电器 W_1 线圈有电流通过而产生吸力将 S_1 触点吸到 ON 的位置。这时的电流流向为蓄电池的正极→熔断器→S_1→执

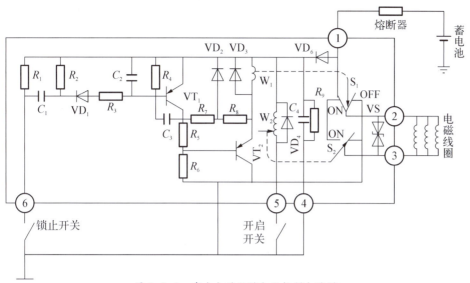

图 6-2-3 中央电动门锁电子控制电路图

行机构（电动机）→S_2→蓄电池的负极。电动机有电流通过产生动力拉下车门锁扣杠杆，锁止车门。

当电容器 C_1 充电完毕时，三极管 VT_1 无基极电流通过而截止，三极管 VT_2 也随之截止，继电器线圈 W_1 失电而吸力消失，开关 S_1 断开，电动机无电流通过也停止工作，锁止车门结束。

2. 打开车门

当驾驶员需要将门锁打开时，可将钥匙插入门锁锁筒内并旋转一定角度，车门锁开启开关闭合。这时，蓄电池的电流流向为正极→熔断器→继电器 W_2→开锁开启开关→蓄电池的负极。由于继电器 W_2 的线圈通电而产生吸力，使 S_2 处于 ON（接通状态），电动机产生动力，由于通过电动机的电流方向与车门锁止时相反，所以车门锁锁扣被拉起，车门被打开。

以上是以驾驶员侧车门为例进行的简要介绍，其他车门的工作过程和它基本相同。

四、带有车速感应器的中央门锁

当汽车行驶速度超过规定速度时，为确保行车安全以防发生意外，有的中央门锁还受车速控制。它是在原中央门锁的基础上加设了车速控制电路，车速控制开关设在车速表内。当汽车行驶速度高时，车速传感器自动接通门锁锁止电路将门锁锁止，这种靠车速控制的门锁称车速感应式门锁。

图 6-2-4 所示为车速感应式中央门锁电路。该电路具有驾驶员手动锁上或打开所有车门和仅锁止或

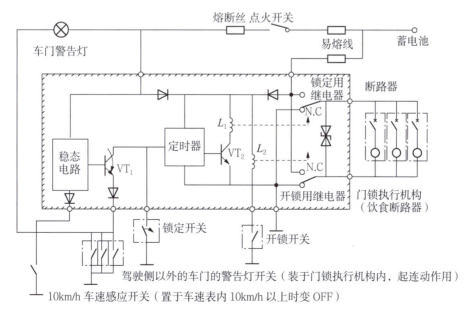

图 6-2-4 车速感应式中央门锁控制电路

L_1-锁止继电器线圈；L_2-开锁继电器线圈

打开驾驶员侧车门的功能。工作过程有两个状态，即汽车停驶工作状态和汽车行驶工作状态。

1. 汽车停驶工作状态

打开点火开关，车速表内的 10km/h 车速开关（舌簧管式开关）处于接通位置，蓄电池电流经熔断器、稳定回路、二极管、车速开关后搭铁。此时，三极管 VT_1 截止、三极管 VT_2 也截止，车门锁止继电器 L_1 断电，车门处于开锁状态。此时只要有一个车门未锁止时，该车门灯开关闭合，车门报警灯亮，提醒驾驶员注意。

2. 汽车行驶

汽车行驶时，当车速超过 10km/h，车速表内的 10km/h 车速开关被移动的磁铁吸开，三极管 VT_1 导通，定时器经 VT_1 及门灯开关后搭铁，VT_2 导通，L_1 通电，回转式电磁线圈通电工作，拉下车门锁扣杠杆，车门被锁止。

五、中央门锁的常见故障诊断与排除

电动门锁常见故障有所有门锁均不工作、某个门锁不能工作。

全部门锁都不能工作主要原因：熔断器断路；继电器故障；门控开关触点烧蚀；搭铁点锈蚀或松动；连接线路断路等。可以首先检查熔断器是否断路；若熔断器良好，则应将门控开关接通，检查电机接线柱上的电压是否正常，电压为零，应检查继电器和电源线路；电压正常，则应检查搭铁线是否良好。搭铁不良时，应清洁、紧固搭铁线；若搭铁良好，应对开关和电动机进行检测。

某个门锁不能工作主要原因：该门锁电机损坏或对应开关、连接导线断路。可以先检查线路是否正常，再检查开关和电动机。

任务实施

一、任务准备

（1）工作场景：理实一体教室、教学用车。
（2）主要设备：带举升机的工位、教学用车、尾气抽排装置、多媒体设备。
（3）辅助材料：翼子板布和前格栅布、三件套、抹布、手套、车轮挡块。

二、实施步骤

作业内容	图解	具体操作方法及要求	完成确认
（1）车辆准备		**技术要求：** ① 放置驾驶室四件套（脚垫、换挡杆套、座椅套和方向盘套）； ② 确认换挡杆置于 P 挡，拉起驻车制动器	
（2）指出中控门锁系统各部件的安装位置	门控开关 主车身ECU（仪表板挡线盒） 解锁警告开关（*1）	**技术要求：** ① 指出主车身 ECU 的安装位置 ② 指出解锁警告开关的安装位置 ③ 指出各门锁控制开关及门锁总成的安装位置	

续表

作业内容	图解	具体操作方法及要求	完成确认
（3）利用解码器对中控门锁进行主动测试并记录	检测仪显示／测量项目／范围／正常状态表格： D DoorCourtesy SW 驾驶员车门门控开关信号/ON 或 OFF；ON: 驾驶员侧车门打开 OFF: 驾驶员侧车门关闭 P Door Courtesy SW 乘客侧车门门控开关信号/ON 或 OFF；ON: 乘客侧车门打开 OFF: 乘客侧车门关闭 RR Door Courtesy SW 右后车门门控开关信号/ON 或 OFF；ON: 右后车门打开 OFF: 右后车门关闭 RL Door Courtesy SW 左后车门门控开关信号/ON 或 OFF；ON: 左后车门打开 OFF: 左后车门关闭 D-Door Lock Pos SW 驾驶员侧车门门锁位置开关信号 ON: 驾驶员侧车门解锁 OFF: 驾驶员侧车门锁止 P-Door Lock Pos SW 前排乘客侧车门门锁位置开关信号/ON 或 OFF；ON: 前排乘客侧车门解锁 OFF: 前排乘客侧车门锁止 Door Lock SW-Lock 门控开关锁止信号/ON 或 OFF；将门控开关按至锁止位置 Door Lock SW-Unlock 门控开关解锁信号/ON 或 OFF；将门控开关按至解锁位置 Door Key SW-Lock 驾驶员车门锁止/锁止开关信号（钥匙联动锁止开关）；ON: 驾驶员侧车门锁芯转至锁止位置 Door Key SW-Unlock 驾驶员车门锁止/解锁开关信号（钥匙联动解锁开关）；ON: 驾驶员侧车门锁芯转至解锁位置 RR-Door Lock Pos SW 右后车门门锁位置开关信号 ON: 右后车门解锁 OFF: 右后车门锁止 RL-Door Lock Pos SW 左后车门门锁位置开关情号 ON: 左后车门解锁 OFF: 左后车门锁止 Luggage Courtesy SW 行李箱门控开关信号/ON 或 OFF；ON: 行李箱门打开 OFF: 行李箱门关闭	技术要求： ① 对照表格进行测试 ② 测试过程中记录结果	
（4）分析电路图及工作原理		技术要求： ① 结合电路图，找到中控门锁系统有关的保险丝、继电器等元器件 ② 对电路和工作原理进行讲解	
（5）7S工作		拆卸要求： ① 对工具和设备清洁，并放回原位 ② 整理场地 ③ 清扫场地 注意事项： 不要用潮湿的抹布清洁电器开关、按钮等 易发问题： ① 清洁工作马马虎虎，应付差事 ② 废弃物未丢弃或未分类丢弃 ③ 清洁不彻底、漏项	

 任务评价

任务评价表

评价内容	赋分	序号	具体指标	分值	得分 自评	得分 组评	得分 师评
仪容仪表	15	1	工作服、鞋、胸卡穿戴整洁	5			
		2	发型、指甲等符合工作要求	5			
		3	不佩戴首饰、钥匙、手表等	5			
教学过程	60	4	知道中央门锁的作用	10			
		5	知道中央门锁的组成	10			
		6	能够分析中央门锁的基本工作原理	10			
		7	能够分析中央门锁的控制电路	10			
		8	能够正确操纵中央门锁	10			
		9	能够结合电路图分析中央门锁常见故障	10			
职业素养	25	10	坚持出勤，遵守规章制度	5			
		11	服从安排，积极参加组内活动	5			
		12	在规定时间完成，认真填写工单	5			
		13	节约用水用电用气，注意环保	5			
		14	认真执行7S工作	5			
			综合得分	100			

任务测评

一、填空题

1. 中央门锁有三个控制功能：_____；_____；_____。
2. 中央门锁由_____和_____两部分组成。

二、问答题

1. 简述车速感应式中控门锁系统的工作原理。
2. 结合电路图，分析右前车门门锁不工作的故障原因。

任务二　　汽车安全带检修

任务导入

有一位王先生反映他的丰田卡罗拉轿车有如下的问题：汽车安全带告警灯常亮。作为未来的维修技师的你，在排除该故障前，应首先认识安全带的作用及组成，并了解其工作原理。

知识目标：
1. 了解汽车安全带的作用。
2. 掌握汽车安全带的组成。

能力目标：
1. 能够熟悉汽车安全带的结构组成。
2. 能够分析汽车安全带的常见故障。

一、汽车安全带的作用

当汽车高速行驶时，乘坐者与车辆一起移动，汽车会将其乘员加速到汽车行驶时的速度。当汽车撞到障碍物，障碍物的阻力会使汽车突然停下，但是乘员的惯性运行速度仍保持不变。乘坐者将以汽车碰撞前的运行速度撞向方向盘或者挡风玻璃，甚至飞出挡风玻璃。这些物体在乘坐者身上施加作用力使乘坐者停下来，但是这个力将会对乘员造成严重伤害甚至使其毙命。

如果当汽车突然停止时，使乘员也同时停止运动，那么就可以避免在汽车发生一次碰撞时，乘客随后发生二次碰撞。如图6-2-5所示，安全带的作用就是将乘客束缚在座椅上，固定在车身上的座椅将使乘员停止惯性运动，从而避免二次撞击伤害。良好的安全带设计会将安全带对身体的作用力扩散到身体比较强壮的部位上，以尽可能减少伤害。

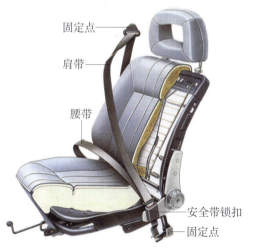

图6-2-5 三点式安全带和座椅

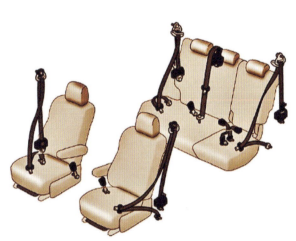

图6-2-6 整车安全带布置效果图

安全带能够拉伸和收回：当安全带未拉紧时，身体可以轻松地前倾；但在车辆撞击，人体急速前倾时，安全带会突然收紧并将人体紧紧固定好。

美国TRW公司开发的ACR2可逆式预紧安全带通过由主动安全系统采集而来的数据进行激活，也可以由雷达等环境传感器采集而来的数据触发，ACR2具有不同级别的预收紧强度，包括安全带松弛去除，动态进行部分预收紧和用于应急功能的完全收缩。

若出现紧急制动或打滑之类的危险状况，该装置会收紧安全带，因此在碰撞发生之前乘员在座椅上的位置被有效矫正。在危险情况结束后，该系统会通过可逆起动器重新自动调整。安全带将停止力施加到人体能够较长时间承受压力的部分。典型的安全带由一个围在骨盆处的安全腰带和一个跨过胸部的肩带组成。这两段安全带紧紧固定在汽车框架上，以便将乘客保持在座椅上，如图6-2-6所示。安全带所用的材料比较柔软，动作时可以略微拉伸，使停止过程不会过于突然。

二、安全带的结构组成

安全带的固定安装方式,大致可分为三类:两点式安全带、三点式安全带和四点式安全带。

其中三点式兼备两点式和斜挂式的作用,可以同时固定腰部和肩部,使用时又比四点式方便,因此被多数汽车采用。

典型的四点式安全带包括两条竖向的吊带,可以护住车内乘员的胸腔,并在底部与横向安全带扣接。在汽车发生滚翻时,四点式安全带可以将撞击力更均匀地分散掉,同时还可以将乘客牢牢地固定在座椅。

安全带可以分为被动型安全带及主动型安全带两类;被动型安全带是指当乘员前冲后,安全带卷收器才动作锁紧安全带;而主动型安全带是指在发生碰撞乘员前冲之前即收紧安全带。

安全带由织带(俗称安全带)、卷收器、带扣、导向器、高度调整机构、预紧器等组成,如图6-2-7所示。

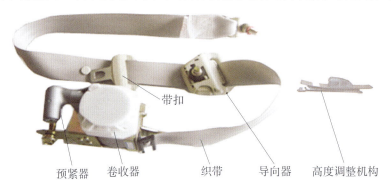

图6-2-7 安全带实物

1. 织带

织带又俗称安全带。织带主要材料是聚酯,宽度一般在48mm左右,厚度一般为1.1～1.2mm;一般织带伸长率可在5%～23%范围内变化。

2. 卷收器

安全带系统中,安全带与一个卷收器相连。卷收器中的核心元件是卷轴,它与安全带的一端相连。在卷收器内部,一个弹簧为卷轴提供旋转作用力(或扭矩),旋转卷轴,卷起松弛的安全带。拉出安全带时,卷轴将逆时针旋转,并使相连的弹簧也沿相同方向旋转。此时旋转的卷轴反扭弹簧。如果松开安全带,弹簧力顺时针旋转卷轴,使安全带张紧。图6-2-8所示为卷收器原理示意图。

图6-2-8 卷收器原理示意图

卷收器有以下两个作用。

一是调整织带长度。在正常情况下,将织带放长或收短,以适应使用者的身材,一旦使用者将安全带扣好以后,卷收器可以将过长的织带收回,让织带以适当的收卷力将使用者控制住。

二是当汽车发生事故时,卷收器可以在瞬间将织带锁起来而不让它伸展,从而可以固定使用者不致前冲。

卷收器有锁定机构,可在汽车发生碰撞时停止卷轴的旋转。两种常用的锁定系统如下。

(1)汽车运动触发的卷收器锁定机构 系统在汽车迅速减速(如当汽车撞上某物体)时锁定卷轴,图6-2-9所示为此种设计的示意图。

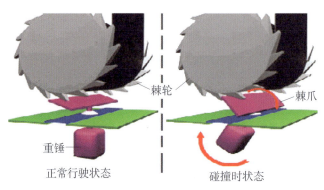

图6-2-9 汽车运动触发的卷收器锁定机构状态

当汽车突然停止时，惯性会导致摆锤向前摆动。摆锤另一端的棘爪被顶起，棘爪卡住了带齿棘轮的一个轮齿，因而齿轮便无法逆时针旋转，从而使与之相连的卷轴也无法旋转。当撞击后松开安全带时，齿轮会顺时针旋转，重锤复位，棘爪与棘轮分开。

（2）安全带运动触发的卷收器锁定系统　系统在猛拉安全带时，利用卷轴旋转的速度作为激活动力锁定卷轴，如图6-2-10所示。

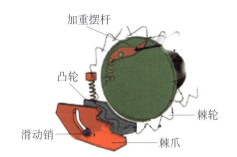

图6-2-10　卷收器棘爪与棘轮的不同工作状态

在旋转卷轴上安装了一个加重摆杆。当卷轴缓慢旋转时，摆杆并不摆动。一个弹簧使它保持在原来的位置。但当猛拉安全带时，卷轴将快速旋转，离心力驱使摆杆的加重端向外摆动。

伸长的摆杆会推动卷收器壳上的凸轮。凸轮通过滑动销与一个旋转棘爪相连。当凸轮移到左侧时，滑动销沿棘爪的槽口移动。这会将棘爪逆时针移动插入与卷轴相连的旋转棘轮。棘爪锁入轮齿，禁止棘轮逆时针旋转。

因为汽车运动触发型卷收器是发生碰撞时马上动作锁紧安全带，而安全带运动触发是碰撞后乘员前冲带动安全带时才动作，因此汽车运动触发型动作快于安全带运动触发。

3. 带扣

带扣是把乘员约束在安全带内，又能快速解脱的连接装置，其功用是用以接合或脱开安全带，如图6-2-11（a）所示。现在一般在锁扣中有一个微动开关，锁舌没有插入时，开关闭合，可以接通安全带报警灯；并且给控制单元一个信号，当汽车车速达一定值时，进行灯光和语音报警，提醒驾乘人员系上安全带。

TRW公司推出全新主动式带扣装置（ABL），ABL通过电动升降座椅上安全带的带扣，通过提升带扣协助乘员定位和拉紧安全带，更为快捷地系好安全带。如果不系安全带，手边总会突出一个锁扣，既不美观也不方便。当系好安全带后，带扣缩回正常位置。ABL主动式安全带锁扣如图6-2-11（b）所示。

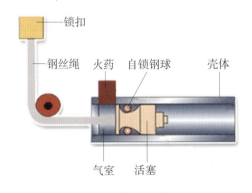

（a）普通拉索式预紧锁扣　　　　（b）ABL主动式安全带锁扣

图6-2-11　普通拉索式预紧锁扣和ABL主动式安全带锁扣

ABL可实现预收紧功能，结合多种传感器在遭遇紧急刹车或转向时，实现收缩拉紧安全带的操作。功能相比ACR2卷收器而言，舒适性稍强一些，但强制安全性稍差，收紧安全带力度和时间皆不如ACR更加直接有效，ABL收缩力度比较线性，ACR收缩力度较强。

TRW的ABL装置具有三大功能。第一，乘员就座后，可以将锁扣提高到一个方便的位置来简化安全带定位和紧固操作；第二，能够有效降低安全带在动态驾驶过程中松脱的可能性；第三，在紧急驾驶过程中通过快速收缩安全带可有效降低乘员偏离座位的可能性。

笔记

4. 导向件

导向件的功用为使织带能够方便地拉出和回收到卷收器中。上车时系安全带应根据乘员身材调整导向件高低。安全带的高低调整是非常有必要的，如果太高，紧急情况下收紧时容易勒到脖子，可能造成不必要的伤害；如果太低，则可能无法完全限制身体向前冲，如果滑出肩膀就比较危险了。

任务实施

一、任务准备

（1）工作场景：理实一体教室、教学用车。
（2）主要设备：带举升机的工位、教学用车、尾气抽排装置、多媒体设备。
（3）辅助材料：翼子板布和前格栅布、三件套、车轮挡块、抹布。

二、实施步骤

作业内容	图解	具体操作方法及要求	完成确认
（1）车辆准备		**技术要求：** ① 放置驾驶室四件套（脚垫、换挡杆套、座椅套和方向盘套） ② 确认换挡杆置于P挡，拉起驻车制动器	
（2）先拆下门框上的密封条	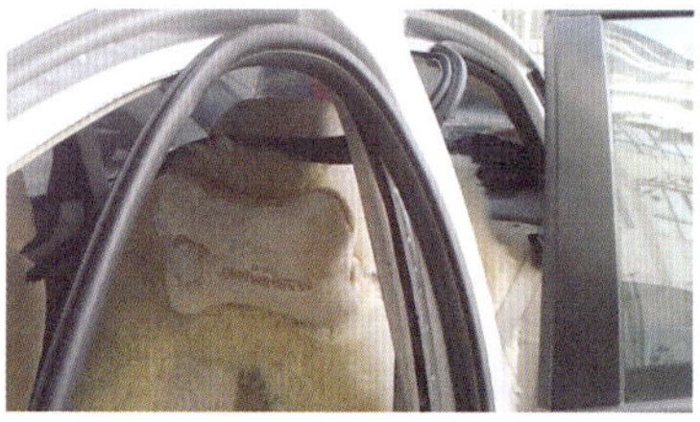	**技术要求：** 利用相关工具，先拆下门框上的密封条	
（3）拆卸安全带下的固定螺栓	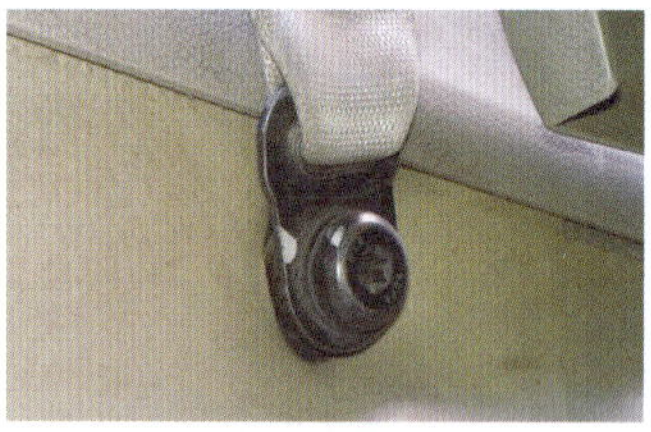	**技术要求：** ① 需要使用专用工具进行拆卸 ② 要注意此处的顺序，只有先拆卸这颗螺栓后才能拿下B柱内饰板	
（4）拆卸B柱内饰板		**技术要求：** ① 拆下密封条就可看到B柱内饰板都是用4个卡子卡住的 ② 用工具将卡子逐个撬开后取下B柱内饰板	

续表

作业内容	图解	具体操作方法及要求	完成确认
（5）拆卸安全带上的固定螺栓		技术要求： 需要使用专用工具进行拆卸	
（6）检查安全带（如有必要则更换）		技术要求： 检查要全面、细致和耐心	
（7）检查完毕、安装安全带		技术要求： ①需要使用专用工具进行安装 ②注意安装顺序，应和拆卸顺序相反	
（8）7S工作		拆卸要求： ①对工具和设备进行清洁，并放回原位 ②整理场地 ③清扫场地 注意事项： 不要用潮湿的抹布清洁电器开关、按钮等 易发问题： ①清洁工作马虎，应付差事 ②废弃物未丢弃或未分类丢弃 ③清洁不彻底、漏项	

任务评价表

评价内容	赋分	序号	具体指标	分值	得分 自评	得分 组评	得分 师评
仪容仪表	15	1	工作服、鞋、胸卡穿戴整洁	5			
		2	发型、指甲等符合工作要求	5			
		3	不佩戴首饰、钥匙、手表等	5			
教学过程	60	4	无人员受伤及设备损伤事故	5			
		5	车辆前期准备和安全检查	5			
		6	拆下门框上的密封条	10			
		7	拆卸安全带下固定螺栓	10			
		8	拆卸B柱内饰板	5			
		9	拆卸安全带上固定螺栓	10			
		10	进行检查，如有必要则更换	5			
		11	安装安全带	10			
职业素养	25	12	坚持出勤，遵守规章制度	5			
		13	服从安排，积极参加组内活动	5			
		14	在规定时间完成，认真填写工单	5			
		15	节约用水用电用气，注意环保	5			
		16	认真执行7S工作	5			
			综合得分	100			

任务测评

一、填空题

1. 安全带的工作就是_____，固定在车身上的座椅将使乘员停止_____，从而避免_____。

2. 典型的安全带由一个围在骨盆处的_____和一个跨过胸部的_____组成。

3. 安全带的固定安装方式，大致可分为三类：_____安全带、_____安全带和_____安全带。

二、问答题

1. 简述汽车安全带的主要作用。
2. 简述汽车安全带的组成及各组成部分的工作原理。
3. 简述汽车安全带预紧器的类型。
4. 汽车安全带预紧器是根据什么信号触发的？

任务三　汽车安全气囊检修

有一位张先生反映他的丰田卡罗拉轿车有如下的问题：仪表板上的安全气囊告警灯常亮。作为未来维修技师的你，在排除该故障前，应首先认识汽车安全气囊的结构，了解其工作原理及控制电路。

知识目标：
1. 了解安全气囊的功用和组成。
2. 掌握安全气囊的基本工作原理。

能力目标：
1. 能够分析安全气囊的控制电路。
2. 能够结合电路图分析安全气囊的常见故障。

一、安全气囊的功用

安全气囊系统是汽车辅助防护系统，英文缩写为 SRS。它是座椅安全带的辅助装置，只有在使用安全带的条件下，该系统才能充分发挥保护驾驶员和乘员的作用。

在汽车发生冲撞时，汽车与汽车或汽车与障碍物之间的碰撞称为一次碰撞。一次碰撞后，汽车速度将急剧变化，这时驾驶员或乘员就会受到惯性力的作用而向前运动，并与汽车内的方向盘、挡风玻璃或仪表等构件发生碰撞，称之为二次碰撞。在车辆事故中，导致驾驶员和车内乘员遭受伤害的主要是二次碰撞。当汽车遭受到侧面碰撞时，在惯性力的作用下，驾驶员和乘员可能与车门、车门玻璃或车门支柱发生二次碰撞。而安全气囊系统的功用是在汽车发生一次碰撞与二次碰撞之间的短暂时间（120ms）内，在乘员与车内构建之间迅速铺设一个气垫，使驾驶员、乘员头部与胸部压在充满气体的气垫上，利用气囊本身的阻尼作用或气囊排气孔排气节流的阻尼作用来吸收人体惯性力产生的动能，从而减轻人体受到伤害的程度，以达到保护人体的目的。现代汽车除了装有正副驾驶前部安全气囊外，还装有头部安全气帘、座椅侧气帘及膝部安全气囊等，如图 6-2-12 所示。

安全气囊作用

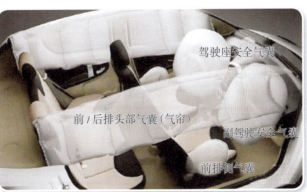

图 6-2-12　安全气囊系统

笔记

二、安全气囊系统的组成

安全气囊系统主要由碰撞传感器、安全气囊电脑、SRS指示灯和气囊组件四部分组成，如图6-2-13所示。

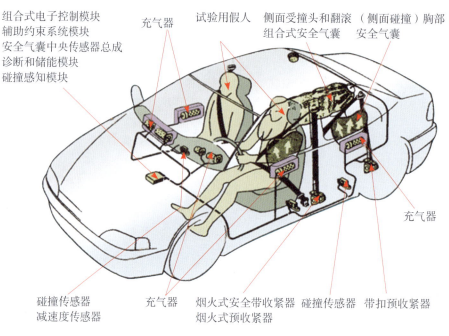

图6-2-13 安全气囊系统组成

碰撞传感器和安全气囊电脑用以判断撞车程度，传递并发送信号，气囊组件中的气体发生器根据信号指示产生点火动作，以点燃固态燃料并产生气体向气囊充气，使气囊迅速膨胀。气囊装在方向盘毂内紧靠缓冲垫处，做气囊的布料具有很高的抗拉强度，多以尼龙材质制成，折叠起来的表面附有干粉，以防安全气囊黏着在一起而在爆发时被冲破。为了防止气体泄漏，气囊内层涂有密封橡胶，同时气囊设有安全阀，当充气过量或囊内压力超过一定值时会自动泄放部分气体，避免将乘客挤压受伤，气囊中所用的气体多是氮气。

三、安全气囊系统的控制原理

当汽车遭受前方一定角度范围内的碰撞时候，安装在汽车前部和安全气囊电脑内部的碰撞传感器都会检测到汽车突然减速的信号，并将信号传递或发送给安全气囊电脑，以便判断是否发生碰撞。当汽车遭受到碰撞且减速至设定值时，气囊电脑发出控制指令将气囊组件中的点火器（电雷管）电路接通，电雷管引爆使得点火剂（引药）受热爆炸。点火剂引爆时，迅速产生大量热量，使充气剂受热分解并释放出大量氮气充入气囊，气囊便冲开气囊组件上的装饰盖板鼓向驾驶员和乘员打开，如图6-2-14所示。气囊打开使驾驶员和乘员面部和胸部压靠在充满气体的气囊上，在人体与车内构件之间铺设一个气垫，将人体与车内构件之间的碰撞变为弹性碰撞，通过气囊产生变形和排气气流来吸引人体碰撞产生的动能，从而达到保护人体的目的。

安全气囊
原理讲解

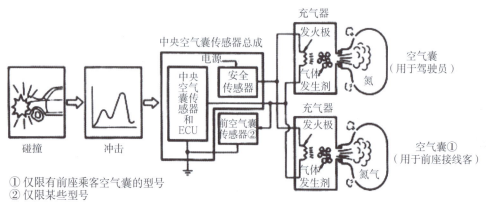

① 仅限有前座乘客空气囊的型号
② 仅限某些型号

图6-2-14 安全气囊工作过程

气囊打开的整个过程时间为 120ms 左右，可以分为 4 个阶段，如图 6-2-15 所示。第一阶段：碰撞约 10ms 后，SRS 达到引爆极限，点火器引爆点火剂并产生大量热量，使充气剂受热分解，驾驶员尚未动作，如图 6-2-15（a）所示。

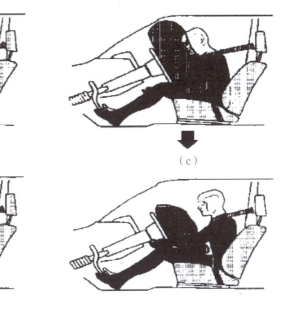

图 6-2-15 安全气囊工作阶段

第二阶段：碰撞约 40ms 后，气囊完全充满，体积最大，驾驶员向前移动，安全带倾斜系在驾驶员身上并拉紧，部分冲击能量已被吸收，如图 6-2-15（b）所示。

第三阶段：碰撞约 60ms 后，驾驶员头部及身体上部压向气囊，气囊的排气孔在气体和人体压力作用下排气节流吸收人体与气囊之间弹性碰撞产生的动能，如图 6-2-15（c）所示。

第四阶段：碰撞约 110ms 后，大部分气体已从气囊逸出，驾驶员身体上部回到座椅靠背上，汽车前方恢复视野，如图 6-2-15（d）所示。

碰撞约 120ms 后，碰撞危害解除，车速降低，直至为零。

由此可见，气囊在碰撞过程中动作时间极短。从开始充气到完全充满大约需要 30 ms；从汽车遭受碰撞开始到气囊收缩为止，所用时间仅为 120ms 左右，而人的眼睛眨一下所用时间约 200ms 左右。因此气囊动作状态和经历时间无法用肉眼确认。

四、安全气囊工作电路（以丰田卡罗轿车为例）

气囊传感器电路由气囊控制单元和气囊传感器组成。气囊传感器检测车辆碰撞情况并发出信号给中央气囊传感器总成，以确定是否应该展开气囊，如图 6-2-16 所示。

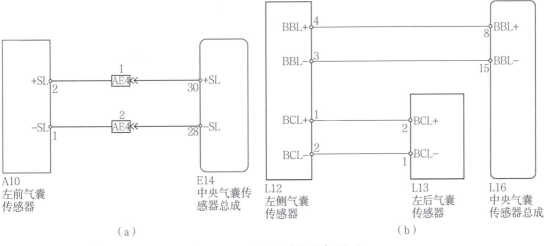

图 6-2-16 安全气囊控制单元电路

笔记

点火管电路是由中央气囊传感器和气囊组件组成，该电路展开条件具备时指示SRS展开，如图6-2-17（a）所示。

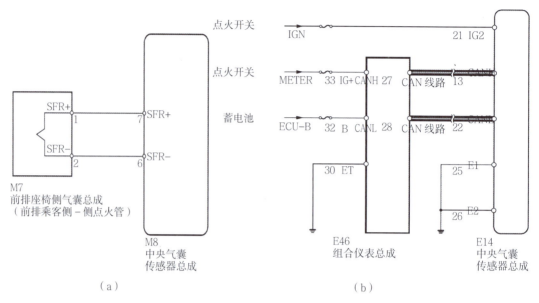

图6-2-17 安全气囊点火及仪表电路

SRS警告灯位于组合仪表总成上，SRS正常时，点火开关从OFF位置转到ON位置后，SRS警告灯亮起约6s，然后自动熄灭。如果SRS存在故障，该警告灯将亮起以将故障通知驾驶员。在中央气囊传感器总成中，SRS配备了升压电路，以防止电源电压下降影响气囊工作。电源电压恢复正常时，SRS警告灯自动熄灭。点亮SRS警告灯的信号通过CAN通信系统从中央气囊传感器总成发送给仪表总成，如图6-2-17（b）所示。

五、安全气囊的故障诊断与检修

1. 安全气囊检修注意事项

① 检测、安装和维修工作必须由专业人员来进行。

② 检测时不可使用检测灯、电压表和欧姆表。安全气囊只可在安装好后用专用解码器检查。

③ 检查安全气囊时，必须断开蓄电池负极，将安全气囊与电源相连时，车内不可有人，安全气囊从运输器具内取出后必须马上装车。如需中止工作，应将安全气囊放回运输器具内。

④ 不可将安全气囊放到无人照管的地方。存放拆开的安全气囊时，起缓冲作用的面应朝上。安全气囊不可打开及修理，必须使用新件。掉到过坚硬地面上的或有损伤的安全气囊不可再用。

⑤ 安全气囊有一定使用寿命（在显著位置会粘贴有不干胶标签）。如更换安全气囊，应将新标签取下并贴到旧标签上面。每14年必须更换安全气囊和不干胶标签。如果车上无标签，应在保养手册中注明更换安全气囊。

⑥ 安全气囊上不能沾油脂、清洁剂等，也不能置于温度在65℃以上的地方（短时也不可）。

2. 安全气囊检修过程

安全气囊如有故障，仪表盘上会有指示灯点亮。维修过程中应充分利用故障诊断仪调出故障码，对照故障码提示检测与维修，在维修前应断开蓄电池90s以上。安全气囊的连接线束和插接器大多数为黄色，每个插接器、接线端子都采用双重锁定机构，不能修理安全气囊的任何组件，只能更换。

一、任务准备

（1）工作场景：理实一体教室、教学用车。

（2）主要设备：带举升机的工位、教学用车、尾气抽排装置、多媒体设备。

（3）辅助材料：翼子板布和前格栅布、三件套、车轮挡块、抹布。

二、实施步骤

作业内容	图解	具体操作方法及要求	完成确认
（1）车辆准备		技术要求： ① 放置驾驶室四件套（脚垫、换挡杆套、座椅套和方向盘套） ② 确认换挡杆置于P挡，拉起驻车制动器	
（2）拆方向盘左右两侧下盖	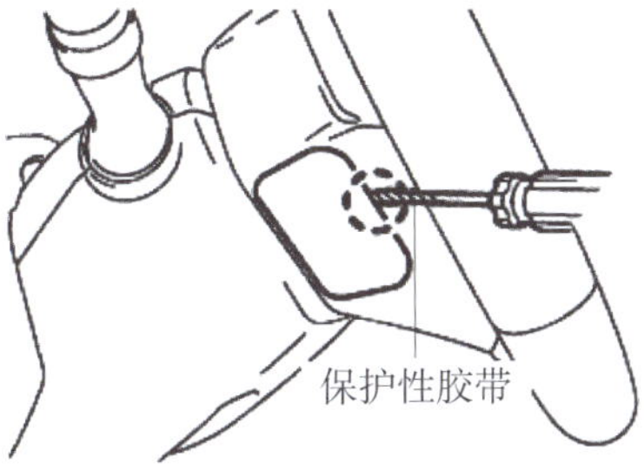	技术要求： ① 拆卸前务必关掉点火开关，并断开蓄电池负极90s以上，防止气囊展开 ② 用头部缠有胶带的螺丝刀脱开卡爪，拆下方向盘左右两侧下盖	
（3）拧松梅花螺钉	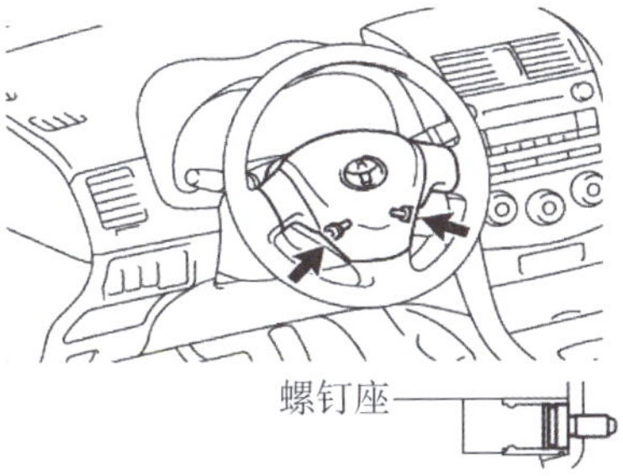	技术要求： 使用套筒松开两个梅花螺钉	
（4）拆卸方向盘盖	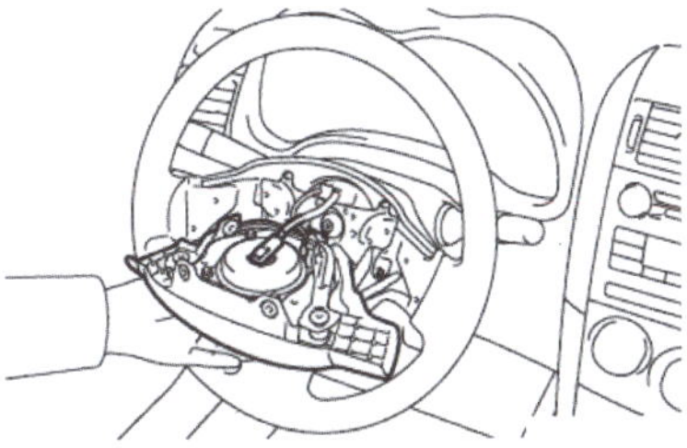	技术要求： ① 从方向盘总成中拉出方向盘盖 ② 在拉下方向盘盖时注意不要拉动气囊线束	
（5）拆卸喇叭后检查气囊连接器	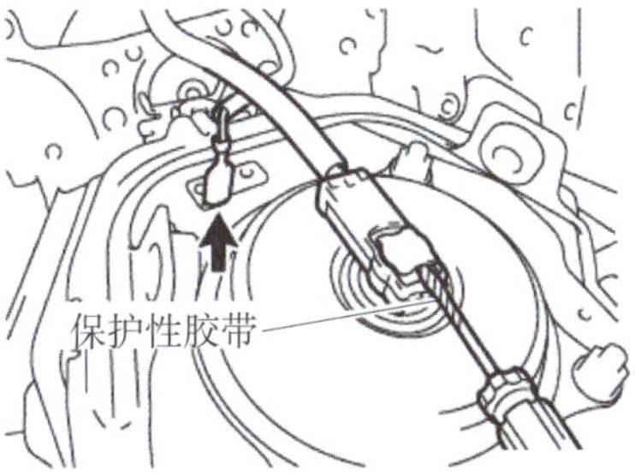	技术要求： ① 用头部缠有胶带的螺丝刀断开气囊连接器并拆下方向盘盖 ② 将喇叭连接器从方向盘盖上拆下 ③ 处理气囊连接器时要小心保护好气囊连接线束	
（6）7S工作		拆卸要求： ① 对工具和设备进行清洁，并放回原位 ② 整理场地 ③ 清扫场地 注意事项： 不要用潮湿的抹布清洁电器开关、按钮等 易发问题： ① 清洁工作马虎，应付差事 ② 废弃物未丢弃或未分类丢弃 ③ 清洁不彻底、漏项	

221

任务评价表

评价内容	赋分	序号	具体指标	分值	得分		
					自评	组评	师评
仪容仪表	15	1	工作服、鞋、胸卡穿戴整洁	5			
		2	发型、指甲等符合工作要求	5			
		3	不佩戴首饰、钥匙、手表等	5			
教学过程	60	4	无人员受伤及设备损伤事故	5			
		5	车辆前期准备和安全检查	5			
		6	断开蓄电池负极接线柱	10			
		7	拆方向盘左右两侧下盖	10			
		8	拧松梅花螺钉	5			
		9	拆卸方向盘盖	10			
		10	拆卸喇叭	5			
		11	检查气囊连接器	10			
职业素养	25	12	坚持出勤，遵守规章制度	5			
		13	服从安排，积极参加组内活动	5			
		14	在规定时间完成，认真填写工单	5			
		15	节约用水用电用气，注意环保	5			
		16	认真执行7S工作	5			
综合得分				100			

一、填空题

1. 安全气囊系统必须与_____配合使用才能有效地保护驾驶员和乘员的安全。

2. 拆下来的安全气囊总成放置时必须使_____面朝上。

二、选择题

1. 下列选项中，（　　）不属于汽车安全气囊系统。

A. 碰撞传感器　　B. 螺旋导线　　C. 气囊组件　　D. 爆震传感器

2. 驾驶员侧安全气囊位于汽车的（　　）。

A. 座椅上　　B. 车门上　　C. 方向盘中　　D. 仪表盘上

三、问答题

1. 简述汽车发生冲撞时安全气囊所起的作用。

2. 写出安全气囊系统的控制原理。

3. 安全气囊检修的注意事项有哪些？

4. 简述安全气囊的检修过程。

单元六 汽车舒适系统与安全系统

任务四 汽车巡航控制系统检修

有一位李先生反映他的丰田卡罗拉轿车有如下的问题：巡航控制系统告警灯常亮。作为未来维修技师的你，在排除该故障前，应首先认识巡航控制系统的结构，了解其工作原理及控制电路。

知识目标：
1. 了解汽车巡航控制系统的作用和组成。
2. 掌握汽车巡航控制系统的基本工作原理。

能力目标：
1. 能够分析汽车巡航控制系统的控制电路。
2. 能够结合电路图分析汽车巡航控制系统的常见故障。

汽车巡航控制系统是一种汽车辅助驾驶系统，英文为 Cruise Control System，简称 CCS，可以在 40～200km/h 的车速范围内起动该系统，人为地设定一个车速，巡航控制系统就会根据行驶阻力的变化，自动增减节气门开度，使车保持一定速度，驾驶员将不需在操控油门，只要把住方向盘就可以了，从而大大减轻了驾驶员的疲劳强度，并节省了燃油，同时还能减少交通事故的发生，系统即可自动控制汽车恒速行驶。因此，汽车巡航控制系统又称为"恒速控制系统"。

一、巡航控制系统的组成

巡航控制系统的基本组成主要有巡航控制开关、车速传感器、电控单元和执行器四部分组成。巡航控制系统的组成如图 6-2-18 所示。

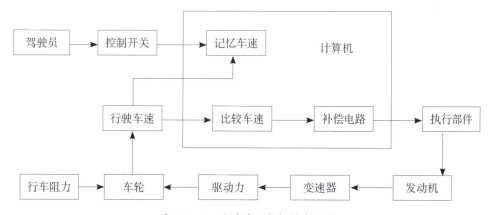

图 6-2-18 数字式巡航控制系统图

二、巡航控制系统的工作原理

图 6-2-19 是一种典型的闭环汽车电子巡航控制系统原理框图。由图 6-2-19 可知，控制器的输入是以下两个车速信号的差：一个是驾驶员按要求的车速设定的车速信号；另一个是实际车速的反馈信号。ECU 将这两种信号进行比较，得到误差信号，经放大、处理后成为节气门控制信号，送至节气门执行器，

驱动节气门执行器工作，调节发动机节气门开度，以修正实际车速，从而将实际车速很快调整至驾驶员设定的车速，并保持恒定。

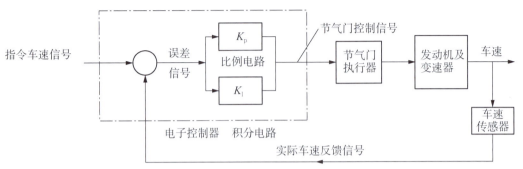

图 6-2-19　汽车电子巡航控制系基本原理图

通常将汽车在平坦路面上行驶时车速与节气门开度的关系存储在巡航控制系统 ECU 的 ROM 中。汽车在平坦、上坡与下坡路面上行驶时的车速与节气门开度的关系如图 6-2-20 所示。巡航控制系统根据目标车速自动维持汽车恒速行驶。汽车在巡航定速状态下，当汽车速度下降时，ECU 加大节气门开度，使发动机功率升高，转矩增大，车速达到设定速度。反之，减小节气门的开度。系统进行巡航控制时，若在平坦路面上车速为 0 时，按下设定开关进入巡航控制的自动行驶状态，此时节气门开度在 O 点，一旦遇到爬坡时，则行驶阻力增加，如不进行调节控制，车速就会降到最低点，但巡航控制器会按照一定的控制规则控制节气门，使节气门开度从 O 点变为 A 点，使车速稳定在 O 点，重新取得动力平衡。当遇到下坡时，行驶阻力减小，巡航控制系统调节节气门的开度由 O 点变到 B 点，使车速保持在 O 点取得平衡。因此，即使行驶阻力发生变化，车速也只在很小范围内变化，达到稳定行驶的目的。当车速在 40km/h 以下、160km/h 以上时，巡航系统不工作。当然这个上下限的限定依车型的不同而略有不同。

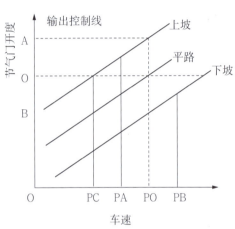

图 6-2-20　车速与节气门开度的关系图

若使控制线呈现垂直状态，则车速的波动（控制误差）减小到零，这样一来，行驶阻力的微小变化都会引起节气门开度的变化，由于响应过度灵敏，容易产生游车。因此，应综合考虑控制误差与游车问题，选择合适的控制线斜率。

一旦系统的传感器出现故障，或控制信号电路被切断，因没有车速信号，低速限制电路将认为车速为零，使巡航控制系统停止工作。

三、机电式巡航控制系统的结构和工作原理

较早使用的机电式巡航控制系统的部件布置如图 6-2-21 所示，它由机械和电气两部分组成。

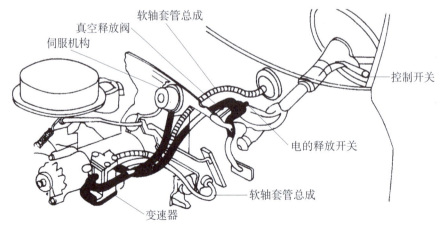

图 6-2-21　机电式巡航控制系统部件布置图

1. 控制开关

控制开关是供驾驶员操作巡航控制系统的一套开关,一般都设置在转向信号手柄或转向盘上,如图 6-2-22 所示。

它通常有 4 个按键开关,介绍如下。

① 设定 / 加速按键。当按下设定 / 加速按键后又放松时,汽车则以此时的车速自动稳定等速行驶。若按下按键不放松时,汽车则在此时车速的基础上加速行驶。

② 滑行 / 减速按键。当按下滑行 / 减速按键后一直不放松时,汽车处于滑行减速行驶。当放松时,若汽车时速仍在 48km/h 以上,则会自动按放松时的车速稳定行驶。

③ 接通按键。汽车在设定车速下稳定巡航行驶时,若交替按下和放松,则汽车的行驶速度将会自动稍稍提高。

④ 恢复按键。当因使用脚制动、驻车制动、离合器而使巡航控制作用消除后,按下恢复按键时,汽车将自动恢复原设定的车速稳定行驶。

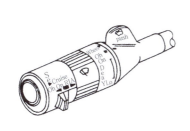
（a）开关在转向信号手柄上

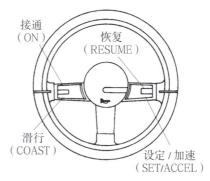
（b）开关在转向盘上

图 6-2-22　巡航控制开关

2. 变送器

变送器是带有机械结构的中央控制装置,在接收来自巡航控制开关、制动踏板开关、离合器踏板开关以及换挡开关和发动机进气歧管真空度等信号后,综合起来对伺服机构的真空度进行调节,达到稳定发动机转速的目的。

3. 伺服机构

伺服机构的作用就是控制节气门的开度,其结构如图 6-2-23 所示。

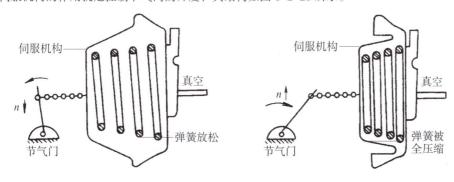

（a）伺服机构剖视图　　　（b）利用真空度来压缩弹簧使发动机转速上升

图 6-2-23　伺服机构图

它用杆件和拉索与节气门相连,通过真空度的变化来保证发动机转速稳定。当真空度增大时,弹簧压缩节气门开度增大转速上升,反之,转速降低。

4. 安全开关

安全开关包括电的释放开关和真空释放阀,释放开关和真空释放阀都装在制动踏板支架上。当踩下制动踏板时,两个安全开关都使巡航控制功能消除,起双重保险作用。

机电式巡航控制系统的工作过程示意图如图 6-2-24 所示。

当巡航控制开关处在平常位置时，滑动触片处于接通位置，此时蓄电池电流经点火开关、巡航控制开关、电阻丝、变送器的保持端子、真空阀线圈到搭铁。由于电阻丝产生的电压降较大，致使保持端子处的电压太低，不能使真空阀动作，所以巡航控制系统不工作。

变送器内装有一个带操纵臂的摩擦离合器，在车速低于48km/h的条件下，摩擦离合器操纵臂不能将常开的低速开关闭合。所以只有车速超过48km/h，低速开关才能闭合，才能使巡航控制系统工作。

在车速大于48km/h时按下设定/加速按键开关，电流便从变送器的"约定"端子流入。经低速开关、真空电磁阀线圈到搭铁。因为电阻丝被旁路，没有电压损失，所以加到真空电磁阀线圈上的电压较大，可以将真空阀打开。这样发动机进气歧管内的真空可传到伺服机构和真空释放阀及空气调整阀中。空气调整阀根据测定车速的高低调整该系统的真空度，从而通过伺服机构调整节气门开度，使汽车在设定车速下稳定行驶。当放松按钮时，电流又经电阻丝到变送器的保持端子，这一较小的电流足以保持真空阀在开启位置。

汽车在巡航控制下行驶时，若踩下制动踏板，则电的释放开关接通，恢复电磁阀线圈通电而将真空电磁阀线圈短路，致使真空阀关闭，伺服机构不能控制节气门，只能由司机按常规驾驶。恢复电磁阀线圈产生磁力则使恢复电磁阀动作，同时使系统内真空度消除。由图6-2-24可知，当踩制动踏板时，既能使真空释放阀动作，也能起释放系统内真空的作用，达到使伺服机构不工作的目的。

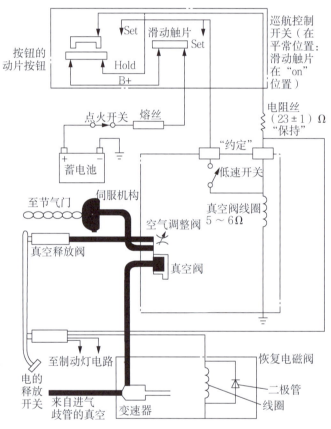

图6-2-24 机电式巡航控制系统的工作过程示意图

四、电子式巡航控制系统的结构和工作原理

1. 控制开关

控制开关大都做成杆式开关，装在转向柱上，通常有三个操纵按钮。即"设定/加速""滑行/减速"和"恢复"，用来控制汽车不同的行驶状况。

按下"设定/加速"开关不动时，汽车不断加速，当达到要求车速时，松开按钮，电子巡航控制系统以松开按钮时的车速保持稳定匀速运行。

当踩制动踏板、踩离合器及换挡时而巡航控制功能消除后，再按"恢复"按钮则又可按重新设定的车速运行。

2. 车速传感器

电子巡航控制系统通常与自动变速器电子控制系统、发动机电子控制系统共用车速传感器。车速传感器有光电式、霍尔感应式、磁感应式等。

3. 节气门执行器

节气门执行器有电动和气动两种形式。电动式节气门执行器通常使用步进式电动机作为驱动动力，气动式则采用进气歧管真空度控制。气动式节气门执行器的结构及原理如图 6-2-25 所示。

当巡航控制系统不工作时，执行器内无电信号传入，在弹簧的作用下，把活塞、连杆和节气门拉杆一起拉回右边使节气门关闭。

当巡航控制系统工作后，则有控制信号 V_c 输入到执行器供电磁线圈通电，使电磁铁产生吸力，使压力控制阀的阀芯克服弹簧的弹力下移，将进气歧管和执行器气缸连通，在进气歧管内真空度的作用下活塞将带动连杆和节气门拉杆一起向左移动而将节气门逐渐打开，从而调整了发动机转速。巡航控制系统通过改变控制信号的大小来改变压力控制阀阀芯下移量，使作用在活塞上的真空吸力发生变化，也即改变了节气门的开度，从而实现车速稳定控制。

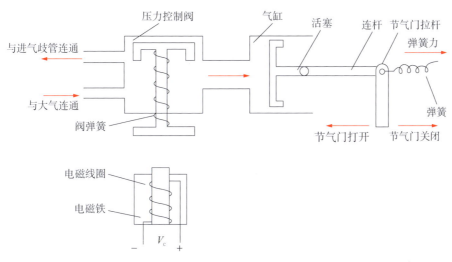

图 6-2-25　气动式节气门执行器结构原理图

4. 电子控制器

电子控制器是电子巡航控制系统的核心，它有模拟式电子控制器和数字式电子控制器两种形式。

（1）模拟式电子控制器　模拟式电子控制器在较早的电子巡航控制系统使用，图 6-2-26 所示为由 4 个运算放大器组成的模拟式巡航电子控制器。

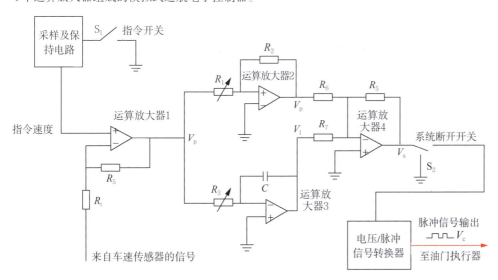

图 6-2-26　模拟式巡航电子控制器图

① 运算放大器 1，接收设定指令速度信号和车速传感器的实际车速信号，将这两信号的差值计算好后放大，输入到运算放大器 2 和运算放大器 3。

② 运算放大器 2，是一个线性放大器，其放大倍数可根据要求进行调整。

③ 运算放大器3，是一个积分式放大器，其放大倍数也是可以调整的。

④ 运算放大器4，能产生一个模拟电压，这个电压必须转换脉冲信号后才能作为节气门驱动器的输入信号。所以设有电压脉冲信号转换器。

⑤ 指令开关S_1，由驾驶员用来选择设定巡航控制速度的开关，当它闭合后系统切断开关S_2也同时闭合，并且向采样及保持电路发送信号，将设定速度存储备用。

⑥ 系统切断开关S_2，用来中断巡航系统控制的开关，当踩制动踏板、离合器踏板及换挡时就自动断开，当关断点火开关或使用驻车制动开关时它也会自动断开，但当指令开关S_1闭合时，它会联动一起闭合。

（2）数字式电子控制器 20世纪90年代以来，新车装用的巡航控制系统已全部采用数字式电子巡航控制系统。图6-2-27所示为某种采用数字式电子控制器的电子巡航控制系统方框图。

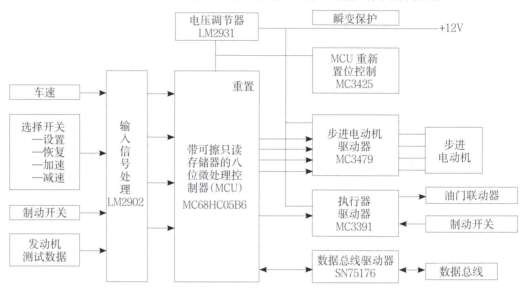

图6-2-27 数字式电子巡航控制系统方框图

数字式电子控制器的特点：所有的输入指令都以数字信号直接存储和处理，带可擦只读存储器的八位微处理器，根据设定车速、实际车速以及其他输入信号，按存储程序完成所有的数据处理之后，产生一个输出信号驱动步进电动机，并改变节气门开度达到控制发动机转速（车速）的目的。

制动开关（脚制动、驻车制动）与节气门执行器直接相连。当使用制动时，在中断巡航控制器工作的同时，也使节气门执行器停止工作，确保节气门完全关闭。数字式电子巡航控制系统的突出优点是系统中的信号以数字量表示，不受工作温度和湿度的影响，因此工作稳定，可靠性高。另外数字式电子控制器可采用先进的大规模的集成电路技术做成专用集成块，也可在微机上实现编程。特别是对发动机、变速器已采用微机控制的汽车上，只需在已有的微机上修改一下程序就可以将此功能附加上去。这也是巡航控制系统在电喷汽车上快速发展的有利条件。

五、汽车巡航控制系统的使用注意事项

定速巡航系统在使用中还应该注意以下几个问题。

① 为了让汽车获得最佳控制，当遇到交通阻塞或在雨、冰、雪等湿滑路面上行驶，或遇上大风天气时，不要使用定速巡航系统。

② 为了避免定速巡航系统耽误工作，在不使用定速巡航系统时，务必使巡航控制系统的控制开关处于关闭状态。

③ 汽车行驶在陡坡时，使用巡航控制系统，会引起发动机转速的过大变化，因此最好不要使用巡航控制系统。下坡驾驶时，应避免加速行驶。若车辆的实际行驶速度比设定车速高出太多，则可省略巡航控制装置，然后将变速器换入低挡，利用发动机制动使车速得到控制。

④ 汽车巡航行驶时，对装备手动变速器的汽车不应在未踩下离合器踏板时就将变速杆置空挡，否则会造成发动机转速急剧升高。

⑤ 使用定速巡航系统要注意观察仪表板上的CRUISE指示灯是否闪亮，若闪亮，则表明巡航控制系统处于故障状态。发现系统故障时，应停止使用巡航控制系统，待排除故障后再使用巡航控制。

⑥ ECU是巡航控制系统的中枢，对电磁环境、湿度及机械振动等较敏感。使用时应注意防潮、防振、防磁和防污染。

单元六 汽车舒适系统与安全系统

笔记

一、任务准备

（1）工作场景：理实一体教室、教学用车。
（2）主要设备：带举升机的工位、教学用车、尾气抽排装置、多媒体设备。
（3）辅助材料：翼子板布和前格栅布、三件套、抹布、手套、车轮挡块。

二、实施步骤

作业内容	图解	具体操作方法及要求	完成确认
（1）车辆准备		技术要求： ① 放置驾驶室四件套（脚垫、换挡杆套、座椅套和方向盘套） ② 确认换挡杆置于P挡，拉起驻车制动器	
（2）检查汽车巡航控制系统功能	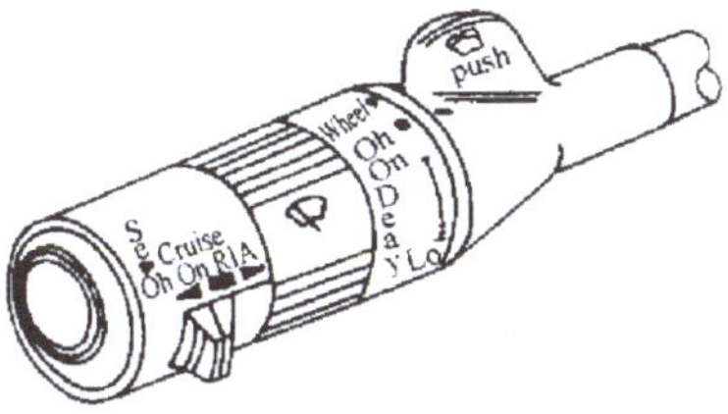	技术要求： 分别接通汽车巡航控制系统的控制开关的设定/加速按键、滑行/减速按键、接通按键和恢复按键，检查按键是否起作用	
（3）分析巡航系统电路图及工作原理		技术要求： ① 结合巡航控制系统电路图，找到与系统有关的保险丝、继电器等元器件 ② 对电路和工作原理进行讲解	
（4）7S工作	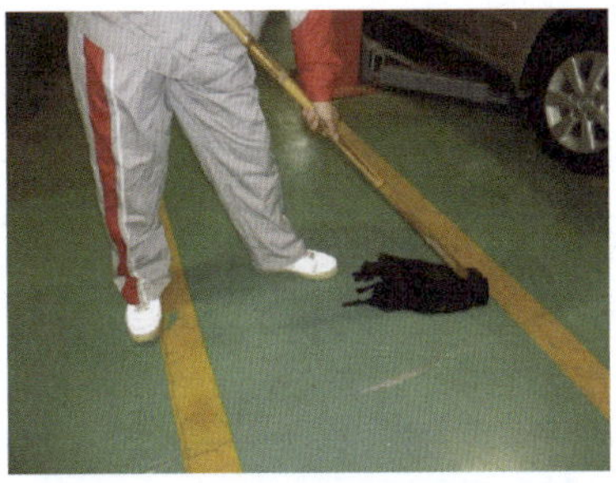	拆卸要求： ① 对工具和设备清洁，并放回原位 ② 整理场地 ③ 清扫场地 注意事项： 不要用潮湿的抹布清洁电器开关、按钮等 易发问题： ① 清洁工作马马虎虎，应付差事 ② 废弃物未丢弃或未分类丢弃 ③ 清洁不彻底、漏项	

229

任务评价表

评价内容	赋分	序号	具体指标	分值	得分 自评	组评	师评
仪容仪表	15	1	工作服、鞋、胸卡穿戴整洁	5			
		2	发型、指甲等符合工作要求	5			
		3	不佩戴首饰、钥匙、手表等	5			
教学过程	60	4	无人员受伤及设备损伤事故	5			
		5	车辆前期准备和安全检查	5			
		6	检查巡航控制开关的设定功能	10			
		7	检查巡航控制开关的加速功能	5			
		8	检查巡航控制开关的滑行功能	5			
		9	检查巡航控制开关的减速功能	5			
		10	检查巡航控制开关的接通功能	10			
		11	检查巡航控制开关的恢复功能	5			
		12	正确分析巡航控制系统电路图和原理	10			
职业素养	25	13	坚持出勤,遵守规章制度	5			
		14	服从安排,积极参加组内活动	5			
		15	在规定时间完成,认真填写工单	5			
		16	节约用水用电用气,注意环保	5			
		17	认真执行 7S 工作	5			
			综合得分	100			

一、填空题

1. 汽车巡航控制系统可以在_____的车速范围内起动该系统。

2. 巡航控制系统的基本组成主要有_____、_____、_____和执行器四部分组成。

3. 通常将汽车在平坦路面上行驶时车速与_____的关系存储在巡航控制系统_____中。

4. 电子巡航控制系统通常与_____、_____共用车速传感器。

二、选择题

1. 汽车巡航控制系统一般有（　　）按键开关。

A.1 个　　　　　　B.2 个　　　　　　C.3 个　　　　　　D.4 个

2. 汽车巡航控制系统中伺服机构的作用就是（　　）。

A.控制节气门的开度　B.发动机转速　　C.汽车车速　　D.巡航速度

三、问答题

1. 简述汽车巡航控制系统的作用。

2. 写出汽车巡航控制系统的工作原理。

3. 汽车巡航控制系统的使用注意事项有哪些？

单元七　全车电气设备线路

项目一　汽车电气识图实例

项目导入

随着现代汽车工业的发展，车辆电子设备越来越多，计算机控制系统得到广泛应用，汽车电路越来越复杂。要读懂汽车电路图，不仅需要掌握汽车电路元器件、汽车传感器、汽车基本电路知识，还要根据不同车型了解其电路特点、线束分布、元器件位置、开关功能等，因此学好电气识图更为重要且必要。

任务　典型汽车电路图的识图实例

知识目标：
1. 掌握丰田车系电路图识读方法。
2. 掌握大众车系电路图识读方法。

能力目标：
1. 会分析电源系统、起动系统的控制电路。
2. 会利用原车电路图分析和查找电路故障。
3. 会利用检测工具确认电路故障所在部位。

日系车和德系车在我国汽车市场占有较大的份额，其中文维修资料都源自原厂资料，且电路图通常都保留了各自原厂资料的绘制风格。电路图一般都单独制作成一本独立的电路图册，图册中包括怎样使用电路图册以及电路图中采用的缩写词、继电器位置图、电气线路图（线束图）、各种插接器和全车电路图。

一、丰田车系

1. 丰田车系电路图识读

① 电路图中的电器元件用电路符号表示，电器元件的名称通常用文字直接标出。电路符号如图7-1-1所示。

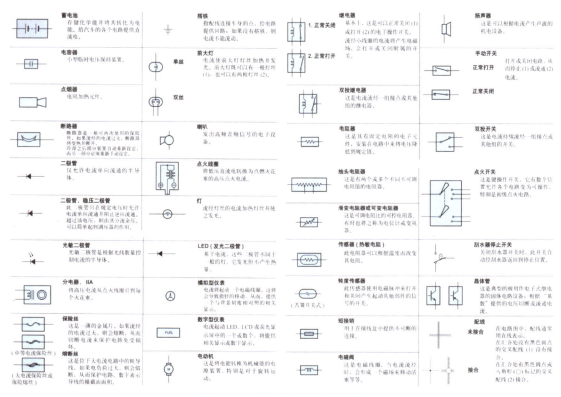

图 7-1-1　丰田车系的电路符号

② 电路总图由各系统电路图组成，每个系统的电路都绘制了电源，是一个完整的电路。通常蓄电池画在电路图的最左端，开关、继电器、用电设备在电路图的右侧。电路图的上方标出了各种系统电路的区域和代表该电路的符号和文字说明，使电路图比较清晰明了。

③ 电路图中绘出了搭铁点，并标注代号和文字说明，从电路图中了解线路搭铁点，直接明了。

④ 电路图中，有些车型直接标出线路插接器的端子排列和各端子的使用情况，给识图和电路为故障查寻提供了方便。有些车型在电路图中标出了插接器的代码，根据代码可在插接器表中查出插接器端子的排列情况，便于检测。

⑤ 导线的颜色用颜色代码表示，标注在线路的旁边。

2. 丰田车系电路图标注方法

丰田车系电路图标注方法，如图7-1-2所示。

① 表示系统名称，电路图的上方用刻度线划分区域，用文字和符号表示下方电路系统的名称。

② 表示配线颜色。图中"W"表示白色，双色导线用两种颜色的代码中间加"-"表示。如"W-R"表示导线主色为白色，辅助色为红色。各颜色代码见表7-1-1。

③ 表示与电器元件连接的插接器（数字表示接线端子的编号）。

④ 表示插接器的接线端子编码。其中插座和插头的编号方法不同，在插座编号中，顺序为从左到右，从上到下；插头则从右到左，从上到下。

⑤ 表示继电器盒，图中只标明继电器盒的号码，不印上阴影，以别于接线盒。图示继电器盒编码为1，表示EFI主继电器在1号位置上。

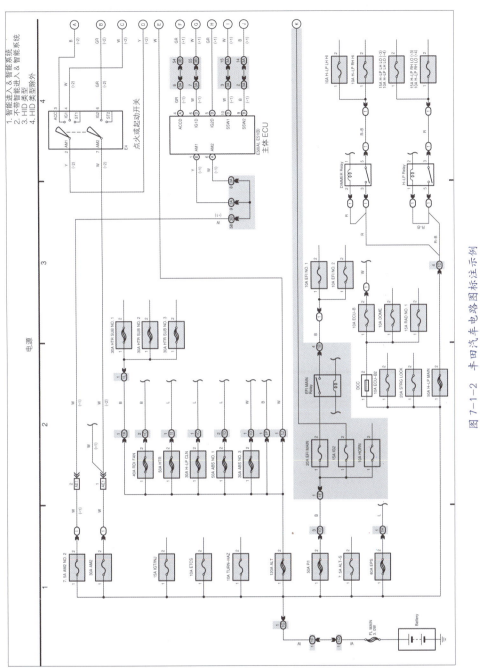

图 7-1-2 丰田汽车电路图标注示例

表 7-1-1 丰田车系导线颜色代码

颜色代码	导线颜色	颜色代码	导线颜色
红色	R	粉色	P
黄色	Y	橘色	O
蓝色	L	紫色	V
绿色	G	灰色	GR
黑色	B	棕色	BR
白色	W	浅绿色	LG

⑥ 表示接线盒。圆圈内的数字表示接线盒的号码，圆圈旁边的数字表示该插接器插座的位置代码。接线盒上一般印上阴影，使其与其他元件区分。不同的接线盒用不同的阴影标出，以便区分。

⑦ 表示相关联的系统。

⑧ 表示配线与配线之间的插接器。带插头的配线用⋀符号表示，外侧数字6表示接线端子的号码。

⑨ 当车辆型号、发电机型号或规格不同时，用（ ）中的内容来表示不同的配线盒插接器等。

⑩ 表示屏蔽的配线。

⑪ 表示搭铁点的位置，用"▽"表示。符号中间的字母为搭铁点的代码，C位于发电机缸体，D位于左前翼子板。

3. 丰田卡罗拉电路图

丰田卡罗拉轿车部分电路如图7-1-3所示。

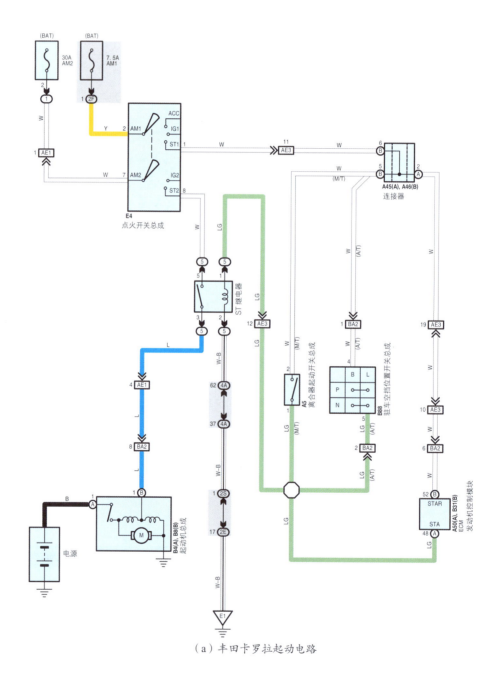

（a）丰田卡罗拉起动电路

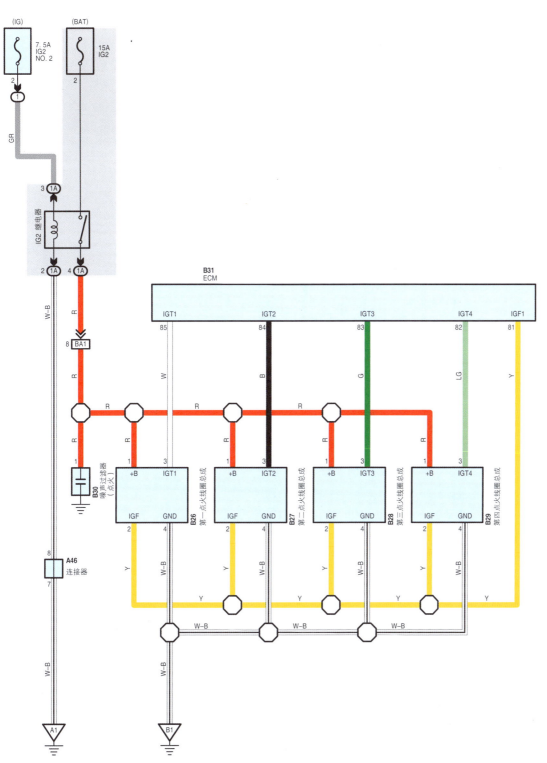

(b) 丰田卡罗拉点火系统电路

图 7-1-3

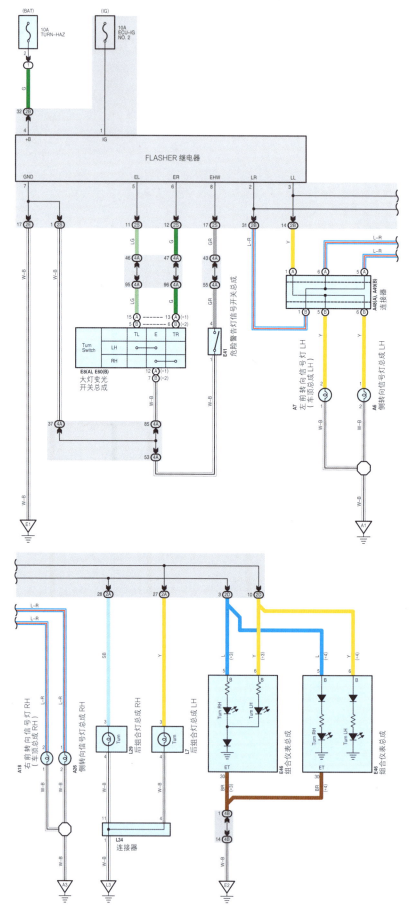

(c) 丰田卡罗拉转向信号与危险警告灯电路

图 7-1-3 丰田卡罗拉轿车部分电路

二、大众系列

1. 大众系列汽车电路图的特点

① 电路采用纵向排列，垂直布置，不互相交叉。电源线为上"+"下"-"，从左到右同一系统的电路归纳到一起，按电源系统、起动系统、点火系统、电子系统等的顺序排列。用短线代号解决线路复杂交错的问题。

② 电路图中连接导线用粗实表示，并标有导线的颜色和截面积，导线颜色用中文或字母标出。内部连接线（非导体连接）用细实线表示。

③ 电路图中电器元件都有规定的电路符号画出，旁边标注用字母或字母和数字组成的代码，电路图的下方注明代码的含义。大众车系电路符号如表7-1-2所示。

表7-1-2 大众车系的电路符号

电路符号	名称	电路符号	名称
	保险丝		手动开关
	蓄电池		温控开关
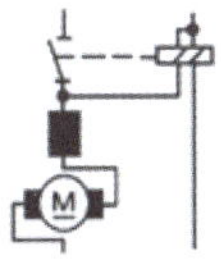	起动机		按键开关
			机械开关
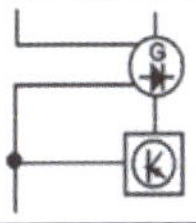	交流发电机		压力开关
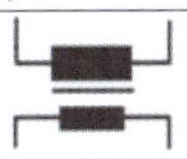	点火线圈	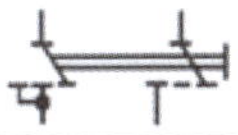	多挡手动开关
	火花塞与火花塞插头	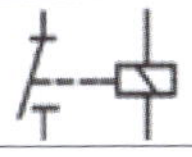	继电器
	电热丝		灯泡
	电阻		双丝灯泡
	可变电阻		发光二极管
	内部照明灯		不可拆式导线接点
	显示仪表		线束内导线连接
	电子控制器	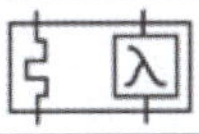	氧传感器
	电磁阀		电机
	电磁离合器	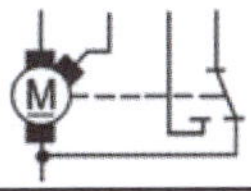	双速电机

续表

电路符号	名称	电路符号	名称
	接线插座		感应式传感器
	插头连接		爆震传感器
	元件上多针插头连接		数字钟
	元件内部导线接点		喇叭
	可拆式导线接点		扬声器

④ 电路图中通常标出了线路的交接点和搭铁点。

⑤ 整车电路图的下方分为三部分：上面部分一般为配电部分，诸如保险丝的位置和容量以及继电器的位置编号及各端子号等。这部分一般会有一层灰色的背景，且电路中经常用线路代号表示相关电路，比如30号线表示常电源线、X号线表示点火开关在 ACC 位置时通电的较大容量的电源线、15号线表示点火开关在 ON 位置时通电的较小容量的电源线、31号线表示接地线等。中间部分是车上的电器元件及连线；最下面部分为电路代码和搭铁线及位置说明。

⑥ 整车电气系统电源正极分为三路（30、15、X）。三路电源线位于中央继电器盒内，30号线与蓄电池正极直接连接，中间不经任何开关控制，称为常相线。在发动机停转时，需要工作的用电设备与30号线连接，15号线在点火开关位于 ON 和 ST 位置时与蓄电池正极连接，称为点火开关控制相线，主要为点火开关控制的小功率用电设备提供给电能。X线为卸何线，在点火开关位于 ON 位置时，通过中间继电器控制，点火开关位于 ST 位置时，中间继电器不工作，大功率的用电设备与 X 线连接，起动发动机时，如果忘记关掉这些大功率的用电设备，它们会自动断电，以保证发动机顺利起动。

⑦ 中央线路板的布置。大众车系电气线路以中央线路板为中心进行控制，大部分继电器和熔断丝安装在中央线路板的正面，图 7-1-4 所示为继电器的位置，各继电器名称及有关说明见表 7-1-3，图 7-1-5 所示为熔断丝的位置，其名称与容量见表 7-1-4。插接器和插座安装在中央线路板的背面。图 7-1-6 所示为中央线路板背面布置图，英文字母为插座的位置代号，阿拉伯数字为线束插头的端子代号，查找时根据电路图上导线与中央线路板下框交点处的代号，就能找到该导体对应的线束和连接的插孔，具体说明见表 7-1-5。

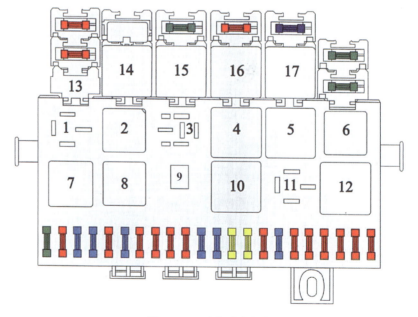

图 7-1-4 继电器的位置

表 7-1-3 继电器名称及说明

继电器位置	名称	产品序号	备注
1			空位
2	燃油泵继电器	167	
3			空位
4	冷却液液位控制器	42a	
5	空调继电器	13	
6	喇叭继电器	53	
7	雾灯继电器	15	
8	X-接触继电器	18	
9			空位
10	刮水继电器	19	
11			空位
12	转向灯继电器	21	
13			诊断线插座
14	摇窗机自动下降继电器		
15	摇窗机延时继电器		
16	内顶灯延时继电器	ZBC955531	
17	压缩机切断继电器	147	

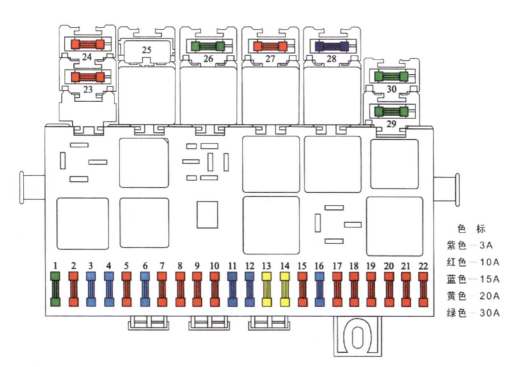

图 7-1-5 熔断丝的位置

表 7-1-4　熔断丝的名称及容量

符号	名称	容量/A	符号	名称	容量/A
S1	散热风扇（不开空调时）	30A	S16	喇叭	15A
S2	制动灯	10A	S17	发动机控制单元	10A
S3	点烟器、集控门锁、数字钟、内顶灯、后阅读灯、行李箱灯、遮阳板灯	15A	S18	喇叭继电器、灯光开关、ABS 警告灯	10A
S4	报警灯	15A	S19	收放机、转向灯、防盗器控制单元	10A
S5	燃油泵	10A	S20	牌照灯、杂物箱照明灯	10A
S6	前雾灯	15A	S21	左前大灯（近光）	10A
S7	左尾灯、左前停车灯	10A	S22	右前大灯（近光）	10A
S8	右尾灯、右前停车灯、发动机舱照明灯	10A	S23	喷嘴、空气质量计、炭罐电磁阀、氧传感器加热	10A
S9	右前大灯（远光）	10A	S24	后雾灯	10A
S10	左前大灯（远光）	10A	S25	电动摇窗机热保护器	
S11	前风窗刮水器、清洗泵	15A	S26	空调鼓风马达	30A
S12	电动摇窗机、ABS 控制单元	15A	S27	自动天线	10A
S13	后窗除霜器	20A	S28	电动后视镜	3A
S14	空调继电器	20A	S29	ABS 液压泵	30A
S15	倒车灯、车速传感器	10A	S30	ABS 电磁阀	30A

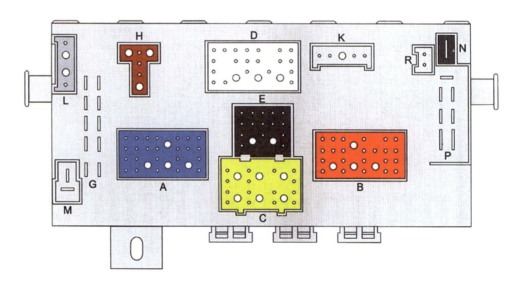

图 7-1-6　中央电器背面板结构

表 7-1-5　中央线路板背面线束的名称及颜色说明

组合插头代号	用于接线的线束名称	插座颜色
A	仪表板线束	蓝色
B	仪表板线束	红色
C	前大灯线束	黄色
D	发动机线束	白色
E	尾部线束	黑色
G	连接单个插头	不定
H	空调操纵线束	棕色
K	空位	
L	连接喇叭继电器（在仪表板线束内）	灰色
M	空位	
N	单个插头	黑色
P	连接单个插头	不定
R	空位	

⑧ 电路代码。电路图最下端从小到大的数字编号为电路代码，用以标志电路图线路的定位。对照电路图的使用说明，可找出各电器部件在线路图上的位置。

2. 大众车系电路图标注方法

大众车系电路图标注方法如图 7-1-7 所示。

（1）继电器插接器端子代码与位置编号标注　图 7-1-7 中 J_{17} 为继电器，2 表示该继电器位于中央线路板正面第二号位，为燃油泵继电器。继电器 J17 上有 2/30、3/87、4/86、6/85 的标记，分子 2、3、4、6 表示继电器端子代码，分母 30、87、86、85 表示与其连接的连线柱的代码，分子与分母相对应，且工艺上保证不会插错。

（2）熔断丝代号　S 代表熔断丝，下脚标号代表熔断丝在中央线路板上的位置，S_5 表示熔断丝位于中央线路板 5 号位。10A 表示该熔断丝的额定容量为 10A。

（3）中央线路板插接器代号　N、D13、P3 表示导线在中央线路板上的连接位置。N 表示 0.5mm² 的红/蓝色导线接在中央线路板 N 的位置上；D13 表示 0.5mm² 紫/白色导线接在中央线路板 D 位置 13 号端子上，P3 表示 0.5mm² 的红色导线接在中央线路板 P 位置 3 号端子上。

（4）线束插接器代码　线束插接器代码表示相互连接的两线束插接器的端子数和连接的端子号，可从图中或元件说明表中查到该代码所表示的插接器所连接的线束。例如：$T_{8a}/6$ 中，T_{8a} 是连接发动机线束和发动机右线束的线束插接器，该插接器为 8 个端子插接器，1.5mm² 的红/黄色导线接在 6 号端子上。

（5）线路连接端代码（断线表示法）　表示电路图线路从该处中断，方框中的数字表示该断开点接续的导线，连接的导线可能在本页，也可能在其他页。例如：61 下方对应的坐标数字编号为 66，接续导线就到坐标数字编号 61 处查找 56 ，61 和 56 ，和在实际电路中是直接连接的。这样可以避免线路交叉。

（6）电器元件插接器端子代码　表示电器元件插接器的端子数连接的端子号。T80/4 表示该元件连接线束的插接器有 80 个端子，该导线连接的是 4 号端子。

3. 桑塔纳 2000GLi 电路图

桑塔纳 2000GLi 轿车部分电路如图 7-1-8 所示。

电路图识读

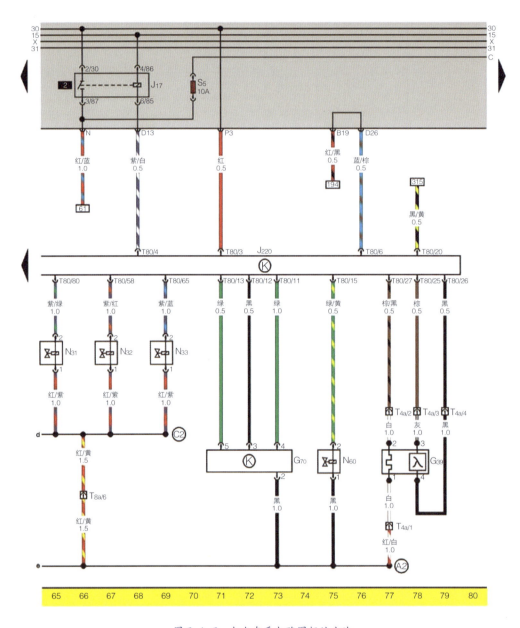

图 7-1-7　大众车系电路图标注方法

A_2- 正极接线，在发动机线束内；T_{8a}- 发动机线束与发动机右线束插接器；
C_2- 在发动机右线束内；S_{123}- 熔断丝；N_{31}- 第二缸喷油器；N_{32}- 第三缸喷油器；N_{33}- 第四缸喷油器；
J_{17}- 燃油泵继电器；J_{220}-Motronic 发动机 ECU；S_5- 燃油泵熔断丝

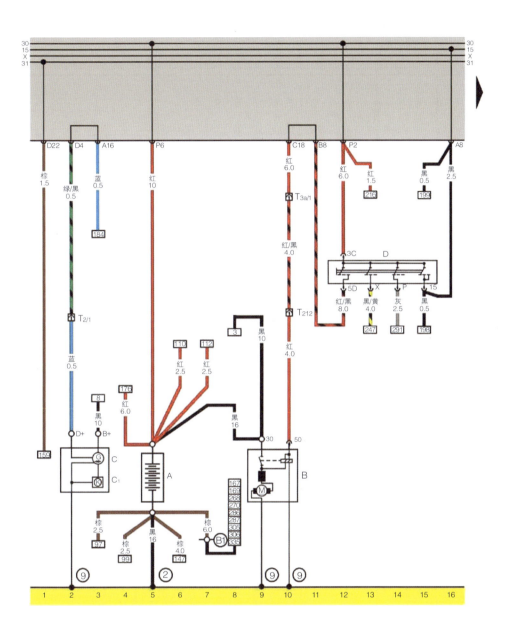

(a) 桑塔纳2000GLi车型全车电路图（一）

A-蓄电池；B-起动机；C-交流发电机；C1-调压器；D-点火开关；S127-30号线总熔断丝（80A）；
T3a-发动机线束与前照灯线束插头连接（3个端子，在中央电器后面）；①-搭铁点（在发动机舱前围板上）；
②-搭铁点（在蓄电池支架上）；③-搭铁点（在发动机缸盖罩壳上）；⑨-自身搭铁

图 7-1-7

分析桑塔纳轿车电源系统电路图

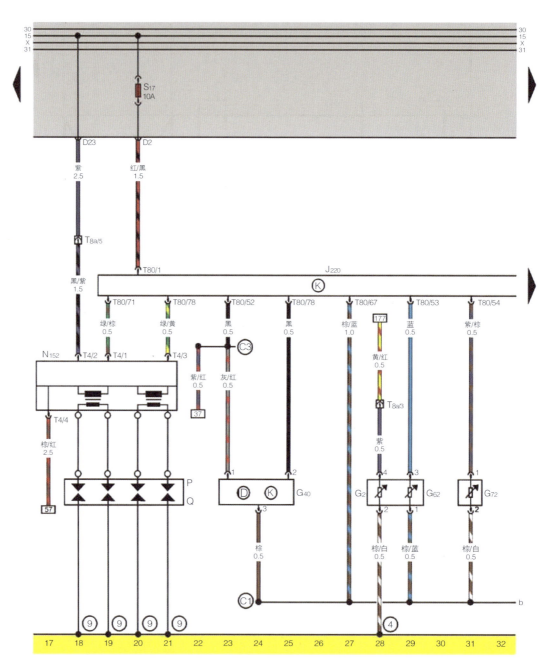

（b）桑塔纳2000GLi车型全车电路图（二）

G_2-水温表传感器；G_{40}-霍尔传感器；G_{62}-冷却液温度传感器；G_{72}-进气温度传感器；J_{220}-发动机控制单元；N_{152}-点火线圈；P-火花塞插头；Q-火花塞；S_{17}-发动机控制单元保险丝（10A）；
T_4-前大灯线束与散热扇控制器插头连接（4针，在散热风扇控制器上）；
T_{8a}-发动机线束与发动机右线束插头连接（8针，在发动机舱中间支架上）；
T_{80}-发动机线束、发动机右线束与发动机控制单元插头连接（80针，在发动机控制单元上）；
④-接地点（在离合器壳上的支架上）；⑨-自身接地；Ⓒ1-连接线（在发动机右线束内）；
Ⓒ3-+5V连接线（在发动机右线束内）

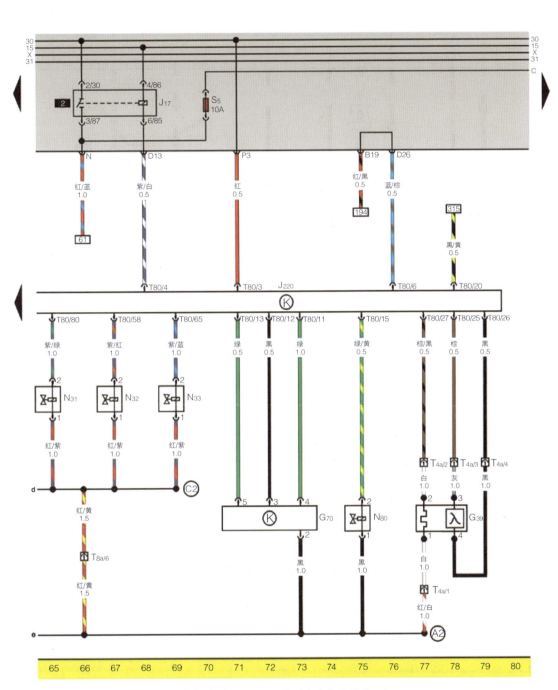

（c）桑塔纳2000GLi车型全车电路图（三）

G_{39}-氧传感器；G_{70}-空气流量计；J_{17}-汽油泵继电器；J_{220}-发动机控制单元；N_{31}-第1缸喷油器；
N_{32}-第2缸喷油器；N_{33}-第3缸喷油器；N_{80}-活性炭罐电磁阀；S_5-汽油泵保险丝（10A）；
T_{4a}-发动机线束与氧传感器插头连接（4针，在发动机舱中间支架上）；
T_{8a}-发动机线束与发动机右线束插头连接（8针，在发动机舱中间支架上）；
T_{80}-发动机线束、发动机右线束与发动机控制单元插头连接（80针，在发动机控制单元上）；
Ⓐ2-正极连接线（在发动机线束内）；Ⓒ2-正极连接线（在发动机右线束内）

图7-1-7

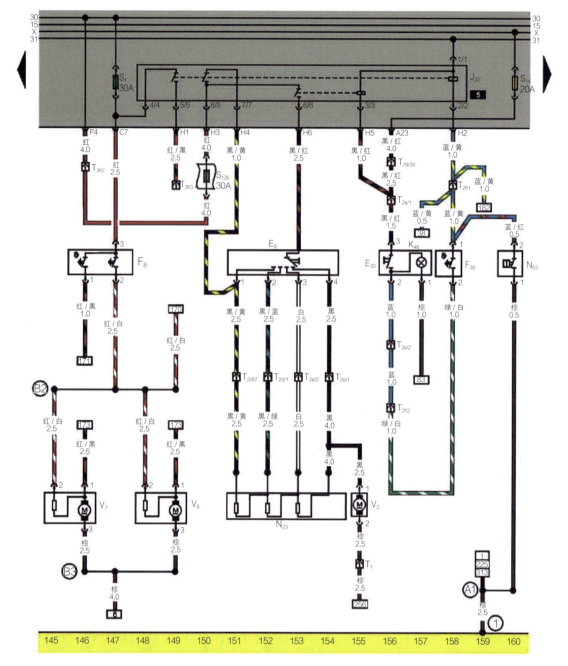

（d）桑塔纳2000GLi车型全车电路图（四）

E_9- 风速开关；E_{30}- 空调A/C开关；F_{18}- 散热风扇热敏开关；F_{38}- 室温开关；J_{32}- 空调继电器；
K_{48}- 空调A/C开关指示灯；N_{23}- 鼓风电机减速电阻；N_{63}- 进风门电磁阀；
S_1- 散热风扇保险丝（不用空调时）（30A）；S_{14}- 继电器保险丝（20A）；S_{126}- 空调鼓风电机保险丝（30A）；
T_1- 空调鼓风电机线束与仪表板线束插头连接（1针，在中央线路板后面）；
T_{2c}- 空调操纵线束与空调鼓风电机线束插头连接（2针，在加速踏板上方）；
T_{2d}- 空调操纵线束与空调鼓风电机线束插头连接（2针，在加速踏板上方）；
T_{2e}- 仪表板开关线束与空调操纵线束插头连接（2针，在空调操纵面板后面）；
T_{2t}- 发动机线束与空调操纵线束插头连接（2针，在中央线路板后面）；
T_{3f}- 空调操纵线束与发动机线束插头连接（3针，在中央线路板后面）；
T_{29}- 仪表板线束与仪表板开关线束插头连接（29针，在组合仪表下方）；V_2- 鼓风电机；V_7- 左散热风扇；
V_8- 右散热风扇；Ⓐ1- 接地连接线（在发动机线束内）；①- 接地连接线（在发动机控制单元旁车身上）；
Ⓑ2- 连接线（在前大灯线束内）；Ⓑ3- 接地连接线（在前大灯线束内）

图7-1-8 桑塔纳2000GLi轿车部分电路

一、任务准备

（1）卡罗拉轿车一辆、桑塔纳 2000 一辆。

（2）相应车型维修手册。

二、实施步骤

作业内容	图解	具体操作方法及要求	完成确认
（1）整车电路识读		按照维修手册，结合整车电路，掌握丰田汽车电路特点	
（2）掌握整车电路识读方法		① 以某一系统为主体，分析该系统的工作原理和电流流向 ② 结合原车实际电路进行验证 ③ 对故障部位进行大致判断	

任务评价表

评价内容	赋分	序号	具体指标	分值	得分 自评	得分 组评	得分 师评
仪容仪表	15	1	工作服、鞋、胸卡穿戴整洁	5			
		2	发型、指甲等符合工作要求	5			
		3	不佩戴首饰、钥匙、手表等	5			
教学过程	60	4	识读丰田车系电路图电路符号	5			
		5	识读丰田车系电路图标注符号	5			
		6	识读丰田车系导线颜色代码	10			
		7	识读卡罗拉起动电路图	5			
		8	识读卡罗拉点火系统电路图	5			
		9	识读卡罗转向信号与危险警告灯电路图	5			
		10	识读大众车电路符号	10			
		11	正确认知大众车中央线路板部件名称和位置	5			
		12	正确分析大众车全车电路图	10			

评价内容	赋分	序号	具体指标	分值	得分		
					自评	组评	师评
职业素养	25	13	坚持出勤，遵守规章制度	5			
		14	服从安排，积极参加组内活动	5			
		15	在规定时间完成，认真填写工单	5			
		16	节约用水用电用气，注意环保	5			
		17	认真执行 7S 工作	5			
			综合得分	100			

一、依据桑塔纳 2000 电路图，找出以下元件并安装。

 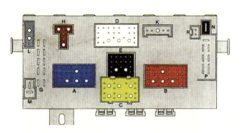

1. S_5 _____ 2. P3 _____ 3. D13 _____ 4. J_{17} _____

二、在卡罗拉整车上找出配电板 20 个保险丝并记录其作用。

1. _____   2. _____   3. _____   4. _____   5. _____
6. _____   7. _____   8. _____   9. _____   10. _____
11. _____ 12. _____ 13. _____ 14. _____ 15. _____
16. _____ 17. _____ 18. _____ 19. _____ 20. _____

项目二 汽车电气设备线路故障检修

电路原理图是按一定的标准,用规定的图形符号绘制的较简明的电路。这种图形能完整表达电路电器的工作原理、连接状态以及各自系统间的相互关系等,在实际维修中能起到很好的技术指导作用。

任务　全车电气设备线路故障检修

知识目标:
1. 了解汽车电气设备线路常见故障。
2. 掌握汽车电气设备线路故障诊断检修思路。

能力目标:
1. 会汽车电气设备的故障诊断及检修。
2. 熟悉检修汽车电气系统的注意事项。

掌握电路图形基本知识,如"单线制""负极搭铁""回路原则""电子元件在视图中的画法及代号"等,还需掌握电路的读图要领,了解各种电器的图形符号,有计划地查找电路图中各个元件,并最后排除故障。

一、汽车电气设备线路常见故障

线路常见故障包括断路、短路、漏电以及接线松脱、潮湿及腐蚀等导致的接触不良或绝缘不良等。

1. 断路

电源到负载的电路中某一点中断时,电流不通,导致灯不亮、电动机停转,这种故障被称为断路,如图7-2-1所示。断路一般由导线折断、导线连接端松脱或接触不良等原因所造成。

2. 短路

线路不该相连的两点之间发生接触,电流绕过部分电器元件或电流被导入到其他电路,使得电气设备不能正常工作,即为短路故障。搭铁故障也是一种短路故障,如图7-2-2所示。造成短路的原因有导线绝缘破坏并相互接触;开关、接线盒、灯座等外接线螺丝松脱,造成和线头相碰;接线时不慎,使两线头相碰;导线头碰触金属部分等。

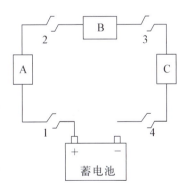

图 7-2-1　汽车电路断路故障

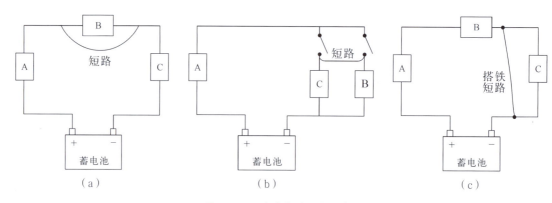

图 7-2-2　汽车电路短路故障

3. 漏电

漏电现象会使耗电量增大，导线发热。漏电原因是电气设备绝缘不良、导线破坏、绝缘老化、破裂、受潮等。

4. 接触不良（接触电阻过大）

由于磨损、脏污等原因，造成线路中的两点之间接触不实，接触电阻超过了允许范围，使得电气设备工作不可靠或性能下降即为接触不良故障。

二、汽车电气设备线路故障诊断检修思路

在进行汽车电路检修前，必须熟读使用说明书，查明电路，了解其结构，并使用合适的工具，才能收到事半功倍的效果。

汽车电气电路出现故障时，一般先要搞清楚故障的症状以及伴随出现的现象，判明故障所在的局部电路，然后再对该局部电路进行检验，查明故障所在部位，予以排除。

正常的汽车电气电路应具有以下特征。

① 点火电路能够产生足够能量的正式火花。
② 电源电路充电稳定，并能满足用电设备在各种状态下的需要。
③ 起动机起动有力，分离彻底。
④ 照明及信号系统设备齐全，性能良好。
⑤ 全车线路整齐，连接固定可靠。否则，应视为电路出现了或大或小的故障。

电路故障的产生原因是多种多样的，如元件老化、自然磨损、调整不当、环境腐蚀、机械摩擦、导线短路或断路等。电路出现故障时，要善于运用分析的方法，先对故障的发生范围进行初步的诊断。切忌在情况不明，或不加思考分析而盲目拆卸、乱接瞎碰。这样不仅会延误检修，而且还会造成不必要的损坏。要善于发现故障前的异常征兆和故障特征，结合整车电路进行分析，尽可能把故障诊断缩小到一个较小的范围内。

在检修故障时，应根据故障发生范围，先检查故障率较高且容易检查的部件，然后检查故障率较低且不易检查的部件。只有当某部件的故障已经确诊且必须打开进行修理时，方可进行拆卸。要尽量做到不拆或少拆零件，以减小不必要的麻烦。

检修故障还要采用正确的检查方法和测试手段，以提高检修故障的速度。

电路出现故障，一般先就车对电路进行检查和测试，判断故障发生在哪个部件上，然后再对故障发生部位的外部性能及内部参数进行测试或检查，找出故障发生点，予以排除。在检修故障的同时，还应注意对有关部件及电路进行保养，使之恢复较好的状态。

若电气设备损坏无法修复，则应予以更换。部件的更换应与原部件的规格、型号相一致。导线的更换应尽量与原来的线径和颜色一致。若用其他颜色导线代替，应与相邻导线有所区别，以便于以后的检修。

三、汽车电气设备故障诊断检修方法

汽车电气设备的故障诊断检修方法常用的有直观诊断法、刮火法、试灯法、断路法、短路法、替换法、万用表法、仪器法等。

1. 直观诊断法

汽车电路发生故障时，有时会出现冒烟、火花、异响、焦臭、发热等异常现象。这些现象可通过人的眼、

耳、鼻、身感觉到，从而可以直接判断出故障所在部位和原因。

例如汽车行驶中，突然发现转向灯与转向指示灯均不亮的故障，用手一摸，发现闪光器发热烫手，说明闪光器已被烧坏。

2. 刮火法

刮火法又称试火法，通常应用于判断线束或导线有无断路。拆下用电设备的某一线头对汽车的金属部分（打铁）碰试，根据火花的有无，判断是否断路。

注意：刮火法不宜用来检查汽车电子电路，以免损坏电子元件器材。

3. 试灯法

用一个汽车灯泡作为临时试灯，检查线束是否断路或短路，电器或电路有无故障等。此方法特别适合于检查不允许直接短路的带有电子元器件的电器。

使用临时试灯法应注意试灯的功率不要太大，在测试电子控制器的控制（输出）端子是否有输出及是否有足够的输出时，尤其要慎重，防止使控制器超载损坏。

4. 断路法

汽车线路发生搭铁（短路）故障时，可用断路法判断。将怀疑有短路故障的那段线路断开，以判定断开的那段线路搭铁。例如，汽车行驶时，听到电喇叭长鸣，则可将喇叭继电器"按钮"接线柱上的导线拆开，若喇叭停鸣，表明喇叭按钮至喇叭继电器之间电路有搭铁现象；若喇叭仍长鸣，表明喇叭继电器触点烧蚀而不能分开，可进一步用断路法判断。

再如，若线路中有搭铁故障而使该电路中的熔断丝熔断，可先用一只车灯作试灯，试灯两端引线跨接于断开的熔断丝两端的接线柱上，如图7-2-3所示，此时试灯应亮。然后再将插接器逐个断开，若断开插接器4时试灯亮，而断开插接器3时，试灯不亮，表明插接器3与插接器4这段线路搭铁。

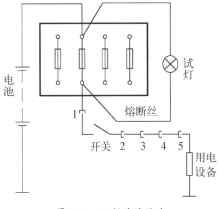

图 7-2-3　断路试验法

5. 短路法

汽车电路中出现断路故障，还可以用短路法判断，即用螺丝刀或导线将被怀疑有断路故障的电路短接，观察仪表指针变化或电气设备工作状况，从而判断出该电路中是否存在断路故障。例如怀疑汽车电路中的各种开关有故障，可用导线将开关短接来判断开关是好是坏。

6. 替换法

替换法常用于故障原因比较复杂的情况，能对可能产生的原因逐一进行排除。其具体做法是用一个已知是完好的零部件来替换被认为或怀疑是有故障的零部件，这样做可以试探出怀疑是否正确。若替换后故障消除，说明怀疑成立；否则，装回原件，进行新的替换，直至找到真正的故障部位。

7. 万用表法

用万用表测量线路各点的直流电压，若有电压，说明该测试点至电源间的电路畅通；若无电压，说明该测试点与上一个测试点之间的电路断路。另外，通过万用表对电路或元器件的各项参数进行测试，并与正常技术状态的参数对比，来判断故障部位所在。如就车测量蓄电池的充电电流与端电压，判断充电电路是否充电；测量电气部件中线圈绕组的电阻值，判断绕组有无断路或短路；测量引线两端间的电阻，判断电路有无断路等。万用表检测法是检测电路或元件较为准确迅速的一种方法。

8. 仪器法

随着汽车电气设备的日趋复杂，在维修中，特别是维修装有电子设备较多的车辆，使用一些专用的仪器是十分必要的。如检测富康轿车电控系统时，经常使用 ELIT 诊断仪读取故障码和基本设定。

四、检修汽车电气系统应注意的事项

① 熔断丝的使用。熔断丝也称熔断保护器，在电路中起保护作用。当电路中流过的电流超过规定值时，熔断丝的熔丝自身发热而熔断，使电路切断来达到防止电路连接导线和用电设备烧坏，并将故障限制在最小范围内之目的。通常情况下，将很多熔断丝组合在一起安装在熔断器内，并在熔断器盖上注有各熔断丝的位置、名称和额定容量。

在环境温度为 18 ~ 32℃ 的条件下，当流过熔断丝的电流为额定电流的 1.1 倍时，熔丝不会熔断；电流达到额定电流的1.35倍时，熔丝在60s内熔断；电流达到额定电流的1.5倍时，20A以内的熔丝将在15s以内熔断，30A熔丝将在30s以内熔断。

② 插接器的拆装。插接器就是通常说的连接插头和插座，用于导线与导线或线束与继电器或用电设备之间的相互连接。为了防止插接器在汽车行驶中脱开，所有的插接器均采用了闭锁装置。要拆开插接器时，首先要解除闭锁，然后把插接器拉开，不允许在未解除闭锁的情况下用力拉导线，这样会损坏闭锁装置或连接导线。

③ 20世纪80年代以前，人们在检修汽车电气装置时往往用"试火"的办法来判断故障部位。在装有电子线路的汽车上，不允许使用"试火"的方法来判断故障，否则会给某些电路和电子元件造成难以预料的损害。

④ 不允许使用欧姆表及万用表的R×100 Ω以下低阻欧姆挡检测小功率晶体管，以免电流过大损坏晶体管。

⑤ 更换三极管时，应首先接入基极；拆卸时，最后拆下基极。

⑥ 拆卸和安装电器元件时，应切断电源。

一、任务准备

（1）卡罗拉轿车。
（2）常用拆装工具。
（3）万用表。

二、实施步骤

作业内容	图解	具体操作方法及要求	完成确认
（1）断路故障排除		能熟练地使用万用表，查找各个节点直接是否存在断路	
（2）短路故障排除		能熟练地使用万用表，查找各个节点直接是否存在短路	
（3）接触不良故障排除		能熟练地使用万用表，查找各个节点直接是否存在接触不良情况	

任务评价 笔 记

任务评价表

评价内容	赋分	序号	具体指标	分值	得分		
					自评	组评	师评
仪容仪表	15	1	工作服、鞋、胸卡穿戴整洁	5			
		2	发型、指甲等符合工作要求	5			
		3	不佩戴首饰、钥匙、手表等	5			
教学过程	60	4	熟练使用万用表	15			
		5	排除断路情况	15			
		6	排除短路情况	15			
		7	排除接触不良情况	15			
职业素养	25	8	出勤情况	10			
		9	服从安排，积极参加组内活动	5			
		10	认真执行7S工作	10			
			综合得分	100			

任务测评

1. 通常采用的汽车电气设备的故障诊断方法有哪些？
2. 在检修汽车电气系统时应注意哪些事项？

参考文献

[1] 曹剑波，许小兰. 汽车电气设备构造与维修 [M]. 北京：人民交通出版社，2020.
[2] 汪浩然. 汽车电气设备构造与维修 [M]. 西安：西安电子科技大学出版社，2016.
[3] 王升平，胡胜，姚建平. 汽车电气设备构造与维修 [M]. 北京：机械工业出版社，2020.
[4] 王中海. 汽车电气设备构造与维修 [M]. 北京：化学工业出版社，2015.
[5] 刘冬生，黄国平，黄华文. 汽车电气设备构造与维修 [M]. 北京：机械工业出版社，2020.
[6] 白鹏飞，刘树林. 汽车电气设备构造与维修 [M]. 北京：人民交通出版社，2020.